科学技术学术著作丛书

U0653076

基于知识单元的科技文献细粒度组织研究

秦春秀　马续补　编著

王玉龙　刘　玮　赵捧未　参编

西安电子科技大学出版社

内 容 简 介

　　本书立足大数据和开放科学时代对科技文献知识服务的需求，系统地介绍了科技文献细粒度组织的相关理论与方法以及知识服务的创新方式。全书共七章，首先介绍科技文献组织的演变，阐述了科技文献细粒度组织的概念、必要性及关键问题；然后针对科技文献细粒度的描述、表示、抽取与组织四个关键环节，阐述了相关理论与方法，有助于读者系统地掌握科技文献细粒度组织的过程和方法；最后，从细粒度知识导航与浏览、细粒度知识检索、细粒度知识问答服务、细粒度知识挖掘与重组四个方面展望了科技文献细粒度组织方式可能带来的知识服务创新。

　　本书可作为高等院校计算机科学与技术、信息资源管理等相关专业高年级本科生与研究生的研究读本和参考书，也可供相关领域的研究人员和实践从业人员参考。

图书在版编目(CIP)数据

基于知识单元的科技文献细粒度组织研究 / 秦春秀，马续补编著. --西安：西安电子科技大学出版社，2024.5
ISBN 978-7-5606-7119-2

Ⅰ.①基… 　Ⅱ.①秦… ②马… 　Ⅲ.①科技文献—研究 　Ⅳ.①G257.36

中国国家版本馆 CIP 数据核字(2023)第 222947 号

策　　划　张紫薇
责任编辑　许青青
出版发行　西安电子科技大学出版社（西安市太白南路 2 号）
电　　话　(029)88202421　88201467　　邮　　编　710071
网　　址　www.xduph.com　　　　　　电子邮箱　xdupfxb001@163.com
经　　销　新华书店
印刷单位　咸阳华盛印务有限责任公司
版　　次　2024 年 5 月第 1 版　　2024 年 5 月第 1 次印刷
开　　本　787 毫米×960 毫米　1/16　印张 12
字　　数　213 千字
定　　价　42.00 元
ISBN 978-7-5606-7119-2 / G
XDUP 7421001-1

＊＊＊ 如有印装问题可调换 ＊＊＊

前　言

在当今大数据和开放科学时代，海量科技文献扑面而来。科研人员在享有无障碍访问资源"福利"的同时，也面临着被科技文献的汪洋大海淹没的窘境。作为国家创新体系研究者中的一员，我和很多研究者有着同样的感受：现有的科技文献服务返回的文献海量、不精准，并且有些粗粒度的篇章级文献篇幅很长，科研人员需要花费大量的时间和精力才能从这些海量的长文献中获取所需的知识及其之间的关系。文献富有而知识贫乏已成为一种客观存在。造成这一现状主要原因是：传统的科技文献服务平台通常仅提供粗粒度的篇章级科技文献检索和浏览服务，缺乏对科技文献内容的深度揭示及关联关系的细粒度挖掘和组织。

以用户需求为中心是知识服务的基本原则。今天，用户知识需求的核心特征是所得即所想。也就是说，用户希望获取到的知识的内容、数量以及格式和方式正是自己想要的。这就意味着当前科技文献平台已经不能完全满足大数据时代数据密集型科研范式下用户的需求。

知识组织方式决定了知识最终的服务形式。科技文献细粒度组织有助于满足用户对文献的获取更为精准，对文献的选择范围可控，对文献更易于浏览和学习的需求。"文献富有而知识贫乏"呼唤科技文献细粒度组织，"所得即所想"呼唤科技文献细粒度组织。作为图书情报领域的一名研究者，我时刻期盼"科技文献组织与服务"这个图书情报领域的基础核心方向能取得长足突破，从而为一代又一代、千千万万的科研人员提供细粒度、精准的科技知识服务，创新图书情报服务水平。

本书首先从知识组分的视角阐述了科技文献组织的演变与科技文献细粒度组织的概念、必要性及关键问题。然后，梳理总结了科技文献细粒度组织的相关理论与方法，并针对科技文献细粒度的描述、表示、抽取与组织这四个关键环节进行相关理论与方法的阐述。其中，在描述环节，阐述了科技文献细粒度组分划分的理论依据与方法，分析了科技文献内容结构及现有的科技文献细粒度描述单元，并以信息资源管理领域为例，构建了科技文献细粒度描述框架；在表示环节，系统分析了现有科技文献细粒度知识单元描述模型，并给出了一种科技文献细粒度知识单元的功能层次结构描述模型；在抽取环节，分别阐述了基于规则、统计机器学习和深度学习的科技文献细粒度知识单元抽取方法；在组织环节，分别阐述了基于语义网络、智能主题图、关联数据和知识图谱的科技文献细粒度组织方法。最后，从细粒度知识导航与浏览、细粒度知识检索、细粒度知识问答服务、细粒度知识挖掘与重组四个方面展望了科技文献细粒度组织方式可能带来的知识服务创新。

本书的框架结构由秦春秀提出，并经研究团队全体成员讨论确定。经过多次交流和讨论，团队成员深化了对研究问题的理解和思考，所以，本书是集体智慧的结晶。研究团队中，秦春秀、马续补、刘玮、王玉龙、陈露、梁钰、王亚楠、刘亚希、杨璐、刘方珂、王安欣、康雯茜参与本书不同章节的撰写，赵捧未提出撰写意见，秦春秀、马续补负责对全书进行统稿。

本书的出版得到了国家社会科学基金重点项目(22ATQ002)、西安电子科技大学出版经费(QTZX21102)的资助，在此对全国哲学社会科学工作办公室、西安电子科技大学科学研究院、西安电子科技大学经济与管理学院表示衷心的感谢。

由于作者水平有限，本书难免存在不足之处，敬请各位读者批评指正。

秦春秀

2024 年 1 月于西安

CONTENTS 目　录

第一章　科技文献组织的演变

　　科技文献是记录人类科技知识的物质载体，是人类智慧的结晶，是人类认识和改造世界的重要资源，是人类进行科学交流、获取科技情报、传授知识的重要工具，是某一学科、某一组织、某一国家和全世界学术水平、科研成果的重要标志。科技文献组织是继承和利用科技文献、充分发挥科技文献作用和价值的前端基础工作。

1.1　知识组分研究的演变

　　知识组分是知识组织的根基，是当代图书情报领域的重要命题。从早期的文献单元到过渡时期的信息单元，再到当前的知识元、知识因子、知识项、思想基因、知识基因等知识单元[1]，知识组分经历了文献单元、信息单元和知识单元三个发展阶段。近几年，还有学者提出了介于文献单元与知识单元之间的学术单元的概念[1]。

1.1.1　文献与文献单元

　　人们对文献的研究由来已久，有关文献的不同定义就有数百种之多。从外在形态来看，文献自成一个独立的单元，但从某种程度上来看，文献单元与文献的概念基本等同。因此，在阐述文献单元之前，先对文献的相关定义进行探讨。其中具有较大影响的定义有两种，如表 1-1 所示。

表 1-1　文献的相关定义

来　源	对文献的定义
文献类型与文献载体代码(GB/T 3469—1983)、文献著录总则(GB/T 3792.1—1983)	记录有知识的一切载体
王子舟、王碧滢[2]	记录有知识的一切载体并非都是文献，文献是指专门记录和传递有知识的人工载体

1983 年由国家标准化管理委员会颁布的《文献类型与文献载体代码》(GB/T 3469—1983)与《文献著录总则》(GB/T 3792.1—1983)中，均将文献定义为"记录有知识的一切载体"，这个定义简洁明了，对统一人们关于文献的认识起到了良好的规范作用，同时由于其具有较强的权威性，因此在相关领域产生了广泛的影响。但随着研究的深入，文献的此种定义也引起了学者们的质疑，王子舟教授认为文献必须是专用于传播知识、交流知识的，并且在用途、功能上具有知识传播的唯一性，记录有知识的一切载体并非都是文献，它只能是记录有知识的人工载体。而记录有知识的人工载体有很多，除了图书，还有钱币、邮票，或是带着某种艺术风格的建筑物，它们虽然都记录了一定的知识，但不是文献[2]。在此基础上，王子舟教授对文献进行了重新定义，他指出，文献是"专门记录和传递有知识的人工载体"，此定义更加强调文献传递知识的功能。从不同的角度来看，这两种定义都有其合理性，国家标准中的定义可以看作对文献的广义定义，而王子舟教授的定义则是狭义定义。

现实中，我们所见到的文献大都是具有单元形态的，如一部著作、一篇论文、一盒磁带、一张光盘等。因此，文献单元以载体形式存在，是一个普遍被承认的观点。关于文献单元的定义，最早可以追溯至国际文献标准化组织对文献的定义，即"文献是指存储、检索、利用或者传递记录信息过程中，可以作为一个单元处理的，在载体内、载体上或依附载体而存储有信息或者数据的载体"。2021 年由国家标准化管理委员会颁布的《信息与文献 资源描述》(GB/T 3792—2021)中也指出，文献是指"包含知识内容和/或艺术内容的有形的或无形的实体，它作为一个单元被构想、制作和/或发行，形成单一书目描述的基础"。另外，一些学者也对文献单元的定义进行了论述，如表 1-2 所示。

表 1-2 文献单元的相关定义

来　源	对文献单元的定义
徐荣生[3]	• 文献单元是文献自成系统、自为一组的单体形态。从广义上说，它可以泛指任何相对独立的文献单位或某一种相对独立的文献集合。 • 文献单元是知识单元的一种形态
王子舟、王碧滢[2]	• 专门记录和传递有知识的人工载体单元。 • 文献单元根据文献自身的三要素(知识内容、记录符号、载体形态)可以分解成若干个具体的单元形式，如知识内容单元、知识形式单元和载体单元等
宋艳辉、王小平[4]	• 文献单元是一个载体单位或者物理单位。 • 文献单元有其相对的独立性。 • 文献单元可以被自由地组合和分割。 • 文献单元只能近似地体现文献的知识内容

由上述各位学者对文献单元的讨论可以看出[5]：① 文献单元是一个载体单元或物理单元，它的基本形态可以是载体形态或者物理形态，如图书的册(卷、章或节)、期刊的期(册、卷或本)、论文的篇、胶卷的卷(张或片)等；② 文献单元是知识单元的一种形态，文献单元中包含着知识单元，知识单元最终附着在一定形式的文献单元中，因此，文献单元可以近似地反映出知识单元的内容，如作为文献单元标识的题名、分类号、主题词、关键词等；③ 文献单元是一个确定的知识单元，可以作为一个独立的知识单元处理，可以在一定程度上进行分割和自由组合。

文献单元的这些特点决定了它是最灵活、最有效的知识控制方式。因此，长期以来，文献单元成为知识组分的重要形态，同时也是知识管理的基本单元。但同时文献单元也暴露出了明显的局限性，它作为一种物理单元、载体单元，不能直接、有效地反映出它所包含的知识内容，因此它只能是知识活动中反映知识的一种间接单元[4]。

1.1.2 信息与信息单元

20 世纪 90 年代以来，随着计算机技术、网络技术的迅速发展，"信息"一词成为热点词汇和前沿词汇。此时的信息主要是指动态的数据和消息，如股市行情、经济运行数据、新闻报道等。随着互联网、电子资源等资源形式的出现，"信息"一词在图书情报领域得到了广泛运用。1992 年以来，我国学术界相继出现了将"文献""情报"等改为"信息"的浪潮[5]，如"文献情报""文献组织""文献计量"等相应地变为"文献信息""信息组织""信息计量"等，"信息"的概念也由此变得更加广义化。这个广义的"信息"不仅包括文献、数据资源概念中的数据，还包括信息管理时产生的数据，如元数据等[5]。经过一段时间的发展，"信息"逐渐延伸为"信息资源"，成为所有文献、信息、知识的总称。广义的"信息"与"信息资源"的概念基本等同。

随着"信息"逐渐成为一个普遍和通用的概念，"信息单元"的概念也被提出。不同于文献与文献单元的概念，"信息"与"信息单元"是两个不同的概念。1999 年，我国著名情报学家马费成教授[6]提出了与"信息单元"基本等同的"内容单元"；2000 年，著名信息计量学者邱均平教授[7]提出了信息单元的内涵。之后在此基础上，学者文庭孝总结出了"信息单元"的概念[5]。具体内容如表 1-3 所示。

表 1-3   信息单元的相关定义

来　　源	对信息单元的定义
马费成等[6]	选择文献中的关键词或主题词作为基本计量单元切入科学信息离散分布的研究，即在文献分布规律既定的情况下，揭示其中所含的关键词或主题词(内容单元)的分布状态
邱均平[7]	文献计量学已经不仅仅停留在以篇、册、本为单位的文献单元的计量上，而开始深入到文献单元的内部对知识单元和文献的相关信息进行计量研究，如题名、主题词、关键词、词频、知识项、引文信息、著者、出版者、日期、语言、格式等都已成为计量的对象
文庭孝等[5]	文献的外形特征及其标识即信息单元，它不是文献本身，也不能有效揭示文献的知识内容，只是我们控制和处理文献的信息标识，便于我们组织管理文献

马费成教授指出，科学信息离散分布规律在"内容单元(而不是文献单元)层次上的研究基本上是空白的""选择文献中的关键词或主题词作为基本计量单元切入科学信息离散分布的研究，即在文献分布规律既定的情况下，揭示其中所含的关键词或主题词(内容单元)的分布状态"。由此可以看出，马费成教授等提到的"内容单元"与后来邱均平教授提到的"信息单元"的概念基本等同。内容单元利用关键词和主题词进行运算，其过程与信息计量学中信息单元的运算过程基本相同，因此"内容单元"与"信息单元"的概念是等同的。尽管邱均平教授在他的书中并没有明确提出"信息单元"的名称，但对信息计量学的计量单元进行了罗列，因此我们可以认为信息单元是计量单元深入到知识内容层面所做出的积极努力。文庭孝教授则在此基础上阐述了"信息单元"的概念，将文献的外在特征及其标识看作信息单元，并且指出"信息单元本身并不具有独立的实质意义，不能脱离文献单元而单独存在""通过信息单元及其组合可以标识和表达文献单元，实现对文献单元的控制和处理"。同时，他也在一定程度上阐述了信息单元与知识单元的关系为"部分信息单元可以组合转化为知识单元，如一篇文献单元的主题词和关键词组合可以表达知识概念和知识主题"。

综合来看，信息单元是文献单元和知识单元研究中的一个过渡或者中间概念。与知识单元的研究相比，信息单元的研究稍显沉寂。

1.1.3　知识单元

随着知识管理和知识经济的兴起，知识作为重要的战略资源引起了人们的高度重视，作为直接控制和管理知识内容本身的知识单元也进入了众多研究者的视野。尽管不少研究者意识到了知识单元的重要意义，但并没有形成统一的认识。知识单元在不同时期和不同学科领域的表现形态也各不相同，先后有"思想基因""情报基因""知识基因""知识节点""知识元素""知识概念""知识因子""知识元""知识点""知识链接""知识单元"等不同说法[8]。知识单元概念演变过程中的典型定义如表 1-4 所示。

表 1-4　知识单元的相关定义

来　源	对知识单元的定义
卡尔·波普尔[9]	人类的知识是长期进化的产物，符合达尔文进化模式，知识进化中蕴含着"基因"
理查德·道金斯[10]	"思想基因"理论：人类的思想随时间和空间的变化而移植、扩展、再现、繁衍，就像生物体一样，有其基本单位
S. K. Sen[11]	"情报基因"理论：情报通过基因遗传、试错法检验、社会形态制约以及变异思想逐渐稳定来实现增长
刘植惠[12]	"知识基因"理论：知识基因是"遗传"与"变异"的基本单位，知识基因构成知识 DNA，知识 DNA 组成知识细胞，知识细胞是学科理论体系的基本单元，知识细胞凝聚成理论体系
温有奎等[13-15]	"知识元"理论：知识元是构造知识结构的基元，是知识被分解成的可独立使用的最小单位。知识元由名称、属性、操作和导航四个要素组成
赵蓉英[16]	知识网络是由知识节点(知识因子)和节点间的联系(知识关联)两个基本要素组成的。而知识节点是由在认识上可以相对独立存在的各种知识单体形态(即在认识上具有独立性的知识元素、知识单元)构成的。知识元是最小的知识节点。 知识元就是知识元素，是组成知识的基本单位和结构要素

1961 年，英国著名哲学家卡尔·波普尔在牛津作"进化和知识之树"的演讲时提出，知识进化中蕴含着"基因"。1976 年，英国著名遗传学家理查德·道金斯(Richard Dawkins)首次探讨了知识内核的构成单元，将支配文化传播的基因起名为"mem"(觅母)，称为"思想基因"。思想基因是科学思想的基本单元，其具有稳定性和变异性，是人类文化的继承者和传递者。1981 年，印度情报学家斯·科·森(S. K. Sen)在"思想基因"的基础上提出了"情报基因"的概念，建议从基本概念开始，按"情报基因进化图谱"重建分类体系。我国学者刘植

惠在思想基因、情报基因的启发下提出了"知识基因"理论。他认为，知识基因是知识"遗传"与"变异"的基本单位；知识基因构成知识DNA包括公式、法则、定律、规律，知识DNA是科学遗传和变异的基础结构；知识DNA组成知识细胞，知识细胞是学科理论体系的基本单元；知识细胞凝聚成理论体系，理论体系构成人类的科学大厦。温有奎教授系统地提出了"知识元"理论。他认为，知识元是构造知识结构的基元，是知识被分解成的可独立使用的最小单位；知识元由名称、属性、操作和导航四个要素组成。从实质上看，知识元是一组信息单元的集合，用来表达一个完整的知识概念或知识内容。与信息单元相比，知识元中可能包含了某些知识内容的信息单元。赵蓉英则认为"知识节点"与"知识因子"，"知识元"与"知识单元"是一致的，知识元和知识单元是知识节点与知识因子的构成要素。

众多文献对知识单元进行了系统的论述，以下是我国学者在知识单元概念发展早期提出的一些具有代表性的观点。

赵红州先生堪称我国知识单元研究的倡导者。早在1980年，他就提出了"学科知识单元及表示法"，将知识单元定义为"不再分解的量化科学概念"，他指出"知识单元是已经获得科学共同体认同的，堪称'粒子'形态的科学概念，它是科学的细胞、科学大厦的砖块。大量的知识单元经过重组，按一定思路可凝聚成知识纤维，知识纤维又可在更高层次上组成复杂的知识系统"[17]。1988年，张德芳先生撰文指出"知识单元是寓藏于出版单元(某一文献)之中的，一个出版单元可能贮含一个以上知识单元。科学知识单元是科学劳动的产品，是在事物、实物、现象、过程等零散信息的基础上，经过系统归纳、分析、整理，能够反映其本质规律的概念、定理或定律"[18]。1989年，马费成教授发表文章称"数据单元也可称知识单元，它是由各种事实、概念和数值等组成的"[19]。1995年左秀英教授提出建设知识单元专题数据库的意见，并指出"知识信息单元是指从文献中分离、筛选出来的，读者能直接使用的有关信息，它可以是参考书中的某一结论、事实、实验数据或问题的答案，期刊中的某一篇论文或某一段论述"[20]。

20世纪90年代末期，知识单元在图书情报学界的使用频率逐渐增多，学者们认识到如何从文献单元服务深入到知识单元服务已经是图书情报领域实践面临的新的重大课题。随后出现了一系列关于知识单元的研究，如王子舟教授在《中国图书馆学报》上发表了《知识的基本组分——文献单元和知识单元》。他指出，"知识单元是客观知识系统中有实际意义的基本单位""知识单元或是一个明确的语词概念、一个具体观点，或是一个科学定理、一个数学公式，或是一首歌中的某段旋律、一幅画上的局部构图等"[2]。文庭孝教授也在其研究中指出，"知识元是指文献中相对独立的、表征知识点的一个元素，它可以是一段文字、一幅图表、一个公式、一章或一节、一段动画、一个程序等。知识元也往往直指知识产品(图书、论文、专利等)中的概念、论点(观点)、论据(数据、资料)、论证(方法、模型)、结论等知识核心和知识创新点，也可称为元知识"[21]。温有奎教授等人对知识元问题进行了大量的研究，提出了"知识链"的概念，并在《知识元链接理论》一文中提出"文本内容的组织排列，是一个个独立知识元素的逻辑排序结构。这种独立的知识元素称为知识元，逻辑依存关系称为知识链"[14]，这个理论已经被学术界广泛认可。

综上所述，我们可以认为知识单元是知识管理、知识计量与知识评价的最小单元。狭义的知识单元目前主要用知识元来表示。无论何种形式的知识单元都有其内部结构，一般由知识因子(或知识节点、知识元素)和知识关联构成，并且只有能够实现可表达、可操作、可控制、可衡量和可处理(如可分解、可组合)的知识单元才有实际意义，知识单元不应该是随意的、因人而异的、不确定的[8]。

1.1.4　学术单元

在现实生活中，海量资源的数字图书馆或数据库中的资源大多是以学术资源的形式存在的，有学者针对这种现象提出了"学术单元"的概念[1]。他认为每个学术成果都代表了对某个学术研究过程的总结，具有逻辑上的独立性，即从提出问题到呈现解决问题的过程，并最终得出结论，每个学术成果具有逻辑上的独立性和完整性。这种逻辑上的独立性可以作为一个整体单元来进行标引，并可以将其作为一个整体提供服务，这个整体单元被命名为"学术单元"。学术单元的特征及其与文献单元之间的区别如下[1]：

学术单元作为一个逻辑独立的单元，其主要特征是有明确的研究对象，通过一种或多种研究方法进行研究，对研究过程进行表述，并将最终结果呈现，在通过一定程序的审核后发行。具有这样特征的单元皆可以被定义为"学术单元"。学术单元也有大小的区别；学术单元可能会有一个大学术单元包含多个小学术单元的情况。学术论文是一个标准的学术单元，或许是最小的学术单元；学位论文也是一种学术单元，但也可以认为其包含多个子学术单元；专著与学位论文的情况相似，一本专著可以看作一个大的学术单元，通过分析，其中的章节或可被认定为独立的学术单元。

学术单元是介于文献单元与知识单元之间的重要概念。学术单元是一种具有逻辑独立性的概念，与文献单元的外在独立性有一定的关系。逻辑独立性也是一种内容上的独立性，因而与作为内容单元的知识单元有一定的联系。

学术单元与文献单元既有联系，也有区别。从总体来说，学术单元是文献单元中具有学术特征的部分。大多数学术单元与文献单元具有相同的外在形态。学术单元与文献单元一样都有作者与出版信息。作者是学术单元中较为重要的信息；出版信息则是重要的时间、空间信息。学术单元与文献单元的区别在于：学术单元是以逻辑上的独立性来区分的，而文献单元是以外在形态来区分的。虽然两者有很多相同的地方，但也有不同之处。有些文献单元包含了多个学术单元，如期刊、以图书形式出版的论文集等。学术单元是一种内容单元，其逻辑上的独立性可以是外在的，也可以是内容上的。一些专著和学位论文等篇幅较长的学术单元可以被分割为多个小的学术单元，如学位论文中的文献综述部分，往往可以将其作为一个独立的学术单元来看待。在一些特殊的情况下，一个学术单元包含多个文献单元，如连载的学术论文、同一研究主题的多卷书等。

现阶段，知识单元作为具有语义独立性的最小知识单元，是一种脱离了作者、出版信息等大量外在信息，只包括内容的单元。这些单元从理论上讲，通过"知识链"的串联和重组，可以产生新的知识。学术单元则不同，学术单元仍保留了很多与学术相关的信息，包括作者和出版信息，以便于我们进行内容评价和时效性判断。

1.2 从知识组分看知识组织的发展演变

根据知识组分的演变，可将知识组织划分为以文献单元为知识组分的文献组织、以信息单元为知识组分的信息组织和以知识单元为知识组分的知识组织[22-23]。它们都是在特定的社会背景下为了解决人们对知识需求与知识利用之间的矛盾而产生的。

1.2.1 以文献单元为知识组分的文献组织阶段

以文献单元为知识组分的文献组织是伴随着文献数量的激增而诞生的。传统的以文献为基本单元的知识组织主要侧重于印刷型、纸质本的文献资料，是为满足人们利用文献的需要而出现的一种独立的活动，是对知识的载体(文献)进行的组织，并不是真正意义上的知识组织。它是图书馆馆员以编制书目、索引等形式，将文献单元整理与排序的过程，是对文献集群单元内容(信息、知识)的各种特定角度的宏观性、整体性揭示[24]。

传统的以文献为基本单元的知识组织主要采用分类法和主题法两种方法对文献单元进行组织，其基本原理是对人类公共知识体系结构和个体知识记忆结构进行模拟，目的是使知识在这一原理下得到规范化的组织[25]。

1. 分类法

分类法是将表示各种知识领域的类目按知识分类原理进行系统排列，并将代表类目的数字、字母符号作为文献主题标识的一类情报检索语言[25]。其主要特点是按学科、专业组织文献，并从知识分类的角度揭示各类文献在内容上的区别和联系，具有很好的层次性和系统性。分类法主要有体系分类法和组配分类法两种。它们都是按照知识组织的原则构建的，即用类目名称表示知识因子，用等级体系以及参照、注释、互见、交替等方法来显示类目之间的知识关联，将学科区分及分类号的层次序列作为组织知识集合的基本方式。

2. 主题法

主题法是把自然语言的语词经过规范化处理后直接作为文献主题概念标识，将主题概念标识按字顺排列，并用参照体系和其他方法来间接地显示主题概念之间的关系[25]。主题法提供了一种直接面向具体对象、事实式概念的信息组织方法和信息检索途径，具有直接和直观的特点。主题法包括标题法、单元词法、叙词法、关键词法及其他自然语言检索法。主题法也是按照知识组织的原则建立的，即用主题词标识知识因子，用"代""分""属""族""参"等参照系统来标识知识关联，将语词标识系统作为组织知识的基本方式。

1.2.2　以信息单元为知识组分的信息组织阶段

20 世纪 80 年代开始，随着互联网的迅猛发展，网络信息在社会信息量中所占的比重日渐上升。这种现象促使知识组织的对象、形式和内容发生了根本性的转变，以纸介质为主的信息记录和组织方式的重要性逐渐下降，知识组织的中心点转向网络信息资源和电子介质，特别是转向自动化、功能全、速度快的信息资源组织方法[26]。

相对于传统的以文献为基本单元的知识组织，以信息单元为知识组分的信息组织不再局限于文献形式，而是将某一方面大量的、分散的、杂乱的信息经过整序、优化，形成一个便于有序利用系统的过程。针对网络信息数量庞大、类型繁多、难以规范等特点，专业研究人员开始探讨传统的分类法、主题法以及分类主题一体化方法在网络环境下的转换，同时研制出了适用于网络信息组织的元数据和搜索引擎方法[27]。

1. 元数据(metadata)

元数据即关于数据的数据，是专门用来描述 Internet 上的数据和资源的特征和属性的数据。元数据是促进 Internet 信息资源组织和发现的数据，具有信息识别、定位、发现、描述和选择等功能。元数据可揭示各类型电子文献的内容和其他特征，进而实现网络资源的组织、分类、索引等目的。目前，国际上已经出现了 20 余种元数据格式，如都柏林核心元数据(Dublin Core，DC)、资源描述框架(Resource Description Frame work，RDF)、Internet 内容挑选平台(the Platform for Internet Content Selection，PICS)、频道定义格式(Channel Definition Format，CDF)、元内容框架(Meta Content Framework，MCF)。这些元数据大致可以分为两类：一是描述类元数据，如格式、文本长度、类型、出版信息；二是表述内容的语义元数据，如主题词、分类号。其中，以都柏林核心元数据为代表的描述类元数据[28]可以用于以文献单元为主的文本资源对象的处理，旨在将每一篇文献处理为一个数据对象，关注的是如何将非结构化数据转换为结构化数据，此过程使用的元数据集有机器可读编目(Machine-Readable Cataloging，MARC)、DC、编码档案描述(Encoded Archival Description，EAD)，以描述资源的外部属性及其格式为主，作者、题名、出版机构、刊名、卷期、出版时间、出版地点等外部属性的显性度高，获取容易，易于操作，成为该阶段元数据记录描述的重点。

2. 搜索引擎

搜索引擎作为网络环境下重要的信息组织工具，一直备受关注。它是建立在超文本方式、情报检索和数据库系统之上，对 WWW 站点资源和其他网络资源进行标引和检索的一类检索系统机制。从技术角度来说，搜索引擎一般由搜索器、索引器、索引数据库、检索器和用户接口五部分组成，其工作过程可归纳为：信息收集和预处理，信息索引和存储，搜索引擎检索系统建立，搜索结果显示。

1.2.3　以知识单元为知识组分的知识组织阶段

相对于以文献单元和信息单元作为知识组分的知识组织而言，以知识单元作为知识组分的知识组织已不仅仅停留在文献单元层次的内容揭示与序化上，而是将内容组织单元深入到文献内容中具有更细粒度的知识单元中，其目标是对文献内部蕴含的知识单元进行揭示与关联，它作为知识组织的高级形式，具有自动化、集成化、智能化等特点。

以知识单元为基本单位的知识组织方法的本质就是要深入到知识资源内部，找到知识生产和创造的关键数据——知识单元，然后采用一定的方式表示其语义联系与知识结构，实现知识的有序化组织。语义网、本体、关联数据、主题图、知识图谱等是近年来蓬勃发展的知识组织技术，其可以建立数据间的联系，将知识资源从单纯的显性知识描述转变为揭示其潜在深层的语义关系，且支持机器理解与推理。与以文献单元、信息单元为组分的知识组织相比，这类知识组织更能呈现知识间的多元关系，提供更多检索入口，并促进知识组织对象向细粒度方向发展[29]。

1. 语义网

1998 年 Tim Berners-Lee 提出的语义网是对现在万维网的一种延伸，也可以说其是下一代的万维网。2001 年 W3C(万维网联盟)提出了语义网计划，其通过语义技术的开发提升计算机的识别能力。语义是对数据的解释，语义网对万维网进行了扩展，面向的对象不仅包括人，也包括机器，它用形式化的语言对信息资源进行描述，让机器可以理解信息的含义和关联，可以进行一定的推理和自动处理。Tim Berners-Lee 提出了实现语义网的 7 层网络技术构架。从置标语言的角度来看，语义网就是由各种信息资源及其语义标记(语义标注)组成的信息网络，语义网的实现就是一个语义标注的过程，XML、RDF、Ontology 层是语义网的核心层，也是实现语义网的技术基础，而本体是实现语义网的关键。

关联知识聚合是语义网应用的具体形式。关联知识元数据可通过服务器端或数据端采集。知识元数据预处理可采用知识集成、知识清理、知识归约等方法。张海涛等[30]基于自组织神经网络构建知识聚合模型，引入模糊均值聚类算法，利用分布式计算系统进行知识抽取、知识映射，实现图书馆关联知识聚合。马晓悦[31]提出，结合语义网和社会标注建立社会化语义网知识组织模型，其实质是组织反映内容概念的知识文本，分类识别知识主题与类别，与一般语义网相比突出"用户参与"这一核心，强调用户理解的动态化和不同理解间的协调。

语义网将事物的属性以及事物间的语义联系明确而简洁地表示出来，利用结构化数据加快了数据流通，但尚需解决多源数据融合方面的问题，以实现高效信息共享。此外，由于 RDF 和 OWL 等语言的逻辑性太强，对普通开发人员而言具有理解和掌握的门槛，所以语义网技术的发展速度面临瓶颈[29]。

2. 本体

本体起源于哲学领域，是共享概念模型明确的形式化规范说明。本体技术通过重用、集成、映射等方式将异构数据集中到一个本体，以实现不同资源或概念的共享。本体的类型存在着不同的划分标准，常见的划分类型为通用本体、领域本体、应用本体与表示本体。其中，领域本体是针对某个特定领域而制订的概念模型；通用本体与领域本体相似，但其可以跨领域，相对较为宏观；应用本体则聚焦具体的应用定义所需的知识模型；表示本体不针对任何特定领域，而在更抽象的层面阐明知识表达的概念模型。

本体构建时要遵循 T. Gruber 提出的本体构建五原则，即清晰度、一致性、可扩展性、中立性和最小本体承诺。本体构建方法可分为人工、半自动与自动三类。马创新等[32]学者指出，人工构建方法主要包括七步法、TOVE 法、骨架法和 Methonlogy 法等。传统的知识组织系统是投入大量人力和物力构建而来的智力成果，包含丰富的术语和语义关系，完全可以加以改造，用于本体构建，避免资源浪费。何琳[33]提出通过映射分类体系、整合叙词表，利用机器学习建立语义细分分类器，从而构建领域本体。毕强等[34]学者将基于概念格的半自动化本体构建方法概括为 Obitko 方法、Haav 方法和 Cimiano 方法等。前两种方法直接将概念格与本体中的概念等同起来；第三种方法将本体中的概念与概念格中的属性相匹配。他还提出了运用概念格构建领域本体的技术路径，这种方法易于实现自动化，资源预处理环节可使用汉语词法分析系统。概念格构建环节可使用 ConExp、Lattice Miner 等工具，本体构建可使用 Protégé、KOAN 等工具。

本体可以表达概念间的复杂关系，解决语义异构，实现分布式共享，但不能直接建立知识单元与资源实体的关联。本体不仅关联概念间的显性关系，还具有推理功能，通过隐含关系推导出新知识，但本体构建需要领域专家参与，较为复杂，如何在高效构建本体的同时降低成本是研究的重点。目前研究中的本体构建多是基于特定领域的，有助于用户对某一领域的知识达成一致，但通用本体缺乏，且本体语言及构造标准多元化，已构建本体的扩展和共享性、本体的更新演化带来的版本控制等是尚待研究的问题[29]。

3. 关联数据

2006 年，Tim Berners-Lee 提出语义网的本质是要建立开放数据之间的链接，即关联数据(Linked Data)。关联数据起初用于定义如何利用语义网技术在网上发布数据，其强调在不同的数据集之间创建链接。关联数据的 URI 既是知识概念的唯一标识，也可以对资源实体进行导航定位，实现概念的规范控制与多元化表达。作为将数据链接起来的语义资源，关联数据在异构异质知识资源的组织聚合中发挥着重要作用。

关联数据自身不具备语义功能，需要将词表或本体作为语义描述框架。关联数据可以标注文本和多媒体等资源，进行知识描述与揭示，其核心在于找到与待标注对象相匹配的数据集，如文本标注可以利用基于数据集内部结构的 PageRank 方法或基于数据集内容描述的 Context Similarity 方法[35]，也可以通过链接以关联数据形式发布的知识资源实现知识单元间的互联，还可以对不同来源的知识进行网状结构组织序化。

关联数据将概念与实体置于统一的 RDF 下，可实现概念间、实体间、资源与实体间的语义关联。关联数据强调在不同的数据集之间创建链接，还能融合元数据与本体，让用户能更加方便地进行访问、查询和处理，可以有效实现语义推理和知识发现。知识组织应用关联数据技术面临的问题在于，数据集存在的内容局限性直接导致了语义标注的局限性，同时知识单元互联与组织受到数据源开放共享程度与知识产权的限制[29]。

4. 主题图与知识图谱

主题图可以从异构库中抽取关键数据，通过主题、关联及资源出处进行导航，揭示网状-核心-边缘的知识结构，基于 XML Topic Maps 和 HyTM 等语法实现其功能。相较传统主题图，智能主题图可采用全信息相似性算法进行聚类，匹配语法、语义和语用，并且扩展了知识元导航功能与推理功能应用基于规则引擎的推理机制，由内部或自定义规则获取隐性知识[36]。

知识图谱是 2012 年由 Google 正式提出的基于语义网的大规模知识库，旨在描述真实世界中存在的各种实体或概念及其关系，其构成一张巨大的语义网络图，节点表示实体或概念，边则由属性或关系构成。随着大数据时代的到来，知识图谱得到了快速发展，其中以谷歌为代表的工业界和以卡耐基梅隆大学为代表的学术界已经构建了 Freebase、Wikidata、YAGO、DBpedia 等多个大规模知识图谱。

与语义网、本体的知识概念不同，主题图将人、时间、动作等所有标引对象都视为主题，利用智能主题图可以在网络知识组织中实现知识表示、推理、导航、推送与可视化，但不能在网络中发布和获取资源。由于用户可以自由定义主题图的分类词汇，所以存在因用词不规范而导致的连接错误或遗漏信息等风险。知识图谱规模大，语义丰富，能将分散的知识序化，用可视化方式展示知识的分布及关系，由显性知识引导获取隐性知识，还能向用户提供信息智能查询与深度问答等服务。其缺点是为了纳入更多知识，在设计时允许模式定义不完善或缺失，从而带来了数据质量控制的问题，进而影响知识图谱的完整性与准确性。此外，知识图谱算法依赖现有数据集，如果要扩展，则需修改数据结构和业务逻辑，维护成本较高[29]。

1.3　科技文献细粒度组织的概念及必要性

随着信息技术的飞速发展，数据、信息和知识呈现爆炸式增长态势，先进的信息技术为信息组织与检索方法的改进与提升提供了强有力的技术支撑，科技文献知识组织方式也正在从篇章级、粗粒度文献组织方式逐步向基于知识单元的细粒度知识组织转变。

1.3.1　科技文献细粒度组织的概念界定

在大数据环境与数据密集型科学研究新范式下，科技文献知识组织方式正在向基于知识单元的知识组织方向发展[37]。随着知识资源数量的增加，以文献为控制单位的知识资源开发与服务已无法满足人们对知识粒度的需求，用户不仅只限于获得整个文档，而是更关注文献中的具体内容，如方法、观点、理论、数据等，这就使信息处理对象从面向文献单元向细粒度知识单元转变，从而出现了细粒度组织、中粒度组织、粗粒度组织、多粒度组织的概念。突破以"文献"为单元，将知识控制单位深化为细粒度知识单元，深度揭示知识内在关联，将极大地促进用户对知识的有效获取、理解与利用，从而促进知识创新及增值[38]。

1997 年，美国数学家 L. A. Zadeh 在提出模糊信息粒化和词计算理论时，给出了信息粒度概念[39]。粒度化是一种对知识进行总结和概括的方法，粒度是对知识抽象的度量[40]。人脑总是先从很粗的粒度上来粗略地描述事物，再从不同层次或不同角度把握事物的特征，用较细的粒度来观察和分析事物。我们的认知过程就是在多粒度空间中不同层次和不同粒度之间交互往返，在不同的粒度层次间反复感知和识别事物，进而达到对事物的全面认识[41]。粒度化思想具有模仿人类从不同的粒度去思考、分析和解决问题的重要特性，在处理一些复杂的、非结构化的、不完整的、不确定的信息等实际应用中能够发挥粒度原理的优势[42]。信息粒度被视为实现知识迁移和知识重用的基础[43]，被应用到知识发现[44]、知识组织[42, 45-49]、知识表示[50]等众多领域。

粒度是对不同层次描述单元的度量。细粒度是不可再划分或者无须再划分的最小描述单元；中粒度则是处于细粒度和粗粒度之间，由最小描述单元构成的，没有达到最小划分，而又处于最大划分之下的粒度；粗粒度是描述单元的最大粒度。中粒度和细粒度知识都是在粗粒度下进行的深层次划分[51]。在馆藏文物信息资源组织方面，对于细粒度馆藏文物知识，利用元数据对细粒度的馆藏文物知识节点进行表示，形成馆藏文物结构化的知识体系；对于中粒度馆藏文物知识，利用本体将分散的知识节点之间产生关联，形成馆藏文物知识网；对于粗粒度馆藏文物知识，将馆藏文物知识节点和知识关联通过可视化知识地图的形式呈现出来，使用户通过视觉表征的形式获取馆藏文物知识。在网络信息资源细粒度聚合方面，由于相关信息片段分布在海量且复杂多样的网络信息资源中，因此用户往往需要花费大量时间浏览、查询和收集所需信息。面向语义关联关系的细粒度聚合以通用的或特定领域的知识体系为基础赋予资源语义，并根据语义关系对资源进行重新序化与组织，使原本分散的、异构的资源和资源的片段形成面向用户需求的、具有一定知识结构的序化知识[52]。采用对网络信息资源的逻辑结构分析和形式结构分析，确定网络信息资源的细粒度聚合单元框架，包括篇章单元(篇章层级的标题、著者等外部特征)、节段单元、句群单元(即功能单元)和图表单元四个层级的内容,利用这一面向聚合搜索的细粒度聚合单元元数据深入揭示信息特征及其关联关系,可以促进知识发现并提升知识服务效率[53]。

科技文献逻辑结构清晰,方便对其进行多粒度的划分。根据粒度理论,可以把一篇科技文献视为最大粒度(即粗粒度),把论文中某一具体的不可再分且具有独立语义的知识点视为最细粒度,那么介于最粗粒度和最细粒度之间的则为中粒度,一般包括一级标题段落、二级标题段落、三级标题段落等[45]。为与传统的篇章级粗粒度文献组织方式进行区分,在本书中,将科技文献细粒度组织界定为以科技文献为研究对象,以科技文献内部具有独立语义单元的细粒度知识单元和中粒度知识单元为组织单位,对其进行有序化和语义关联的一系列过程及其方法,其核心过程主要涉及中粒度和细粒度知识单元的描述与表示、抽取、语义关联等。科技文献细粒度组织是知识组织的重要构成部分,它强调知识组织对象细化深入到文献内部具有独立语义的内容单元。

1.3.2　科技文献细粒度组织的必要性

(1) 科技文献细粒度组织是缓解开放科学时代科技文献越加丰富但利用量越发减小之矛盾的利器。

DOAJ(Directory of Open Access Journals)被称为"开放存取期刊目录",是瑞典隆德大学(Lund University)在 2003 年由 OSI 资助创建的。在创建之初,DOAJ仅收录了约 300 本开放获取的期刊,截至 2022 年 8 月其已收录了 18 121 种期刊,由此可见,开放期刊的数量正在急剧增加。然而,国际上的期刊种类远不止于此。目前全球权威的学术信息数据库 Web of Science 收录了 24 891 种期刊,而开放获取的期刊只有 4908 种[54]。在开放科学时代,科技文献的总量巨大,各领域的学术期刊以平均每年 4.7%的频率呈爆炸式增长。

在开放科学时代,科研人员在获取无障碍资源的同时,也面临着被科技文献淹没的恐慌。Elsevier 2019 年发布的科研用户调研(Trust in Research)显示[55],研究人员用来搜索文献的时间几乎和他们用来阅读文献的时间一样多。平均而言,研究人员每周用来搜索文献的时间超过 4 个小时,而阅读这些文献的时间则超过 5 个小时。随着时间的推移,研究人员所面临的情况正在朝着更为严峻的方向发展,在 2011 年至 2019 年间,研究人员阅读文献的数量减少了 10%,但用来查找文献的时间却增加了 11%。科研人员在有限的阅读时间内,要从获取的文献中寻找需要的知识点,然而,每次检索到的文献数量庞大,如果想要深入了解相关知识点,就要阅读每一篇文献。文献富有而知识贫乏已成为现实世界的一种客观存在。

当前，造成文献富有而知识贫乏的主要原因是：传统的科技文献服务平台通常仅提供粗粒度的篇章级科技文献检索和浏览服务，缺乏对科技文献内容的深度揭示及关联关系的挖掘与组织[56]。传统的科技文献服务平台主要从科技文献的主题、关键词、篇名、全文、作者、单位、摘要、被引文献、中图分类号、文献来源等角度来描述与组织科技文献资源。这些检索方式检索出来的结果往往是以篇章为单位的粗粒度科技文献，且科技文献内容之间缺乏语义关联，用户需要一篇不少地阅读来发现隐藏在科技文献中感兴趣、有用的知识点，在用户时间有限、资源海量的情形下，势必造成用户用于检索文献的时间越来越多，而用于文献阅读的时间越来越少。

科技文献细粒度组织是解决文献富有而知识贫乏问题的利器。通过科技文献细粒度组织，科技文献服务平台可以为用户提供细粒度的知识单元，无须用户逐篇阅读。这样既节约了用户的时间和精力，也提升了文献的利用率。

(2) 用户需求导向的知识服务迫切需要对科技文献进行细粒度组织。

以用户需求为中心是当今知识服务的基本原则。以用户为中心就是尽可能地满足用户外在和内在的知识需求，将理解用户知识需求和实现知识服务作为科技文献组织的中心任务[57]。2020 年 4 月，国际科学技术和医学出版商协会推出的"2025 国际科技出版趋势"其重点就是关注用户，强调要以用户需求为导向。

今天，用户知识需求的核心特征是所得即所想。可从以下几方面来理解用户的知识需求：① 所获取到的知识内容正是用户需要的内容；② 所获取到的知识内容的数量正是用户想要的数量；③ 所获取到的知识正以用户想要的格式和方式呈现。这就意味着当前科技文献平台的检索文献数量大、仅为篇章级粗粒度、文献之间无关联的传统文献服务已经过时，已经不能满足用户的需求。知识组织方式决定了最终的服务形式，而科技文献细粒度组织有助于满足用户对知识的精准获取、范围可控、易于浏览和学习的需求。因此，用户需求导向的知识服务迫切需要对科技文献的描述与标引深入到内部细粒度的知识单元，开展科技文献的细粒度组织。

(3) 科技文献细粒度组织是提升深度知识挖掘和知识重组效率的基石。

在知识经济时代，知识创造与技术创新依然是社会、国家和组织可持续性发展的重要环节。知识挖掘与知识重组是知识创新重要的使能器。知识挖掘源于全球范围内数据库中存储的数据量急剧增加，人们的需求已经不只是简单的查询和维护，而是希望能够对这些数据进行较高层次的处理和分析，以得到关于数据总体特征和发展趋势的预测。Usama M. Fayyad 等学者给出的知识挖掘的定义是：知识挖掘是从数据集中识别出有效的、新颖的、潜在有用的以及最终可理解的模式的非平凡过程。知识重组是指对相关知识客体中的知识因子和知识关联进行结构上的重新组合，形成另一种形式的知识产品。知识重组包括知识因子的重组和知识关联的重组[58]。知识因子的重组是指将知识客体中的知识因子抽出，并对其进行形式上的归纳、选择、整理或排列，从而形成知识客体的检索指南系统的过程。从知识挖掘与知识重组的定义描述中可以看出，现有的数据和知识描述与表示是影响知识挖掘与知识重组方式的基础问题。

科技文献作为人类知识和智慧的结晶，其细粒度组织本质上实现对科技文献承载的知识的精准化、细粒度、关联化的描述、表示与序化。与传统的基于粗粒度的知识挖掘与知识重组相比，科技文献细粒度组织将从对象和形式上为知识的深度挖掘与重组带来革新，这势必引起知识挖掘和重组方法的革新与效率的提升。

1.4　科技文献细粒度组织的关键问题

从知识组织的过程来看，科技文献细粒度组织需要解决的关键问题如下：

(1) 科技文献细粒度描述框架。要想以科技文献内部的细粒度知识单元为对象开展科技文献细粒度组织，先要解决的基础性问题就是要确定科技文献内部的细粒度知识单元的构成。一般用科技文献细粒度描述框架来描述一篇科技文献的细粒度知识单元的构成。

(2) 科技文献细粒度知识单元的描述与表示。在科技文献细粒度组织中，细粒度知识单元作为最终的独立组织对象，如何描述和表示该组织对象，以方便机器处理和后期的细粒度知识服务，是科技文献细粒度组织需要解决的又一关键基础性问题。

(3) 科技文献细粒度知识单元的抽取。确定了一篇科技文献蕴含的细粒度知识单元构成，且确定了细粒度知识单元的描述与表示方式之后，就需要从科技文献的内部抽取出这些知识单元并按照事先规定好的表示方法表达出来。高效、精准的细粒度知识单元自动抽取方法是大数据时代科技文献细粒度组织能否成为现实的一个关键问题。

(4) 科技文献细粒度知识单元的语义关联与序化。按照一定的知识组织体系对描述、表示出来的细粒度知识单元进行语义关联与序化，从而完成对科技文献的细粒度组织，这是科技文献细粒度组织工作的最后一步。选取何种知识组织体系，采用何种语义关联与序化技术，将直接影响后期的知识服务方式与效果，因此此环节也是科技文献细粒度组织的一个关键环节。

本书将围绕上述科技文献细粒度组织的关键环节与问题进行探讨。

1.5 本书各章安排

本书尝试阐述科技文献细粒度组织过程及相关方法，并展望科技文献细粒度组织为科技文献服务带来的美好前景。具体安排如下：

第一章　科技文献组织的演变。本章阐述知识组分和知识组织研究的演变，在此基础上界定科技文献细粒度组织的概念并阐述科技文献细粒度组织的必要性及关键问题。

第二章　科技文献细粒度组织的相关理论与方法。本章主要总结科技文献细粒度组织的相关理论、方法和技术基础，包含知识单元的相关概念、粒度理论、知识组织的分类法和主题法、知识组织的元数据法以及语义链接理论。

第三章　面向细粒度组织的科技文献描述框架研究。本章阐述科技文献细粒度组分划分的理论依据与方法，分析科技文献内容结构及现有的科技文献细粒度描述单元，并以信息资源管理领域为例，构建科技文献细粒度描述框架。

第四章　科技文献细粒度知识单元的描述与表示研究。本章系统分析现有科技文献细粒度知识单元的描述与表示模型，并给出一种新的科技文献细粒度知识单元的功能层次结构描述模型。

第五章　科技文献细粒度知识单元的抽取方法研究。本章系统阐述基于规则、统计机器学习和深度学习的三种科技文献细粒度知识单元抽取方法的基本思想及特征。

第六章　科技文献细粒度组织方法研究。本章阐述基于语义网络、智能主题图、关联数据和知识图谱四种科技文献细粒度组织方法的原理、过程及关键技术。

第七章　基于科技文献细粒度组织的知识服务展望。本章从细粒度知识导航与浏览、细粒度知识检索、细粒度知识问答服务、基于细粒度组织的科技知识挖掘与重组四个方面展望科技文献细粒度组织方式可能带来的知识服务创新。

第二章 科技文献细粒度组织的相关理论与方法

本章从知识单元的相关概念、粒度理论、知识组织的分类法和主题法、知识组织的元数据法和语义链接理论五个方面总结了科技文献细粒度组织的相关理论和方法，目的是为科技文献细粒度组织研究工作的开展奠定基础。

2.1 知识单元的相关概念

知识单元的概念是本书的重要理论基础，在第一章阐述知识组分研究的演变时已经对知识单元的相关概念进行了辨析和阐述，为了保持本章内容的相对完整性，本节对其相关概念进行简单的阐述。

知识单元的概念分为广义和狭义两类：从广义方面来看，知识单元泛指任何一种相对独立的单元内容和形式，如一篇文献、一个关键句[59]；从狭义方面来看，知识单元是知识不可再分的基本单位，是构成知识系统最小、最基本的组成单元，主要是指科学概念[3, 5]。与知识单元相关的知识元被界定为知识的基本组成单位，是完整描述知识的最小粒度的语义单元[60]。知识单元与知识元的关系主要分为两类。

(1) 知识单元与知识元等同，知识元仅仅是知识单元的不同说法[3, 61]。此时，知识单元是狭义的知识单元的概念，与知识元具有相同的内涵，是从知识自身角度划分的最小知识管控单位，即构成知识结构不可再分的最小知识单位。

(2) 知识单元是广义的知识单元的概念，是相对独立的文献内容或文本片段，也是知识元的逻辑组成，而知识元仍是构成知识结构的最小要素，因此知识单元是知识元的抽象概念，其涵盖了知识元的内涵，是知识元的重要相关概念，知识单元与知识元是两个不同的概念[62-63]。

对知识元进行分类，是进一步认识和区分知识元的一种逻辑方法。不同类型的知识元具有不同的属性、结构和特征，因此知识元分类是抽取、标引、挖掘、利用知识元的前提和基础。但是，人们对知识元内涵的认识还未统一，这就导致知识元的分类也呈现出多样性。温有奎等人用认知心理学的知识分类思想将知识元分为两大类十小类，分别是：① 描述型，包括信息报道型、名词解释型、数值型、问题描述型和文献引证型；② 过程型，包括步骤型、方法型、定义型、原理型和经验型[64]。根据知识元所表达的语义内容对其进行分类，不少学者一般将知识元分为概念型、原理型、方法型、事实型、陈述型、数值型、模型型等[65-67]。根据知识元在文本中的语用功能，学者将其分为常识知识元、引证知识元和创新知识元[68]。

知识元的形态通常表现为一段文本或一组语句，其知识表达是对知识元的形式化描述，以便于机器解读和处理，即将非结构化的知识转化为结构化的知识。根据文本内容的形式化程度，知识元知识表达模型可分为词组模式、语句模式和三元组模式。词组模式表达模型利用词组模式进行知识元的内容表示[69-71]，语句模式表达模型把主题句作为知识元的内容描述[64, 72-73]，三元组模式表达模型将知识元内部的文本内容表示成计算机可理解的模式，通常借鉴知识工程领域的语义三元组形式，即利用"主谓宾"三元组来表示一段语句的内容[74-75]。

2.2 粒 度 理 论

2.2.1 信息粒的概念与内涵

"粒"的概念最初来源于物理学领域。粒度作为度量粒的大小的尺度，是粒的一个基本属性，表示粒进行粒化程度时的量化指数[76]。随着人工智能技术的发展，为了充分模拟人类思维来进行复杂系统的信息处理，研究者将"信息粒"定义为人类认知过程中最基本的知识元，并将粒度的概念引入信息管理与信息系统等相关领域[77-79]。

从人们认知的角度来理解，通常是先粗略地判断事物的整体，然后进行个体分析，也就是从较粗的粒度来研究对象，进而细化到较细的粒度，提取更为精确的甚至复杂的概念，从细粒度来研究对象。

从数学逻辑角度来理解，可以将粒度描述为三元组(X, f, T)的形式。其中，X指的是论域；f指的是论域上元素的属性，$f: X{\rightarrow}Y$，Y可以表示n维空间，也可以表示一般的集合；T指的是论域的结构，蕴含着论域中各个元素之间所具有的各种关系[80]。

(1) 粒度：设定义域X和X上的一个关系$R: X{\rightarrow}p(X)$，且$X=\bigcup_{i\in\tau}u_i$，则称

每一个 u_i 为一个信息粒子，${\{u_i\}}_{i\in\tau}$ 是论域的一种粒度。其中，$p(X)$ 表示论域的幂集；R 可表示等价关系、不可区分关系、功能相近关系、相似关系、相等关系、约束、相容关系、复合关系、模糊关系、属性、投影、结构关系和一般的函数等。根据所研究的实际情况，粒度也可以表述为事物复杂度、详细程度和抽象度等。在人类认知过程中，往往根据复杂事物的性质和特征将事物分解为不同的信息粒。

(2) 信息粒：人类认知过程中最基本的知识单元，是一些信息元素的个体通过相似关系、邻近关系或功能关系等关联因素形成的信息或知识块[81]。一个包含特定的概念事物的集合就形成了一个信息粒，因此信息粒也可以被认为是满足一定描述条件的元素的集合。随着认知科学对人类思维过程的认识的不断加深，透过模糊逻辑理论，信息科学对于信息粒的研究与计算应用从精确信息粒推广到了模糊信息粒，可以从不同侧面对事物进行观察来了解事物的本质性质，帮助人类认识复杂的系统问题。因此，信息粒的表现形式既有真实粒，也有可能粒及概率粒[82]。

(3) 信息粒度粗细：设 R 是论域上关系的全体，且 $R_1, R_2 \in R$，若对 $\forall x,\ y \in X$，$xR_1y \Rightarrow xR_2y$，则称 R_1 比 R_2 细，简记为 $R_2 < R_1$。设 $R_0 < R_1 < R_2 < \cdots < R_{\text{end}}$，表示一个嵌套关系簇，其中 R_0 代表论域本身是一个等价类，即最粗的划分；R_{end} 代表 $\forall x,\ y \in X,\ xR_{\text{end}}y \Leftrightarrow x = y$，即最细的划分；其他的表示中间层次的划分。同一论域的粒度之间存在不能比较粗细的情形。

2.2.2　信息粒化的方法

粒度计算作为复杂问题的求解工具，在粗糙集理论、概念格、知识工程、数据挖掘、人工智能、机器学习、控制科学等领域都有着潜在的应用[83]，也为人们认识知识找到了一种新的方法，更促进了人们对知识处理的发展。Zadeh提出人类认知的 3 个主要概念，即粒度(包括将全体分解为部分)、组织(包括从部分集成整体)和因果(包括因果的关联)，并进一步提出了粒度计算。粒度计算就是构造、表示、处理和运用信息粒的过程。粒度计算的基本问题主要有两个方面：一方面是如何构建信息粒度；另一方面是如何利用粒度计算。前者能够处理粒度的形成、粗细、表示和语义解释，而后者能够处理怎样用粒度去求解问题。粒度世界构造得是否合理极大地影响着求解问题的效率[84]。

信息粒是粒度计算的核心，也是最基本的研究对象。基于数据样本构造信息粒的过程叫作信息粒化，此过程中伴随着数据的抽象与信息的提取和归纳。

信息粒化是一个抽象和简化数据的过程，其核心任务需要保证围绕数值数据所构造的信息粒能够刻画数据的关键特征。常见的数值数据信息粒化的方法有基于区间的信息粒化方法、基于模糊集的信息粒化方法和基于聚类结果的信息粒化方法[85]。

基于粒度计算理论，将知识进行粒化，然后将知识构成粒空间，并将问题抽象化，最后通过粒与粒之间的关系，构建出多层次的粒度结构，这就是多粒度理论的主要思想。多粒度理论将知识的表达分为不同层次，逐步求精、由粗到细，在一些复杂问题的空间关系上，找到一种多粒度层次的分析方法。其内容主要包括对复杂问题的描述，以及空间粒度的计算和推理等。多粒度信息方法是指在一定的粒度范围内，提供多个可选的粒度，然后按一定的顺序排列粒度供用户选择，或者让用户根据需要定义粒度范围[86]。多粒度信息方法的基本思想是在解决问题的过程中，使用多个粒度层次，从不同角度、不同方面对问题进行理解分析、综合推理，最终全面掌握信息。

2.2.3 信息粒度的表达方法

信息粒度的表达方法主要是在粗糙集理论的基础上发展起来的，包括状态空间表达法、问题归约表达法、频数约集表达法。

1. 状态空间表达法

状态空间表达法从语义、内容、层次三个角度对粒度进行分解，其将粒度分为不同的粒度元素，通过融合每一个模态形成的多模态信息来表征所要研究内容的语义单元，分析相应粒度多边形的主要属性，并建立空间时态数据库[87]。

2. 问题归约表达法

信息粒度可以采用对象、属性、关系、约束条件四元组的数学逻辑方法进行粒的内部结构描述，用四元组将粒子表示为 $G = (O，F，R，J)$[88]。其中，O 代表信息粒的对象集，它可以是普通的集合，也可以是模糊集，可以是有限的，也可以是无限的；F 代表信息粒的所有属性集合，特征集合包括了三个方面的特征：内在特征、外在特征及粒的环境特征；R 代表一个集合，由信息粒中的所有关系组成，包括一个整体中的各个元素之间、特征之间、对象与特征之间的关系；J 代表约束条件的集合，如时间、空间、距离、规则等。这四个要素互为向量，牵一发而动全身，任何一个向量发生变化，同时就会带动粒子 G 的论域、粒子的空间结构及粒子所属的关系发生相应程度的变化。

3. 频数约集表达法

频数约集表达法表现出来的是粒度间以频数为特征的关系连接，同一频数的对象划分为同一粒度，并通过采用相关的技术与方法计算不同粒度所占的比例来判定信息粒度所具有的类别的区别力[49]。如选取某一时间范围内以"知识元""知识组织""知识管理"为相关主题的科技文本，计算关键词"知识元""知识组织""知识管理"在科技文本内容中的词频，通过对比不同频数粒度的占比来进一步判断该领域的研究热度或研究现状。

2.3　知识组织的分类法与主题法

2.3.1　知识组织的分类法的概念

1. 知识组织的分类法的定义和作用

分类是指按照事物的性质、特点、用途等，将事物进行聚类。分类是主观的、人为的，反映了人们对客观世界的认识。分类方法是人类本能认识世界的方法。

分类法是标引人员与用户沟通的桥梁。编目人员用分类法编写目录，标引文献内容特征和其他外表特征，以保证不同的标引人员表达文献的一致性[89]。交流沟通人员用分类法组织排架，对内容相同和相关的文献加以集中。读者用分类法定位要寻找的资源。

分类法是指按照类或组相互间的关系组成系统化结构，体现为按照一定的原则和关系把许多类目组织起来形成体系表。体系表是分类工作的依据和工具[89]。

信息资源管理的分类语言是信息组织的重要手段和方法，它用分类号表达各种概念，将各种概念按学科性质进行分类和系统排列。分类语言包括等级体系型分类语言(体系分类法)和分析与综合型分类语言(组配分类法)。体系分类法主要应用概念划分与概括的方法，组配分类法主要应用概念分析与综合的方法。事实上，无论是前者还是后者，都采用概念划分与概括的方法建立等级体系结构，又采用概念分析与综合的方法进行组配[26]。

按分类法处理的对象，分类法分为文献分类法，学科、专业和科研项目分类法，网络信息分类法，事物分类法和其他信息分类法；按分类法编制的结构形式，分类法又可划分为体系式分类法[90]、组配式分类法、体系-组配式分类法。

体系式分类法也称列举分类法、枚举分类法、等级分类法、开展式分类法、展开式分类法、层次分类法。体系式分类法力图详尽地列出已知的主题，并将每个主题配以固定的类号。体系式分类法具有严密的类目等级结构，类目以详尽列举的方式直接展现。其优点主要是概念直接表达，直观明确，不易产生歧义;在分类浏览检索中,可以使用户在层层深入的过程中发现所有的类目;由于类目等级的系统性,对于知识的系统组织和系统查询有良好的适应能力。其缺点主要是难以揭示复杂知识的新旧主题,容纳性较差,篇幅巨大,使用不便。

组配式分类法也称分面分类法、组面分类法、分析-综合式分类法。它先把一切主题分析成其组成因素并编制成表,给每个因素分配一个号码,然后按照一定的规则将有关的号码组成一个完整主题的标记符号。最著名的组配式分类法有冒号分类法(CC)和布利斯书目分类法(BC2)。组配式分类法的优点主要是可以组配出大量新的、复杂的主题,容纳性较好;由于采用分面分析的方式,因此可以从多个方面反映概念的含义,在网络信息组织方面具有较好的应用前景。其缺点主要是组配技术和标记技术过于复杂且表达性较差,较难满足实用需要。

体系-组配式分类法是在等级体系分类法的基础上,引入分面分析和组配技术所形成的分类法结构模式。引入分面分析和组配技术是为了提高体系分类对新主题、复杂主题的描述能力。体系-组配式分类法兼有体系分类法和组配式分类法的优点,实际上,大多数体系分类法都在不同程度上吸收了分面分析和组配技术,完全单纯的体系分类法已不多见。

2. 计算机自动标引分类系统

自动分类是自动标引的分支和组成部分。自动分类是指采用自动和半自动的方法,对文献信息形成中图图书馆分类法(中图法)、杜威十进分类法(DDC)、国际十进分类法(UDC)的类号,或者形成其他获得认可的分类类号[91]。

在利用 DDC、UDC 等国外常用的分类法开展信息资源自动分类方面,联机计算机图书馆中心(Online Computer Library Center,OCLC)和欧盟在数字信息资源自动分类和主题识别领域开展了多个研究项目,如 OCLC 的 Scorpion 项目、欧盟的 DESIRE 项目、德国的 GERHARD 等[92]。王军等学者以美国国会图书馆十年的书目数据作为训练数据集,通过收缩、合并、截枝等手段重构 DDC 使之易于机器学习,实现了一个可应用于实际分类工作的 DDC 分类系统[93]。

在利用中图法开展信息资源自动分类方面,中图法的三级类目共计约 1700个,这就意味着自动分类系统需要有效地将特定文献较为精确地自动分类到上千个目录下,才能够满足实际应用的需求[94]。一些学者尝试利用层次分类法对中图法的自动分类开展研究。王昊等[95]学者基于层次分类理念将中图法转化为三层分类体系,采用机器学习方法对 3.3 万篇期刊的论文在三层十七个类目下进行自动分类。刘高军等[96]学者基于极限学习机和混合特征构建了面向中图法的层次分类器,在三层十三个类目下进行了试验性研究。冉亚鑫等[97]学者提出了基于 Stacking 算法的层次文本分类方法,选取了中文期刊数据库中约 73 万篇文献、773 个三级类目进行层次分类研究。张智雄等[94]学者基于层次分类思想，以中国科学引文数据库(CSCD)为基础，对 180 万篇科技文献在三层 2118个类目下进行训练，设计和实现了一个基于多层分类器集群的科技文献自动分类引擎系统。

2.3.2　知识组织的主题法的概念

主题法是一种以字顺方式组织与揭示信息的方法。1895 年，美国图书馆协会根据克特的思想编辑出版的《字典式目录使用的标题表》(即《美国图协标题表》)是世界上第一部大型标题表，也可视为世界上第一部真正意义上的主题法。20 世纪五六十年代，在标题法的基础上陆续发展出了单元词法、叙词法和关键词法[98]。这些完全建立在自然语言基础上的主题法，能直接以事物为中心集中文献信息，以直观的词语表达信息检索的要求，采用字顺方式组织信息，这符合用户在获取信息时的方便性和易用性要求，所以一度成为信息组织的主流方法，其同分类法一起构成了信息组织与检索的两种主要方法。自 20 世纪 70 年代我国第一部叙词法诞生，尤其是《汉语主题词表》问世以来，主题法在我国有了很大的发展，我国先后出版了百余部主题词表，几乎涵盖了所有的学科专业，这些主题词表为我国文献数据库的建设奠定了良好的基础。

1. 主题法的概念

主题法是以受控的自然语言词汇作标识，以标识的概念组配来表达主题概念的一种后组式主题语言，以字顺的方式为主要检索途径，并采用参照系统等方法来揭示词与词之间关系的标引和检索信息资源的方法。主题法具有五个特点：① 直接以词语为检索标识；② 以字顺为主要检索途径；③ 以特定的事物、问题、现象(即主题)为中心集中信息资源；④ 往往采用详尽的参照系统等方式揭示主题词之间的关系；⑤ 主题法在信息资源组织中主要用来处理信息资源、编制各种检索工具及检索系统。主题法具有四个功能：① 对信息内容加以标引；② 对主题相同及相关的信息予以集中或揭示其相关性；③ 对大量信息加以系统化或组织化；④ 将标引用语和检索用语进行相符性比较。

主题法有许多不同的划分方法。按照选词方式，主题法可以分为标题法、单元词法、叙词法、关键词法；按照使用时组配的先后，主题法可以分为先组式主题法和后组式主题法；按照使用时是否进行控制，主题法可分为受控主题法和非受控主题法。

标题法是最早出现的主题法类型。标题是主题标题的简称(Subject Heading)，直接表达文献主题的标识，大多是对文献内容所论述的事物名称和特征的规范表达。标题法按字顺排列标识的方法，用标题参照系统来显示标题标识所表达的概念的相互关系。标题法是用规范化的名词术语作为检索标识来表达文献所论述的主题(主题是指文献论述和研究的具体对象或问题),众多标题集合而成的主题标识系统就是标题语言。

元词法又称单元词法。它以单元词作为文献资料内容的标识和查找依据,是一种早期的后组式主题法。所谓单元词,是指从文献资料的内容中抽出的具有独立概念的、最基本的、最小的字面上不能再分的名词术语。元词法具有四个特点:① 词表体积小(没有先组词);② 标引的专指度高(通过灵活组配形式表达主题);③ 便于从不同主题角度检索(以每个元词作为检索入口);④ 适合对专指主题进行标引[99]。

关键词法是一种快速简便的主题检索法,通过这种方法可以帮助人们从主题角度编制关键词索引,从而达到快速检索文献资料的目的。关键词法的作用主要有归类和检索。选择何种词语作为关键词,实际上就是把文献定位于某一特定的类别,所以选取和标引关键词其实质是做文献的归类工作[100]。

叙词也叫叙词语言,国内也称主题词。叙词法是主题法发展到现代的一种高级检索方法。叙词法是在标题法、元词法和关键词法的实践基础上,吸收了分类法的优点而发展起来的一种新型的综合检索方法。叙词法以叙词作为文献资料标识和查找的依据,是对单元词语言的直接继承,其克服了单元词语言的不足,吸收并综合了多种标引语言的原理和方法,是能结合计算机使用的后组式语言,是目前主要的受控语言。

2. 计算机自动标引主题系统

基于主题标引技术的计算机辅助标引系统绝大多数是受控标引,主要采用叙词法的原理,结合计算机技术设计较为完善的系统,以实现主题自动标引[101]。受控主题自动标引的基本流程为候选术语提取、规范概念映射、概念遴选[102]。

医学文献是自动主题标引研究的一个热点,中国医学科学院医学信息研究所在这方面做了大量的工作。钱庆等[103]学者基于《中国医学主题词表》构建了中国生物医学文献主题标引系统,该系统主要通过标引源的选择、切分匹配、标准化、禁用词的去除、主题词的加权、主题词的去重、标引人员的干预、标引结果的合法性检查,将最终的标引结果入库。梁红兵等[104]学者也基于《中国医学主题词表》开发了一个基于规则学习的主题自动标引系统,可以实现从文献的题名中抽取并识别主题,有效地解决了自动标引中涉及主/副题词的组配问题,并避免了基于词频处理的自动标引中存在的中文分词的障碍。美国国立医学图书馆开发的医学文本标引工具(MTI)尝试采用多种方法实现副主题词自动组配[105]。李军莲等[106]学者在全面解析 MTI 副主题词自动组配方法的实现机制和实现效果的基础上,提出了基于拼图-统计学习相结合的中文生物医学文献副主题词自动组配实现方法。

也有学者对基于英文超级科技词表(STKOS)的英文文献主题标引开展研究，李军莲等[107]学者构建了一个基于 STKOS 的文献主题概念自动标引系统，采用词典与规则方法相结合的术语提取机制，实现了英文文献术语提取、规范概念映射以及优选概念标引等功能。孟旭阳等[102]学者在此研究的基础上提出了基于语义感知的自动标引概念遴选优化方法，该方法可以有效地去除与文献内容不相关的标引，以提高概念标引的质量。

2.3.3　分类法和主题法的对比

分类法是按图书内容的学科(知识)属性来系统揭示和组织图书资料的方法，它通过类目之间的关系，使类目按学科内容的逻辑关系由总到分、由一般到具体、由低级到高级、由简单到复杂逐级展开，是一种等级的分类法。主题法是按图书资料内容的主题名称来揭示和排检图书资料的方法，它通过词语间的基本关系，将独立、分散的主题词有机地联系起来，间接体现学科体系的逻辑关系[108]。这两种方法的主要不同在于：

(1) 体系结构不同。逻辑次序分类系统是分类法体系结构的主体，这种体系结构用于充分揭示事物之间的关系，便于读者从学科门类层次进行系统性(族性)检索；字顺系统是主题法体系结构的主体，这种体系结构用于满足事物进行专指性(特性)检索的需要[109]。

(2) 揭示事物的角度不同。分类法着眼于事物的学科性质，揭示事物属于什么学科门类，便于读者进行研究和探索；主题法则着眼于特定事物的具体问题和对象，它不管学科的分类，也不管学科之间的逻辑关系，只对特定事物及其特定方面进行探讨和研究[110]。

(3) 对图书资料的集中与分散不同。分类法由于受到学科体系的制约，把同一事物或同一主题的图书资料分散在各个不同的学科门类之下，把同一主题的图书分散，但把同一学科性质的图书资料集中；而主题法则把同一主题的图书资料集中，把同一学科性质的图书资料分散。

(4) 标识符号不同。分类法采用间接的号码标识系统，将字母、数字或二者相综合的号码作为大小类目的标识符号；主题法采用直接的词语标识系统，将自然语言作为图书资料内容主题的标识符号，这种标识符号可以直观地表达事物的详细内容。

(5) 号码组配的方法不同。分类法的单线性逻辑序列很难反映边缘学科、交叉学科和综合学科的图书资料，现代许多分类法则采用通用复分组配、专用复分组配和主类号组配等措施来解决这一问题；主题法由于直接采用自然语言的名词术语作为组配标识，其组配是词与词的结合，所以使用起来比较直观。

(6) 适用自动化程度不同。主题法能很好地适用于各种机械设备，有利于计算机检索，便于实现图书资料检索工作的自动化、网络化；分类法虽然也可用于计算机检索，但它主要擅长编制手工检索工具，在应用上就计算机自动化方面而言，不如主题法的效果好。

2.4 知识组织的元数据法

2.4.1 元数据的概念与内涵

元数据是图情学界特别关注的一个涉及数字图书馆和数字资源管理的理论问题[111]。元数据这一概念起源于美国的航天业，学界对元数据的普遍定义是：关于数据的数据。元数据具有选择、定位、管理和跟踪信息资源的功能，并能利用资源动态，达到资源整合、有效管理和长久维护资源的目的，因此可以用元数据来解决信息资源的组织与管理问题。元数据由若干具有不同功能的元数据项、元素或元素项共同组成，这些具有不同功能的数据描述项实现对信息资源的结构化描述，赋予元数据对信息描述与管理的作用。

1. 元数据的特征

元数据是一种数据，这种数据的功能是描述其他数据。元数据的基本特征主要包括[112]：

(1) 元数据是关于数据的结构化数据，它不一定是数字形式的，可来自不同的资源。

(2) 元数据是与对象相关的数据，此数据使其潜在的用户不必先具备对这些对象的存在和特征的完整认识。

(3) 元数据是对信息包裹(Information Package)的编码的描述。

(4) 元数据包含用于描述信息对象的内容和位置的数据元素集，其促进了网络环境中信息对象的发现和检索。

(5) 元数据不仅对信息对象进行描述，还能够描述资源的使用环境、管理、加工、保存和使用等方面的情况。

(6) 在信息对象或系统的生命周期中自然增加元数据。

(7) 元数据常规定义中的"数据"是表示事物性质的符号，是进行各种统计、计算、科学研究、技术设计所依据的数值，或是数字化、公式化、代码化、图表化的信息。

2. 元数据的结构

元数据方案定义了元数据的结构及内容，通常元数据方案的总体结构可以分为三个层次[112]。

(1) 内容结构：包括描述性元素、技术性元素、管理性元素、复用性元素。

(2) 句法结构：包括元素的分区分层分段组织结构、元素结构描述方法、DTD 描述语言、元数据复用方式、与被描述对象的捆绑方式。

(3) 语义结构：包括元素内容编码规则定义、元素定义、元素语义概念关系、元数据版本管理。

3. 元数据的作用

元数据是描述网络信息资源的重要工具，可以用于知识组织的各个方面，包括知识的建立、发布、转换、使用、共享等。元数据在知识组织方面的作用可以概括为五个方面：描述、定位、搜寻、评估和选择[113]。

(1) 描述作用。根据定义，元数据最基本的功能就在于对信息对象的内容和位置进行描述，从而为信息对象的存取与利用奠定必要的基础。

(2) 定位作用。网络信息资源没有具体的实体，因此明确它的定位至关重要。元数据包含有关网络信息资源位置方面的信息，由此便可确定资源的位置所在，促进了网络环境中信息对象的发现和检索。此外，在确定信息对象的元数据以后，信息对象在数据库或其他集合体中的位置也就确定了，这是定位的另一层含义。

(3) 搜寻作用。元数据提供搜寻功能，在著录的过程中，将信息对象中的重要信息抽出并加以组织，赋予语义，并建立关系，使检索结果更加准确，从而有利于用户识别资源的价值，发现其真正需要的资源。

(4) 评估作用。元数据提供有关信息对象的名称、内容、年代、格式、制作者等基本属性，使用户在无须浏览信息对象的情况下就能够对信息对象基本了解和认识，参照有关标准即可对其价值进行必要的评估，作为存取和利用的参考。

(5) 选择作用。根据元数据所提供的描述信息，参照相应的评估标准，结合使用环境，用户便能够做出对信息对象取舍的决定，选择适合用户使用的资源。

2.4.2　元数据的类型

根据结构和语境可将元数据划分为三种类型：第一种为全文索引；第二种为简单结构化的普通格式，如 DC、RFC1807、Template 等；第三种为结构复杂的特殊领域的格式，如 FGDC、GILS、TEI、EAD 等。根据应用范围，元数据可以分为通用性元数据、专业性元数据、Web 元数据、多媒体元数据。根据功能，可以将元数据划分为管理性元数据(Administrative Metadata)、描述性元数据(Descriptive Metadata)、保存性元数据(Preservation Metadata)、技术性元数据(Technical Metadata)、使用性元数据(Use Metadata)[112]。

(1) 描述性元数据：用于描述一个文献资源本身的特征、内容、与其他资源的关系，其主要作用是发掘和辨识。"描述"功能是任何元数据标准中必不可少的一项，通过元数据所描述的文献资源的外形特征和内容特征，我们在没有见到原件的情况下，也能对它有所了解。描述信息资源的主题和内容特征时，常用的元素有标题、摘要、作者、关键字等。

(2) 管理性元数据：包括有关数字实体的显示、注解、使用、长期管理等方面的内容，如对所有权权限的管理，对其制作时间、方式、使用或获取方面的权限管理等。

(3) 保存性元数据：是与信息资源保存管理有关的元数据，如资源的物质条件、数字资源的保存行为(数据更改与迁移)。

(4) 技术性元数据：是与系统怎样运行有关的元数据，如硬件与软件、数字化信息的格式、压缩比率、定标例程、系统响应跟踪、数据验证与安全(如加密键、密码)等。

(5) 使用性元数据：是与信息资源利用的级别和类型特征有关的元数据，如资源的展出记录、用户使用情况记录、资源复用和多版本信息等。

2.4.3　典型的知识组织元数据方案

元数据方案(Metadata Scheme)是资源、文件等生成单位或保存单位对元数据元素的语义、语法、赋值等相互关系(结构)的系统性规定，是各单位开展元数据管理工作的基本依据[114]。按元数据的资源类型，常见的元数据方案包括[26]:

1. 人文科学领域标准

人文科学领域标准(Text Encoding Initiative，TEI)是由计算机和人文协会、计算语言学会、文字语言协会联合制定的，它适用于电子文本的描述方法、标记定义、记录结构。TEI 使用 SGML 作为数据记录的编码语言，对元数据和内容数据进行描述，包括 TEI Header、Front、Body、Back 4 个部分。其中，TEI Header 规定了对电子文本内容的描述，Front、Body 和 Back 分别用 TEI 标签格式来记载文本文前内容、文本正文、附录的实际内容。

TEI Header 包括的元素有题名、版本、长度、出版、丛书、附注、来源元素、项目过程描述、抽样、编辑、标签、参照、分类、特征体系、变化声明元素、制作信息、语言使用、文本类别、文本参数、参加者、背景描述、日期、责任说明、变化项目元素。每个元素还包括相应的子元素。Front 是文本的文前内容，图像部分包括封面、书脊、空白页、标题页、卷首插图等，文本部分包括目录、导论、序言、铭文等。Body 是正文部分，根据文本类型不同，可以使用核心标记集+相应的附加标记集合(DTD)来标记文本。Back 包含附录和索引的内容。

2. 博物馆与艺术作品标准

博物馆与艺术作品标准(Categories for the Description of Works of Art，CDWA)由艺术信息专业组织(Art Information Task Force，AITF)颁布实施，它适用于艺术品及数字图像资源描述，主要包括描述艺术品的物理形态、图像及其与时空、人物、历史文化等方面的上下文关系等 26 个基本元素，包含对象/作品、分类、方位/布置、题名、形态、版本、尺寸、材质与技术、制作方法、物理描述、碑铭/标志、条件/检查历史、保存/处理历史、创造性、拥有/收藏历史、版权/限制、风格/时期/流派/乐章、主题、上下文、展览/借出历史、视频文件、文本参考描述、反响、编目历史和所在地。

3. 博物馆与艺术作品标准

博物馆与艺术作品标准(Core Categories for Visual Resources，VRA Core)由美国视觉资料协会制定，它适用于艺术、建筑、史前古器物、民间文化等艺术类等三维实体的可视化资源描述，包括 17 个基本元素：类型、题名、作者、时间、身份号、文化、主题、关系、描述、来源、版权、记录式样、尺寸、材质、技术、所在地、风格/时期。

4. 政府信息标准

政府信息标准(Government Information Locator Service，GILS)由美国管理与预算办公室、国家档案与记录管理局及总务管理局联合制定，它适用于政府的公用信息资源描述，包括描述性、管理性及记录维护或系统使用的 28 个核心元素。描述性元素有标题、创作者、投稿者、公布时间、公布地点、使用语种、文摘、规范主题索引、非控主题词、空间域、时间段、联系方式、附加信息、目的、处理程序、参照、来源日期和方法；管理性元素包含有效性、获取条件、使用权限、进度号码、处理标识、来源控制标识和记录来源；记录维护或系统用元素包括使用语种、最后更新时间和记录检查时间。

5. 地理空间信息标准

地理空间信息标准(Federal Geographic Data Committee，FGDC)由美国联邦地理数据委员会制定，它适用于地理空间数据的内容描述。该标准是按照段(Section)、复合元素(Compound Element)、数据元素(Data Element)来组织记录的，包括 7 个主要子集和 3 个辅助子集，共有 460 个元数据实体(含复合元素)和元素。

地理空间信息的主要子集包括标识信息、数据质量信息、空间数据组织信息、空间参照系统信息、实体和属性信息、发行信息、元数据参考信息；辅助子集包括引用文献(引证)信息、时间信息和联系信息。

6. 档案库与资源集合标准

档案库与资源集合标准(Encoded Archival Description，EAD)由美国国会图书馆网络开发 MARC 标准办公室、美国档案管理员协会联合开发和维护，主要用于描述档案和手稿资源，包括文本文档、电子文档、可视材料和声音记录等。EAD 将 SGML 作为数据记录的编码语言。EAD 2002 共计包括 146 个元素，由 BAD 标目<eadheader>、出版信息<frontmatter>、档案描述<archdesc>3 个高层元素组成，每个高层元素下可分若干子元素，子元素下还可再细分出若干元素。档案库与资源集合标准的主要元素包括取用限制、增加、采访信息、其他可取得的形式、鉴定、档案描述、编排、书目、传记/历史、收藏历史、描述规则、EAD 识别、语言资料、法律状态、附注、其他描述资料、原件位置、来源、其他检索工具、实体描述、实体技术、处理信息、相关资料、范围与内容、分别资料、单元日期、单元识别、单元题名、使用限制等。

7. 中文元数据方案标准

中文元数据方案标准由国家图书馆中文元数据研究组制定，它适用于中文数字资源建设、保存及共建共享服务，包括 25 个描述性、管理性、技术性和法律性信息元素，如名称、主题、版本、内容摘要、内容类型、语种、内容覆盖范围、内容创建者、其他责任者、内容创建日期、出版、版权所有者、资源标识符、关联资源、数字资源制作者、数字资源制作日期、数字资源制作地、权限声明、公开对象、操作许可、原始技术环境、加工处理历史、维护历史、认证指示符、基本抽象格式描述。

8. 中国科学院科学数据库核心元数据标准

中国科学院科学数据库核心元数据标准的由中科院计算机网络信息中心主持，联合中科院各单位共同研究制定，属于中国科学院"科学数据库及其应用系统"项目的研究成果，适用于科学数据库数据资源的建设、管理、共享和服务，包括数据集元数据、服务元数据两部分。

中国科学院科学数据库核心元数据标准的数据集元数据主要包括数据集描述信息(名称、URI、主题、描述、目的、类型等)、数据集质量信息(数据志、评测报告)、数据集分发信息(数据格式、技术要求、收费策略等)、元数据参考信息(元数据标准、元数据时间等)、服务参考信息(指示信息)、结构描述信息(检索点、实体、关系)、范围信息(学科范围、时间范围、空间范围)和联系信息(联系人名称、联系地址、其他联系方式等)。中国科学院科学数据库核心元数据标准的服务元数据包含服务类型、服务名称、服务 URI、服务描述和服务属性。

2.5　语义链接理论

2.5.1　语义链接网络的概念

语义链接网络(Semantic Link Network，SLN)是用来描述资源的外部特征以及资源之间抽象或者隐含关系的一种语义模型。通过借助这种语义模型，可以将两个似乎没有明确关系的资源推理导出它们的抽象语义关系[115]。语义链接网络常涉及典型的语义关系和关系推理，如因果关系(ce)、含义(imp)、子类型(st)、相似性(sim)、实例(ins)、顺序(seq)和引用(ref)等。语义链接可以重新解释以满足特定应用，准确地维系知识的内联关联和外联关联，构成知识网络的各种语义链接，从而进行知识的有效传递[116]。例如，常用的引用关系就属于语义链接的一种，它可以解释为论文与论文之间的引用关系，也可以是编写程序时的调用关系。

作为专用于 Web 资源管理的语义模型，语义链接网络有四个主要特征。

(1) 语义丰富。语义节点通过附加定义的属性来表达资源的语义内容，语义链接通过在链接上附加语义因子来反映节点之间的语义关系。这些语义关系可以为用户提供大量关于未打开的 Web 文档或资源的语义信息，计算机对这些资源之间的关系可以进行智能处理。在丰富语义的支持下，SLN 可以成功地应用到各个领域，如 Web 对象预取、P2P 网络中的对象查询、Web 服务发现等。

(2) 采用推理机制。基于推理规则，SLN 可以从已有的语义链接中推导出隐含的语义关系。SLN 支持类比推理和归纳推理等多种推理机制。其强大的推理机制为未来基于语义链接网络的智能系统提供了坚实的基础。

(3) 理论基础扎实。SLN 提出了表示语义链接网络的代数模型，并建立了基于推理规则之间相互依赖关系的范式理论，实现了对语义链接网络的规范化管理。推理规则反映了资源之间语义关系的相互依存关系。在保持推理封闭的前提下，通过深入分析和研究，可以实现 SLN 的规范化管理。

(4) 易于理解、构建和使用。易于理解、易于构建和易于使用的特性是保证当前互联网成功的关键因素之一[117]。

2.5.2　语义链接网络的构建

通过计算知识单元之间的语义相似度是当前常见的构建语义链接网络的方

法。通过计算相关信息对象之间的语义相似度，Luo X 等[118]学者在 2011 年给出了一种在大规模的 Web 环境下网络资源的关联语义链接网络构建方法；Chen X 等[119]学者通过计算网络上相关网页的统计特性建立了面向 Web 资源的关联链接网络，并对其进行了分析，实现了对 Web 资源有效的组织与管理；Wei X 和 Luo X 在 2010 年提出了基于文本集合关联规则的关联语义链接网络构建算法，并以该方法为基础于 2014 年构建了文本概念语义空间[120]作为概念语义运动和演化的空间。

关联数据技术也是常见的构建语义链接网络的方法。将关联数据的方法与技术引入语义链接网络的构建中，能够有效地解决目前语义链接网络构建过程中存在的概念、术语表达不统一等问题[121]。关联关系的发现是构建语义链接网络的关键问题，是发现资源之间的关联关系[122]。Luo 等学者开发了一种方法来发现固定文本集中文本之间的关联关系。该方法采用 Apriori 算法确定每个文本中关键字的关联关系，然后使用关键字级关联关系确定文本级关联关系。从资源的先验知识矩阵中找到所有可能的效应元素概念对或因果元素概念对，这是发现资源之间关联关系的基础。

2.5.3   语义链接网络在细粒度知识组织研究中的应用

由于语义链接网络对于科技文献资源具有较为良好的语义表达，因此一些学者将语义链接网络和细粒度知识组织中的知识元概念结合，提出了知识元语义链接的概念，用于表达知识内部之间的语义关联，此思想在科技文献细粒度组织方面已开展了一定的探索。早在 1986 年，美国芝加哥大学的 Swanson 教授便利用知识片段的理论证实了科技文献之间存在的隐含逻辑关系远比其表面的逻辑关系要丰富得多，并且他认为将科技文献之间具有隐含关联关系的知识片段组织链接起来，对推动知识的创新与发现具有重要的意义[123]。这一思想在国内也得到了学者们的肯定。2002 年，徐如镜[124]指出将科技文献内部的细粒度知识元按照它们之间的关联关系建立起语义链接，将极大地促进知识的增值与创新，对用户获取、利用和发现知识也具有积极的影响。2011 年，温有奎教授等人[125]认为每篇科技文献都可分为多个独立的、能够完整表达知识的知识元，并且这些知识元之间具有一定的逻辑关系，在这一认知前提下，他们提出，按照知识元之间的逻辑关系而构建的知识元之间的语义链接网络称为知识元语义链接。姜永常学者[126]则基于 Brookes 文献中的知识节点及 Swanson 文献间的隐性关联概念，提出了一种基于知识元本体语义链接的知识网络实现流程。高劲松[127]认为语义链接网络有效结合了语义网相关技术和知识元相关理论，并且他利用关联数据的相关技术对科技文献内部的知识元进行了抽取和描述，进而建立了文献知识元链接。王佳琪等[128]学者为满足科研工作者快速获取科技信息资源的需求，结合科技文献的元数据和信息分析的相关技术，通过对获取到的科研事件进行描述和表示，最终构建了能够表达科研事件之间语义关系的语义链接网络，为科技情报分析和信息检索的研究提供了帮助。Sun X 等[129]学者通过抽取科技文献中不同粒度层面的知识单元完成了语义链接网络中节点的构建，通过分析知识单元之间的语义关系实现了语义链接网络中边的构建。

2.6　本　章　小　结

　　本章重点介绍了科技文献细粒度组织的相关理论与方法，包含知识单元的相关概念，粒度理论，知识组织的分类法和主题法，元数据法，语义链接理论。知识单元概念和粒度思想是本书的核心理论基础，支持本书阐述的科技文献细粒度组织的组分对象的提出及细粒度知识单元描述的研究；知识组织的分类法、主题法、元数据法和语义链接理论为本书科技文献细粒度知识单元的描述和细粒度组织方法的研究提供了方法基础。

第三章　面向细粒度组织的科技文献描述框架研究

随着信息技术和数字图书馆的发展,传统的以文献单元为基础的信息组织方法已经不能满足用户的需求,深入文献内容知识单元的细粒度组织与检索成为未来的发展趋势。这一组织方式的关键前提是要分析科技文献的细粒度知识单元构成,界定能表示整篇科技文献的细粒度知识单元,确定科技文献细粒度描述框架。根据这一框架描述与表示整篇科技文献,使散落在各个文献中的碎片化知识单元联系起来,实现科技文献的细粒度知识单元序化与组织,形成面向用户需求的细粒度序化知识体系。

3.1　科技文献细粒度组分划分的理论依据与方法

1999 年,Bishop[130]提出解构和重构期刊文献单元的相关问题,指出文献组件(Component)是指一篇学术期刊论文的任一逻辑部分,包括文献题名、段落标题、副标题、表格、图片、说明、参考文献、摘要、关键词、作者、作者机构、作者联系信息、脚注、尾注、附录、节段、句子、词组、单词和其他与文献相关联的信息(如数据集、附加分析等)。之后,Sandusky[131]进一步对学术期刊文献结构进行划分,认为科技文献包括两种结构:一种是文献的形式结构,如摘要、正文、图表和参考文献等;另一种是文献的逻辑结构,即将文献组织成一个个叙述部分,提供从文献综述到方法、结果和讨论等文献构思的整个线索。因此,本章以逻辑结构和形式结构作为科技文献细粒度组分和划分的重要依据。

3.1.1　科技文献的逻辑结构分析

逻辑结构针对的是篇章形式结构中的正文部分,是对文章结构和章节功能的一种描述,其反映各个章节的目的性和功能性。从语言学角度揭示作者的写作意图、文本功能、修辞结构等语义特征，对内容组件进行分类识别，有助于实现更高层次的知识组织与资源聚合[53]。基于此思想，Swales[132]提出了经典的 IMRD 模型，将学术论文的内容分为引言、方法、结果与讨论四大部分；陆伟等学者在此基础上添加了"相关研究"模块，从引言、相关研究、方法、实验、结论五个部分描述正文内容的结构化[133]。

文献的逻辑结构包括两个方面，一个是作者根据行文框架与逻辑对整篇文档内容的分割，即节段单元；另一个是具有一定交际意图和修辞目的的语篇结构，即句群单元[53]。节段单元往往是句群单元的宏观反映，因此对于一篇文献资料需要先划分节段单元，然后根据相应的逻辑结构划分句群单元。

1. 节段单元

由于期刊论文的各级标题清晰地反映了论文的研究思路和结构，因此标题标识的节段单元可以认为是有价值且可操作的细粒度单元，通过这种标引和描述有助于用户迅速了解文献相应的内容以及所属文献的层级位置，从而更加有效地获取所需内容。

例如，马费成等学者的《"十三五"图情档学科进展：国家社科基金项目解析》一文，根据论文内部各个部分的标题，将文章划分为引言、基金项目立项分析、国家社科基金资助项目地域分布、基金项目的重要成果分析、基金项目的研究热点和趋势和结语六个节段单元。其中，节段单元基金项目的重要成果分析可以进一步划分为优秀结项成果分析和高等学校科学研究优秀成果奖两个子节段单元，节段单元基金项目的研究热点和趋势可以进一步划分为国家社科基金项目的主题分布、国家社科基金项目的研究热点和国家社科基金项目的研究趋势三个子节段单元，如图 3-1 所示。

目录结构

1 引言

2 图书馆·情报与文献学（含档案学）学科基金项目立项分析

3 图书馆·情报与文献学（含档案学）学科国家社科基金资助项目地域分布

4 图书馆·情报与文献学（含档案学）学科基金项目的重要成果分析

    4.1 优秀结项成果分析

    4.2 高等学校科学研究优秀成果奖

5 图书馆·情报与文献学（含档案学）学科基金项目的研究热点和趋势

    5.1 国家社科基金项目的主题分布

    5.2 国家社科基金项目的研究热点

    5.3 国家社科基金项目的研究趋势

6 结语

图 3-1　节段单元示例

划分并描述节段单元有三个优点[53]:

(1) 可以让用户快速检索并定位所需的节段单元内容,从而节省浏览和查找其他不相关信息的时间;

(2) 帮助用户根据各级标题把握文档的整体结构,结合其需求和所处情境判断该资源的相关性;

(3) 可以将标题的中心语作为节段单元主题维度的描述和标引,有助于实现主题的关联与聚合。

2. 句群单元/功能单元

1) 体裁理论与句群单元细粒度组分

体裁理论是篇章语言学的重要分支,体裁及体裁分析是科技文献句群单元划分的基础。

1981 年,Swales[134]在分析学术期刊论文导言部分时提出了经典的 IMRD 框架。该理论强调,体裁是参与者基于一个共同的目的而进行的交际事件,如新闻报道、期刊论文、学位论文、法律文件、百科等,这些体裁还可以进行细分,如期刊论文可以分为实证研究、理论研究、研究综述等。在领域内,作者为了与同行或读者进行交流,往往遵循相应的语篇结构和话语意图,运用规范化的篇章结构表达固定的语义功能,这就使得文献资源除了具有基于主题的语义关联关系外,同时也具有体裁交际目标所承载的结构化语言的功能、特征[52]。

体裁分析是从语篇体裁角度解析特定语篇所具有的特定认知结构,对表达话语意图的宏观结构和基于交际功能的微观结构进行深层解释,其最为显著的特点就在于它的解释性[135]。

(1) 在句群单元宏观分析层面,实证型论文以 Swales 提出的 IMRD 模型,即引言(Introduction)、方法(Methods)、结果(Results)和讨论(Discussion)四个组件为划分依据[136];非实证型论文则以杨瑞英提出的引言(Introduction)、理论基础(Theoretical Basis)、论证(Argumentation)和结论(Conclusion)四个组件为划分依据。

(2) 在句群单元微观分析层面,主要以 CARS(Creating A Research Space,创建研究空间)模型及其修正模型[137-139]为基础,采用语轮/语步(Moves/Steps)的方法进行划分。Swales 在 1990 年提出了引言结构分析模型,即研究空间模型(Create a Research Space,CARS),该模型包括确定研究领域、确定研究定位、把握研究契机 3 个语轮(moves),以及相应的语步(steps)。语轮是一个由一系列词汇、主题意义和修辞特征所表明的具有统一意义倾向的语篇片段,语步则是为实现语轮的交际功能而划分的更细小的步骤。一个语轮可以包含一个或多个语步。语轮/语步分析是对应于段落层次的研究，其主要内容是在论文结构 IMRD 下，将章节内容分成多个语论和语步，从而形成论文整体结构的概括。

　　为了避免不同研究领域或主题在体裁类型上的差异，曹树金教授等学者选取图书情报学领域"引文分析"主题的开放获取论文及题录进行试划分，总结归纳出句群单元宏观和微观层次的描述和标识框架。例如，以《引文分析可视化现状》一文为例，句群单元宏观分析的组件包括引言、理论基础、论证、结论等部分，引言部分的微观分析和语轮/语步划分如表 3-1 所示[53]。

表 3-1　《引文分析可视化现状》一文引言部分微观分析及语轮/语步划分

语　轮	语　步	句群单元
语轮 1：提出某研究领域的论题	语步 1：提出定义	可视化技术指的是……理论、方法和技术
	语步 2：归纳问题	相关客观知识可视化技术包含了……数据可视化
	语步 3：阐述对象发展的历史	可视化技术最早运用于计算科学中……研究与应用正在逐步扩大
	语步 4：收窄论题	因此考虑将专利引文分析和专利文本挖掘方法……的方法体系
语轮 2：提出已有研究或知识体系的不足	语步 1：提供开展研究的理由	由于引文分析处理的是大量的抽象数据……促进引文分析相关研究的发展
	语步 2：指出以往研究的贡献	可视化技术的一系列算法也应用到了引文分析领域……分析作品间的相似性

　　因而，体裁理论可为科技文献细粒度描述单元的划分提供理论与方法依据：一方面可为细粒度描述单元语言功能的解释、语义的赋予和聚合应用乃至基于学科领域体裁知识的描述单元知识模型的构建奠定基础；另一方面为细粒度描述单元与用户信息获取任务的关联构建、面向特定任务的描述单元之间关联关系的构建提供理论与方法基础。

　　2) 功能单元理论与细粒度组分

　　功能单元理论(Functional Units Theory)是由 Zhang Lei[140]在 2010 年提出的关于科学论文语篇结构及内容组织方式的理论。Zhang Lei 认为，功能单元是能够满足不同科学交流功能、实现知识传播任务的最小内容单元，这些内容组件分布在论文的引言、方法、结果和讨论四大部分。功能单元理论借鉴了 Swales

的 CARS 和语步分析等体裁分析理论，识别出科学论文中的 41 个功能单元。王晓光等[141]学者对 Zhang Lei 提出的 41 个功能单元进行优化，设计了包含 12 个一级类、28 个二级类的功能单元本体基本模型。

相较于修辞、论证等语篇分析理论，功能单元理论的以下三方面特征使其更加适合深度标引及情报发现[141]：① 功能单元理论针对科学论文的语义功能和独特语境，规定了科学论文内容组件的类型及属性，定义更为全面、准确；② 相较于一般的科学论文内容结构模型，功能单元理论对内容组件的定义更为细致，对情报功能的表达更为充分；③ 功能单元理论探讨了不同内容组件的功能及其对用户信息使用任务的作用，将具体的内容组件与特定的信息任务进行了关联，可以用以支撑面向特定信息需求的检索与知识发现。

3.1.2　科技文献的形式结构分析

形式结构分析将文献的篇章视为整体，将篇章的各个部分视为组成要素，以顾小清等[142]学者提出的学习对象划分原则为基础，通过分析期刊论文的形式结构，拆分期刊论文的不同组成部分，将期刊论文的外部特征作为期刊论文的元数据元素信息加以标注和存储，包括标题、著者、机构、摘要、关键词、参考文献和附录等；此外，通过分析期刊论文的正文部分，提取图片和表格信息，与逻辑结构分析后得到的节段单元和句群单元共同构成正文中的细粒度描述单元(见图 3-2)[53]。

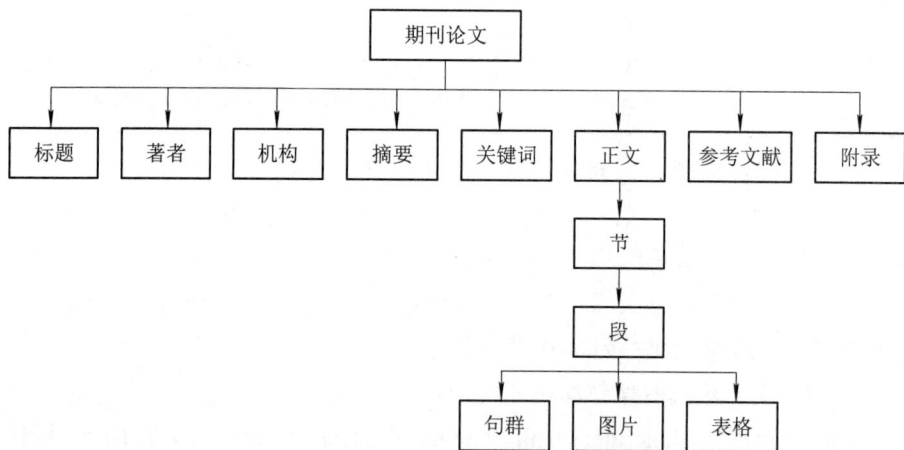

图 3-2　期刊论文形式结构和逻辑结构分析框架

由于图片和表格往往是对信息的高度概括或对观点的形象展示，是阅读中关注的焦点,因此提取图片和表格分别予以描述和揭示对聚合搜索具有重要的价值。值得注意的是,图表单元需要额外的文字描述作为理解的情境,而句群单元表示的内容具有一定的主题性,因此通过将图题或表头与解释该图表的句群单元(通常以"如图"或"见表"等表示)进行匹配关联,可为图表单元提供相应的情境信息[53]。

3.1.3　不同层级描述单元之间的关系

科技文献的描述单元共包括粗粒度(篇章单元)、中粒度(节段单元)、细粒度(句群单元(即功能单元)、图表单元)三个层级四类描述单元[53],不同层级聚合单元间的划分依据与说明如表 3-2 所示。

表 3-2　不同层级聚合单元的划分依据与说明

聚合单元层级	划分依据	说　明
篇章单元	完整的信息资源	一篇开放获取论文、一篇论文题录、一篇在线百科、一篇博客等
节段单元	作者自身划分信息资源逻辑结构后的整节或整段信息资源	如百度百科"影响因子"第一章为查询,第一章的内容就是一个节段单元
句群单元/功能单元	依据体裁分析方法划分得到的具有一定语义功能的最小粒度单元	如期刊论文《学科交叉的测度可视化研究及应用》第一段前三句"当前主流的知识组织方式是……以体现学科发展的专业化"的语义功能是归纳问题的相关客观知识,这一句群单元为一个功能单元
图表单元	依照信息资源形式结构划分得到的图表	期刊论文、在线百科或博客中的图片或表格

曹树金教授[53]等学者还指出,不同层级聚合单元间的对应关系如图 3-3 所示。其中篇章单元包含图表单元、节段单元和功能单元,且都是一对多的关系;图表单元需要篇章单元和具有相对完整意义的相关句群单元进行解释。图表单元需要与提及该图表的句群单元相关联,由于可能存在不止一个句群单元提及图表的情况,句群单元也可能不只提到一个图表,所以图表单元与功能单元是多对多的关系;从形式结构上看,句群单元包含于节段单元之中,节段单元与句群单元是一对多的关系,节段单元可以指示句群单元所在的物理和逻辑结构

位置。

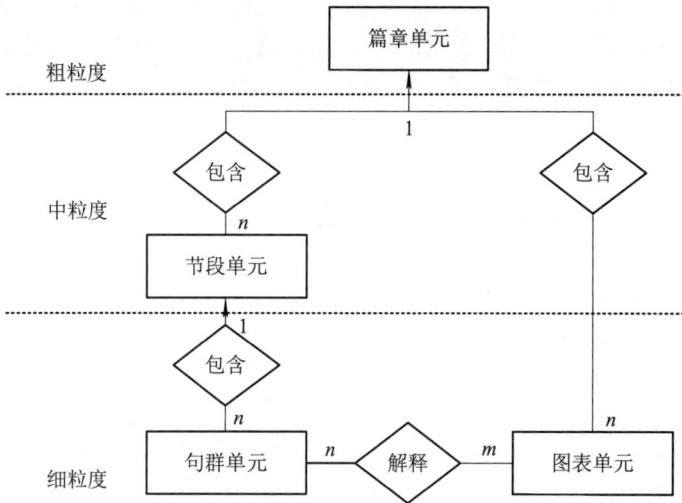

图 3-3   三层级四类描述单元之间关系的 E-R 图

3.2   科技文献内容结构及现有的科技文献细粒度描述单元

3.2.1   科技文献内容结构的相关研究

通常，科技文献是由题目、作者、摘要、关键词、正文组合而成的特定的文本结构。深入到文献正文内容进行考察，不难发现其呈现了一种通用的逻辑结构。因此，理解科技文献的内容组成部分及其结构具有重要意义。从语言学角度揭示作者的写作意图、文本功能、修辞结构等语义特征，对内容组件进行分类识别，有助于实现更高层次的知识组织与资源聚合[141]。

1. IMRD 结构模型

体裁结构研究的代表性理论是 J. M. Swales 提出的"语轮-语步"分析模型。1981 年，Swales 通过分析科学和工程学科的实验型学术论文，提出了具有广泛影响力的科技文献内容结构模型，即引言 - 方法 - 结果 - 讨论 (Introduction-Method-Result-Discussion，IMRD)模型，将科技文献内容分为引言、方法、结果与讨论四大部分，并按照研究论文的目标对"引言"部分的内容进行"语轮-语步"分析，从而将研究论文划分成由构成(component)、语轮(move)、语步(step)不同粒度层级组成的信息单元。

引言：回顾相关研究文献，为当前的研究做准备，指出该研究的必要性，描述以前相关研究存在的问题或陈述研究的目的，简要概括研究内容。

方法：描述研究方法，涉及试验对象、试验装置或试验步骤等。

结果：给出研究结果或发现。

讨论：主要总结所做的研究，对研究结果进行评价、推断、引申或原因解释。

2. 社会科学领域学术文章结构模型

Holmes 通过对历史学、政治学和社会学三个学科学术文章的结构进行分析，指出社会和政治学科的学术文章倾向于包含 5 个部分，即引言、背景、方法、结果、讨论。除 IMRD 的 4 部分内容之外，在引言后面常有一个背景部分，这个部分往往包含理论背景、前人的研究和有关主题的其他信息。但这个部分在自然科学领域的学术文章中却未见报道[143]，似乎社会科学领域的学术文章倾向于包含一个独立的理论背景部分。社会和政治学科学术文章的讨论部分与自然科学基本相似[144]。

杨瑞英[136]使用体裁分析的方法从交际意图和修辞目的的角度分析了应用语言学领域学术文章的宏观和微观结构，提出了实证性和非实证性学术文章的结构模型，其提出的非实证性学术文章结构在国内体裁分析相关研究中得到了广泛应用。

(1) 实证性文章由 4 个稳定的和 3 个可选择(用斜体表示)的章节构成：引言、理论背景、研究方法、结果、讨论、结论、教学启示。其中，理论背景和教学启示是 IMRD 框架中没有包含的变量。

理论背景的功能是阐明研究理论框架、依据及主要概念。

教学启示阐释研究结果对教学的启示或在外语教学中的应用。这一部分的出现在关于其他学科的学术文章体裁分析中均未报道，它是应用语言学独特的学科特点的反映。

(2) 非实证性文章由 3 个稳定的和 1 个可选择的(用斜体表示)章节构成：引言、理论背景、论证、结论。其中，引言和结论部分与实证性文章的这两部分有相近之处。

此外，马翠嫣和曹树金等学者[145]构建了细粒度聚合单元的源数据描述框架，通过对"引文分析"主题的开放获取(Open Access)论文进行划分，总结归纳出该类论文由导言、理论背景、论证、方法/数据、结果、讨论/结论 6 个部分构成[145]。

3.2.2　现有的科技文献细粒度描述单元

Teufel 开发了细粒度描述科技文献论证块(Argumentative Zoning，AZ)

模型[146]和改进的 AZ-Ⅱ 模型[147]，分别通过 7 个、15 个类别描述科技文献论证块。Zhang Lei[140]借鉴体裁分析理论和 CARS 模型，提出了关于科学论文语篇结构及内容组织方式的功能单元理论，识别出理学领域研究论文的 41 个功能单元。王晓光等[141]学者以功能单元理论为基础，提出了科技文献功能单元本体的设计方案，用于揭示科技文献正文各部分的语义特征。曹树金等[53]学者为解决网络信息资源聚合搜索的准确性，以体裁分析为理论基础，构建了细粒度聚合单元的源数据描述框架。秦春秀等[67]学者认为一篇科技文献内容方面包含了 13 个大类知识元，并用五元组形式来表示每种知识元本体结构。

1. AZ 模型的 7 个类别组件

基于 IMRD 模型，Teufel 在修辞理论的指导下提出了科技文献论证块(AZ)模型，表征论文内部的论证结构，按照基本模式与完整模式两个版本七个类别的内容标注论文的论证结构。

(1) 基本模式：包含背景(Background)、其他、作者研究工作(Own)三个类别。

➢ 背景：哪些部分描述了(普遍接受的)背景知识。

➢ 其他：以中立的方式描述其他特定研究的句子(不包括对比或研究基础)。

➢ 作者研究工作：哪些陈述作者自己的研究工作，但不包括在研究目标和文章主体中对研究方案(方法论)、研究局限和未来工作等内容的介绍。

(2) 完整模式：由基本模式和其他四个类别组成，增加的四个类别分别是研究目标(Aim)、语篇结构(Textual)、研究对比(Contrast)、研究基础/文献综述(Basis)。

➢ 研究目标：描述文章特定(主要)研究目标的句子。

➢ 语篇结构：关于论文文本结构的明确陈述。

➢ 研究对比：与其他研究进行对比的句子、指出其他研究缺陷的句子、指出本论文研究任务是以前从未做过的句子、直接比较的句子。

➢ 研究基础/文献综述：陈述作为本论文研究基础或研究出发点的相关研究，或从其他研究得到的支持。

2. AZ-Ⅱ 模型的 15 个类别组件

AZ 模型一直被学术界完善并使用，直到 2009 年 Teufel 对其进行扩展，提出了更细粒度的 AZ-Ⅱ 模型。该模型将内容扩展到了 15 个类别。该模型将作者情感倾向与文本修辞功能进行结合，强调对不同观点的比较。

与 AZ 模型的七个类别相比，AZ-Ⅱ 模型的变化在于：

➢ 研究目标保持一致。

➢ 背景被重新命名为 CO_GRO 或者成为通用背景。

➢ 其他被细分为其他人的工作 (OTH_ER) 和作者自己之前的工作

(PREV_OWN)。

> 研究基础/文献综述被细分为使用(USE)和支持(SUPPORT)。

> 研究对比被细分为中立对比(CODI)、矛盾对立(ANTISUPP)、结合研究不足评论(GAP_WEAK)。

> 作者研究工作被细分为方法描述(OWN_MTHD)、结果(OWN_RES)、结论(OWN_CONC)以及作者指出可修复的错误信息(OWN_FAIL)。

> 停止使用语篇结构，因为与其他类别相比该类别的信息量更少。

该模型引入了两个新的类别——新知识声明的优势(NOV_ADV)和未来工作限制声明(FUT)。

3. 基于功能单元理论的理学领域的 41 个功能单元

Zhang Lei[140]借鉴功能语言学家 Swales 关于体裁分析的理论和 CARS 模型，提出了关于科学论文语篇结构及内容组织方式的功能单元理论(Functional Units Theory)。这一理论利用体裁形式和结构特征，识别出理学领域研究论文的 41 个功能单元，并在信息使用模型的基础上，定义了读者阅读科学论文的五大常用信息使用任务，包括学习背景知识(learn about background)、学习方法(learn how to)、参考事实(refer to facts)、参考论证(refer to arguments)、跟进研究前沿(keeping up)，并将细粒度功能单元与具体的信息使用任务进行关联，揭示出不同类型情报的语义功能属性。

功能单元、论文 IMRD 结构模型和具体信息使用任务之间的关系如表3-3 所示。功能单元理论共区分了三类功能单元，第一类功能单元是与当前信息任务最直接相关的功能单元，第二类是在 IMRD 结构中对第一类功能单元的深入阐述，第三类则是与当前信息任务相关，但分布在其他 IMRD 结构中的功能单元。

表 3-3　信息使用任务、IMRD 结构与功能单元之间的关系

信息使用任务	最相关的功能单元	同一组成部分的相关功能单元	其他组成部分的相关功能单元
学习背景知识	I: 前人研究综述	I: 介绍前人研究贡献，介绍前人研究空白，缩小主题范围，阐明定义	M：相关实验，论证方法。 R：总结结果。 D：提供主题既有知识，与前人研究的结果进行对比
参考事实	R：陈述结果	R：评估假设结果，总结结果	I：前人研究综述。 M：概述实验步骤，描述任务。 D：突出整体结果

续表

信息使用任务	最相关的功能单元	同一组成部分的相关功能单元	其他组成部分的相关功能单元
参考论证	D: 支持结果的解释	D: 与前人研究的结果进行对比，突出整体结果，解释结果，提供主题既有知识，概括一般性结论，指出预期/意外结果，表明结果的意义	I: 介绍前人研究空白，强调主题的重要性。 M: 论证方法。 R: 陈述补充结果，陈述未经验证的结果，陈述结果
学习方法	M: 描述材料，描述任务，概述实验步骤	M: 论证方法，陈述变量，概述数据分析过程，介绍前人研究方法，描述实验参与者，陈述可靠性/有效性	I: 总结方法。 R: 描述分析。 D: 评价方法
跟进研究前沿	I: 前人研究空白	I: 研究缘起，前人研究贡献，前人研究综述；强调主题的重要性，介绍本研究	M: 论证方法，进行相关实验，概述实验步骤。 R: 陈述结果。 D: 指出未来研究方向，突出整体结果

注：I 表示引言(Introduction)；M 表示方法(Method)；R 表示结果(Results)；D 表示讨论(Discussion)。

从表 3-3 中可以看出，不同的功能单元与特定信息使用任务之间存在一定的关联关系，特定部分的功能单元发挥着特定的作用，如在引言部分，功能单元"前人研究综述"和"前人研究贡献"在信息使用任务"学习背景知识"中发挥着最重要的作用。另外，同一功能单元在不同信息使用任务中也可以扮演不同的角色。各功能单元按照信息使用任务也形成了一定的层级结构。所以说，功能单元理论是面向信息任务、融合体裁分析的关于科学论文内容组织方式的基础理论。借助功能单元可以有效提升阅读过程中的内容导航、文献精度和深度理解，能够满足用户对于科研论文的不同需求，帮助用户实现战略阅读[141]。

4. 功能单元本体基本模型的 28 个功能单元

王晓光等学者对 Zhang Lei 提出的 41 个功能单元进行优化，设计了包含 12 个一级类、28 个二级类的功能单元本体基本模型，如表 3-4 所示。

表 3-4　科学论文内容组件定义

一级类	二级类	具体解释	共现框架
背景 (Background)	背景 (Background)	被广泛接受的事实，主题既有的知识陈述	AZ、AZ-II、CoreSC、DiscourseSegment、DEO
主题 (Theme)	研究范围 (Scope)	缩小研究范围，明确研究主题	CoreSC 、 Discourse Segment、DEO
	研究目标 (Goal)	陈述本研究要解决的研究问题和要达到的研究目的	AZ、AZ-II、CoreSC、Discourse Segment
	定义 (Definition)	主题内容/关键词相关概念的界定	
缘起 (Origin)	动机 (Motivation)	描述进行本研究的理由	CoreSC、DEO
	意义 (Significance)	陈述主题的必要性和重要性	
已有研究 (Existing research)	他人研究 (Others)	回顾该领域的他人研究成果	AZ、AZ-II、DEO
	本人研究 (Own)	作者先前研究成果	AZ、AZ-II
	已有研究的价值 (Value)	已有研究对后人研究的价值与意义	
	研究空白(Gap)	指出现有研究的不足	
假设 (Hypothesis)	假设 (Hypothesis)	对未经证实的现象和事实提出的假定	CoreSC 、 Discourse Segment
方法 (Method)	方法选择 (Method Selection)	实验方法、实验技术等的选择理由	AZ-II、CoreSC、
	方法描述 (Method Description)	简要描述本研究或实验中使用到的方法	AZ-II 、 CoreSC 、 DiscourseSegment 、 DEO
	方法评估 (Method Evaluation)	事后对方法的有效性进行评估	
实验 (Experiment)	实验素材 (Experiment Material)	描述实验参与者、实验材料等	DEO
	实验任务 (Experiment Task)	描述实验任务	
	实验步骤 (Experiment Procedure)	描述进行实验的详细步骤	

续表

一级类	二级类	具体解释	共现框架
	实验变量 (Experiment Variable)	介绍实验的研究变量	
数据 (Data)	数据描述 (Data Description)	指数据本身(实验数据集、公式、表格、代码等)	DEO
	数据分析 (Data Analysis)	对实验过程中涉及的数据进行陈述、说明和分析	DEO
结果 (Result)	结果描述 (Result Description)	陈述从研究或实验中得到的各种直接相关结果	AZ-II、CoreSC、DiscourseSegment、DEO
	结果评估 (Result Evaluation)	评估、分析关于假设的结果	DiscourseSegment、DEO
结论 (Conclusion)	结论 (Conclusion)	对结果进行总结、归纳及推论,得出本研究的结论和见解	AZ-II、CoreSC、DEO
讨论 (Discussion)	要点重述(Discussion Recapitulation)	通过重述研究问题、研究目的、理论或方法等来加强讨论	DEO
	对比 (Discussion Comparison)	与前人研究成果进行对比	AZ、AZ-II
	贡献 (Discussion Contribution)	讨论本研究(结果)带来的贡献和启示	DEO
	局限性 (Discussion Limitation)	指出本研究的不足	AZ-II
未来工作 (Future)	未来工作 (Future)	陈述研究的下一步工作	AZ-II、DEO

注:共现框架是指与该组件类型具有相同类目的框架,如背景类,它同时也存在于 AZ、AZ-II、CoreSC、DiscourseSegment、DEO 这些模型中。

优化原则如下:

(1) 将具有相似含义的类目进行合并,如将强调主题重要性(Claim Importance of Topic)和陈述本研究价值(State Value of Present Research)合并为研究意义(Significance)。

(2) 排除含义较为模糊或适用性不强的类目,如防止反诉(Word off Counterclaim)。

(3) 新增类目。数据一直是科学研究必不可少的一部分,因此本研究借鉴 DEO 本体,新增数(Data)组件,用于对数据集本身及数据分析过程进行描述。

(4) 重新界定名称及含义。功能单元类目名称多为动宾结构，如陈述结果、阐明定义等，本研究参照多数科学论文内容结构模型，将类目名称改为名词形式，如结果、主题相关定义等，以准确界定其表示的含义。

(5) 对方法、讨论、实验、数据等情报价值较高的部分进行了深入划分与界定，将方法部分定义为方法描述(Method Description)、方法选择(Method Selection)、方法评估(Method Evaluation)，将实验部分定义为实验素材(Experiment Material)、实验任务(Experiment Task)、实验步骤(Experiment Procedure)与实验变量(Experiment Variable)，将讨论部分定义为要点重述(Discussion Recapitulation)、对比(Discussion Comparison)、贡献(Discussion Contribution)、局限性(Discussion Limitation)。

5. 细粒度聚合单元的科技论文 28 个描述单元

马翠嫦和曹树金等[148]学者借鉴体裁分析的理论对网络环境下的题录摘要、期刊论文、网络百科词条和学术博客文章进行体裁层级和类型的划分，建立了面向细粒度聚合的聚合单元分类体系，并按照聚合单元知识体系，采取自上而下的顺序进一步确定聚合单元本体的概念及属性。针对学术论文，该聚合单元知识体系包含六个一级类，28 个二级类的科技论文聚合单元概念体系，如表 3-5 所示。

表 3-5　科技论文聚合单元本体概念体系

一级类	二级类	一级类	二级类
导言	建立一个领域论题	结果	下文提要
	回顾已有研究		介绍结果背景
	评述已有研究		描述所开展的分析
	呈现当前研究		证明方法或程序的合理性
	厘清定义		呈现结果
理论背景	提出理论或概念		评论结果
	评述理论	讨论/结论	总结研究背景和研究概况
	将理论与当前研究联系起来		下文提要
方法/数据	介绍方法背景		总结结果、结论或理论观点
	描述数据		讨论结果
	介绍分析方法与程序		评价结果
	厘清定义		后续研究建议
论证	介绍论题背景		
	提出作者立场		
	论述理论立场		
	做出合理推断		

6. 科技论文的 13 个大类知识元

秦春秀等学者以知识元理论为基础，通过对科技论文内部属性的语义进行分析，指出一篇科技论文的内容是由语义上相对独立且又具有语义关联的若干知识元构成的。一篇科技论文其内容方面包含了 13 个大类知识元，即主题/类别知识元、研究领域知识元、背景知识元、问题知识元、理论/原理知识元、方法/方案知识元、定义/内涵知识元、模型知识元、实验/案例知识元、算法知识元、系统知识元、评价知识元、应用领域知识元，这些知识元是知识组织的重要组成部分，也是用户重点关注的对象，它们在科技论文中扮演不同的角色，具有多样化的语义关系。科技论文的 13 个大类知识元及其内涵如图 3-4 所示。

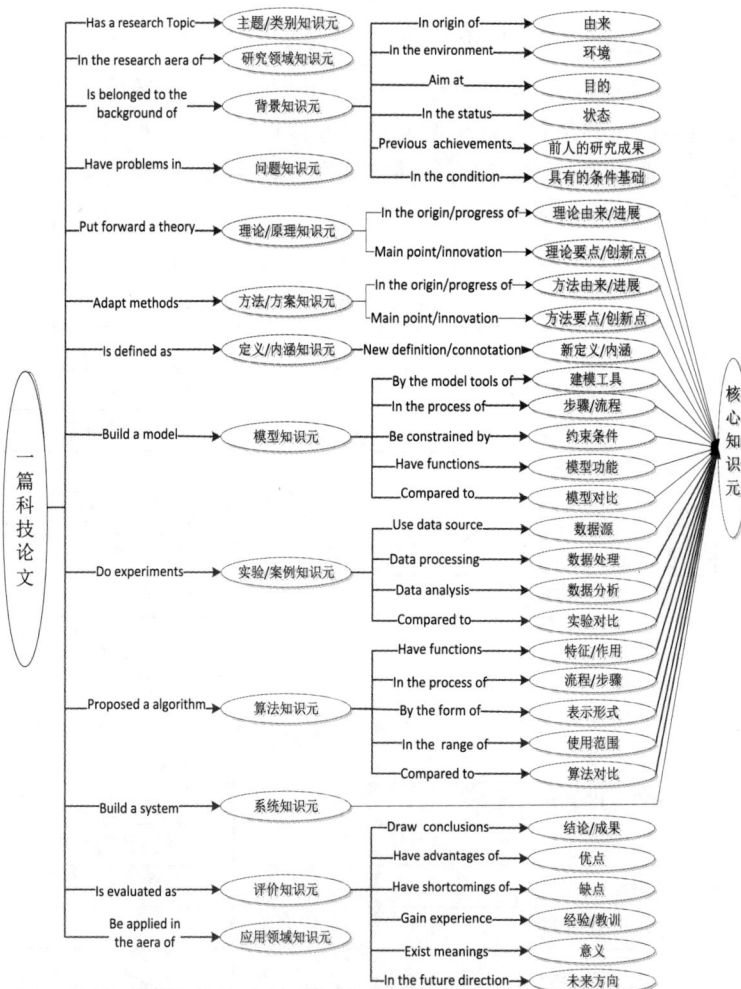

图 3-4　科技论文的 13 个大类知识元及其内涵

3.3　信息资源管理领域科技文献内容结构调查

　　与细粒度描述框架

3.3.1　信息资源管理领域科技文献内容结构调查

在节段单元层次，国内外学者对不同学科科技文献的内容结构进行了分析总结，Holmes 提出社会科学学科与科学和工程学科的实验型学术论文的 IMRD 结构不同，社会科学学科的学术论文增加了背景部分，形成包含引言、背景、方法、结果、讨论 5 个部分的内容结构。杨瑞英指出，应用语言学领域实证性学术文章在这 5 部分基础上，增加了教学启示这一学科特色部分，形成了包含引言、理论背景、研究方法、结果、讨论、结论、教学启示 7 部分的内容结构；非实证性学术文章则不同，形成了包含引言、理论背景、论证、结论 4 部分的内容结构。在信息资源管理领域，马翠嫣和曹树金[148]提出，"引文分析"主题的开放获取论文由导言、理论背景、论证、方法/数据、结果、讨论/结论 6 部分的内容结构构成。

我们可以看出，不同领域的科技文献在内容结构上有所差别，并且同一学科内部不同研究方法的科技文献在内容结构上也有所差别。因此我们以信息资源管理学科为例，调查分析科技文献结构，为在句群单元层次提出信息资源管理领域的科技文献细粒度描述框架打下基础。

我们的调查对象是图书馆、情报与文献学领域的 CSSCI(2020—2021)期刊，截至 2021 年 9 月最新 2 期的学术文章，不包含书评、荐读、简讯、会议纪要、访谈、导语等，共计 516 篇。经过分析和归纳，这些论文使用的研究方法主要有案例分析法、比较分析法、文献计量法、内容分析法、调查法、实验法、设计科学法 7 类(此处只统计学术论文数量大于 5 篇的研究方法)，使用这些研究方法的学术论文的内容结构如表 3-6 所示。

从表 3-6 中不难发现，每种研究方法的结构特征并不完全相同，但每一种研究方法都包含引言、理论背景、研究方法、结果、讨论/结论这 5 个部分。

内容分析法在图书馆、情报与文献学领域用得最多，该方法是通过综合分析过往文献、网络信息、政策文件中的文本特征，对研究问题形成客观推论。由于需要对文本进行详细的内容剖析，内容分析法一般不会涉及大量数据的处理，且基本不依赖于计量工具的辅助，因而结构中很少出现研究数据的相关内容。与内容分析法同属于理论型研究方法，案例分析法的思想大体与之类似，该方法梳理和分析优秀案例，并提出建议，以期为同类型服务实践提供参考，促进相关领域的改进与提升。比较分析法通常是通过自然指标对比法、TOPSIS分析法等对研究主体进行定性或定量比较，其中在信息资源管理领域定性比较占大多数，因而很少出现对研究数据的系统描述。

表 3-6　图书馆、情报与文献学领域的论文内容结构

研究方法	论文结构
案例分析法	引言-理论背景-论证-研究方法-结果-建议/启示-结论/讨论
比较分析法	引言-理论背景-研究方法-结果-结论/讨论
文献计量法	引言-理论背景-研究数据-研究方法-结果-建议/启示-结论/讨论
内容分析法	引言-理论背景-研究方法-结果-结论/讨论
调查法	引言-理论背景-研究数据-研究方法-结果-建议/启示-结论/讨论
实验法	引言-理论背景-研究数据-研究方法-结果-讨论/结论
设计科学法	引言-理论背景-研究数据-研究方法-实验及结果-讨论/结论

除这三种方法外，文献计量法、调查法、设计科学法、实验法都包含研究数据这一模块，该模块包括对数据采集、数据来源等数据信息的描述。其中，文献计量法更侧重对文献或政策文件进行定量分析，过程中大多需要使用各类计量软件的辅助，该特征正好与内容分析法的定性分析相反，除了总结计量结果外，还会对该研究领域的未来进行展望，或基于计量结果，给予具有说服性的建议启示；调查法包括问卷调查、实地调研、专辑访谈等多方面调研方法，其结构中也包含建议/启示这一部分；设计科学法通常通过创新给出人工构件，例如给出一个新方法，提出新模型，构建新系统等，而后对所提出的人工构件的性能进行实验评估，所以结构较为统一，通常包括问题提出、研究方法、实验数据、结果与讨论等；实验法通常是出于课题研究需要，有目的、有步骤地进行实验操作，人为控制实验过程及实验变量，并努力排除与科学实验无关的

因素的干扰，从而更准确、客观地确定实验条件与实验结果之间的相互影响关系，其结构通常为引言-理论背景-研究数据-研究方法-结果-讨论/结论。

3.3.2　信息资源管理领域科技文献细粒度描述框架

根据上述科技文献内容结构的研究结果，得知信息资源管理领域的科技文献总体上是由引言、理论背景、论证单元(研究数据、研究方法、建议/启示、结果)、讨论/结论等模块构成的。从模块架构上来看，采用不同研究方法的科技文献结构框架包含的内容没有太大差异，但从句群分析来看，各研究方法"论证单元"的撰写方式和组成部分却有着很大不同。因此，在上述获得的科技文献内容结构的基础上，我们从语言学角度分析识别内容组件，提出了信息资源管理领域的科技文献细粒度描述框架，共包括研究背景、研究主题、研究意义、研究现状、理论基础、案例分析法论证单元、比较分析法论证单元、文献计量法论证单元、内容分析法论证单元、调查法论证单元、实验法论证单元、设计科学法论证单元、结论/讨论、未来展望等 14 个知识单元。信息资源管理领域科技文献细粒度知识单元描述组件及对应的文献结构来源如图 3-5 所示。

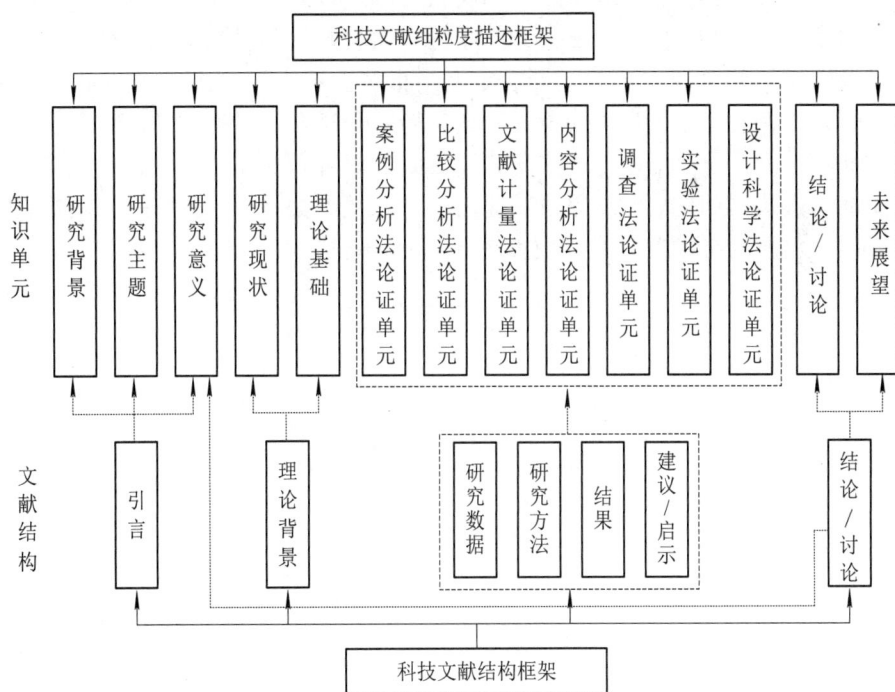

图 3-5　信息资源管理领域科技文献细粒度知识单元描述组件及对应的文献结构来源

1. 研究背景

该知识单元指的是一篇科技文献中研究对象的由来、前人已经存在的研究成果或目前所具备的条件基础等，又可细分为历史背景、社会背景、政策背景三个知识单元。历史背景侧重于对研究主题变迁过程的描述，社会背景针对的是现实社会中与主题相关的各类要素发展状态的阐述，政策背景则指的是对政策文件的解读，以正确把握研究的大方向。知识单元中研究背景的细粒度要素构成如图 3-6 所示。

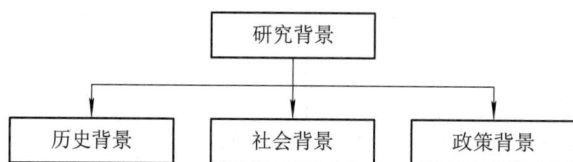

图 3-6   知识单元中研究背景的细粒度要素构成

2. 研究主题

该知识单元是指对研究主题的总体概述，通常又可细分为研究领域、概念定义及研究内容三个知识单元。一篇科技文献可以属于一个研究领域，也可以属于多个研究领域。可以从社会和学术两个角度阐述科技文献的所属领域，缩小研究范围，明确研究主题。概念定义是指对主题内容/关键词相关概念的界定。研究内容又可分为研究目标、研究问题、研究方法、研究思路四个粒度更小的知识单元，分别用以陈述本研究要达到的研究目的、围绕研究对象需要解决而尚未解决的问题、所沿用或新提出的方法及方案设计、文章的总体条理脉络。研究主题的细粒度要素构成如图 3-7 所示。

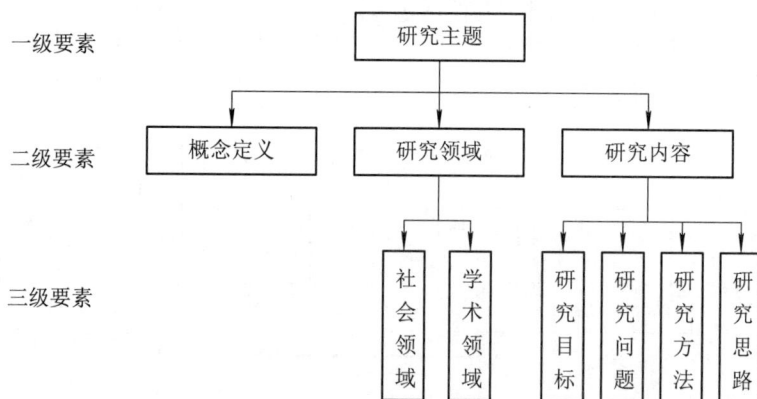

图 3-7   知识单元研究主题的细粒度要素构成

3. 研究意义

研究意义主要包含理论意义、现实意义两个细粒度知识单元，说明研究的必要性、重要性以及创新价值。研究意义的细粒度要素构成如图 3-8 所示。

图 3-8 知识单元研究意义的细粒度要素构成

4. 研究现状

该知识单元是指科技工作者根据研究问题，研究过往相关已有研究，并发现已有研究中存在的不足之处，从而为当前研究奠定基础。通常研究者主要介绍已有理论研究、已有方法研究和已有技术研究，从而发现现存尚需研究的理论问题和现实问题。知识单元研究现状的细粒度要素构成如图 3-9 所示。

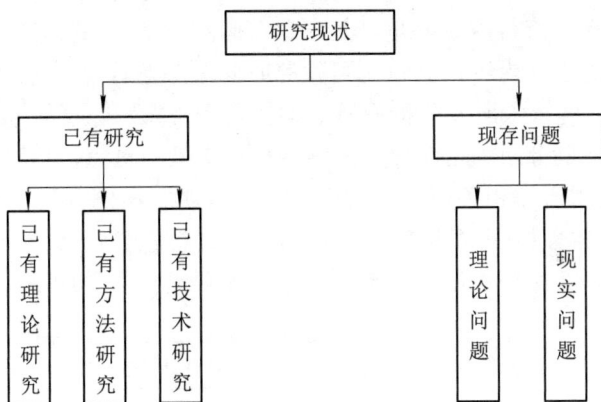

图 3-9 知识单元研究现状的细粒度要素构成

5. 理论基础

该知识单元指的是对研究对象的理解及论述，是用概念组织起来的信息体系，用来解释研究对象存在的规律。该部分通常可细化为文献分析、政策分析、理论框架三个知识单元。知识单元理论基础的细粒度要素构成如图 3-10 所示。

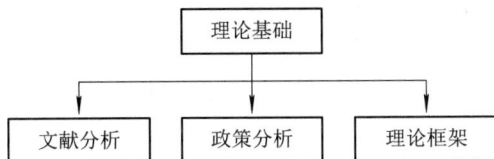

图 3-10 知识单元理论基础的细粒度要素构成

不同研究方法的论证单元有所不同，下面以信息资源管理领域使用较多的案例分析法、比较分析法、文献计量法、调查法、实验法为例，说明论证单元的构成。

6. 案例分析法论证单元

案例分析方法(Case Analysis Method)亦称个案分析方法或典型分析方法，是对有代表性的事物(现象)进行深入、周密且仔细研究从而获得总体认识的一种科学分析方法。案例分析法的实质主要有两个方面的内容。第一，以个别来论证一般，具体地说，主要是通过对典型个案进行分析，由个别到一般、由具体到抽象地得出具有普遍意义的理论，这一分析过程大部分采用的是归纳推理法；第二，以大量的经验事实来论证理论正确与否，此时往往侧重于从经验事实的角度来证明某一个结论。

一般情况下，案例型科技文献就是以一个或几个案例为线索，分析案例并凝炼论文主要的观点。具体来说，案例型科技文献的主体部分一般从案例背景(包括行业背景、企业背景等)、案例具体情况、存在问题(需解决的问题)等几个方面分别展开。值得注意的是，其中存在问题(需解决的问题)这一方面为案例型科技论文的主体内容，其撰写可按照时间顺序进行，即分析案例的过去、现在与未来，也可按照所要分析问题的构成要素来撰写。通常对案例作简要介绍后开始进行案例分析，此部分为案例型科技文献的重点，此部分通过理论介绍(解决上述问题所需相关理论的文献综述，说明本案例分析所采用的理论及方法)、案例具体分析(可根据案例分析需要，自拟题目)、原因/结果总结等几部分展开论述。案例分析法论证单元的细粒度要素构成如图 3-11 所示。

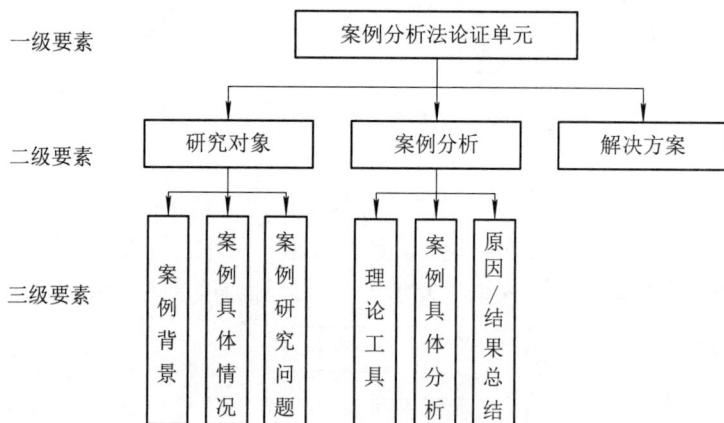

图 3-11   案例分析法论证单元的细粒度要素构成

7. 比较分析法论证单元

该知识单元指从多维度对两个及以上研究对象进行对比分析，得出相关研究结论。比较分析法主要包括三个研究步骤，即比较描述、比较设计和比较分析，在比较描述中要界定比较背景、比较目的、比较主题；比较设计需要明确比较对象、比较内容、比较方法、比较时间以及比较范围等多方面内容；在进行比较分析时，主要考虑采用设定的比较方法对比较对象进行分析，并给出相应的结论及启示。知识单元比较分析法论证单元的细粒度要素构成如图 3-12 所示。

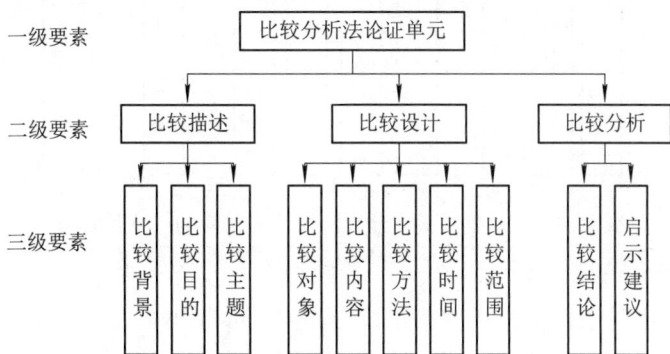

图 3-12　比较分析法论证单元的细粒度要素构成

8. 文献计量法论证单元

引文分析(Citation Analysis)是文献计量分析的主要研究方法，本研究以引文分析为例构建文献计量法论证单元。引文分析是利用数学、统计学方法以及逻辑分析方法，对科学文献、著者等分析对象的引证与被引证现象进行分析，进而揭示其中的数量特征和内在规律的一种文献计量分析方法[149]。1917 年，F. J. Cole 和 N. B. Eales 最早将引文分析法应用于文献计量学。目前，常用的引文分析法有共被引分析和耦合分析，在文献知识发现中常以因子分析、多维尺度分析、聚类分析、知识图谱分析等方法为辅助，这类研究的国内外成果颇为丰富。

利用引文分析方法进行研究时，一般包括三个研究步骤，即研究设计、引文分析和分析结果。其中，研究设计部分要给出研究的数据来源、采用的研究工具以及采用的研究方法。在引文分析部分，要从施引文献以及引文两方面进行施引描述分析、引文分布分析、施引自引分析以及引文网络分析，如通过自引量、引文语种、文献类型、年代、国别等项目，分析引文量的理论分布，引文量的集中、离散趋势，引文量随时间增长的规律等。分析结果部分包括结果描述和结果评价两部分内容，主要根据引文分析原理和其他一般原则进行判断和预测，从而作出相应的分析结论。知识单元引文分析法论证单元的细粒度要素构成如图 3-13 所示。

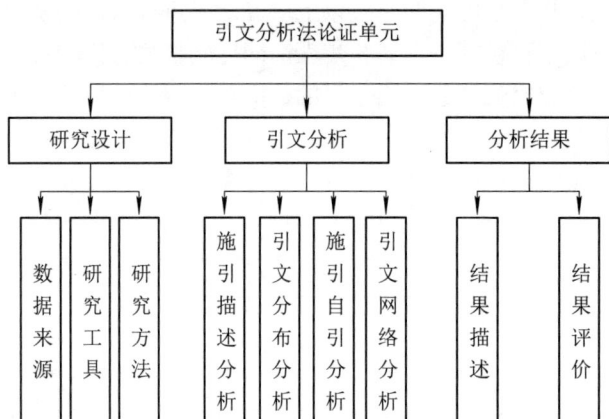

图 3-13   知识单元引文分析法论证单元的细粒度要素构成

9. 调查法论证单元

该知识单元通常提出研究模型，设计问卷并收集数据，开展实证分析。其过程大体分为研究设计和数据分析两个阶段。具体而言，在研究设计中，该论证单元需要首先构建理论基础，结合国内外文献的调研结果和假设，提出本研究的研究模型，进而编制量表并收集数据。其中，量表编制可细化为量表观测标准、初始量表设计、量表预调研以及量表修正完善四部分。量表收集需要明确调查对象、时间跨度、调查方式以及问卷收集情况。数据分析阶段主要是对调查数据进行各类实证研究，分析过程包括量表评估、描述性统计、推断性统计、系统误差的干扰情况，研究样本的基本特征，检验模型的主效应等。调查法论证单元的要素构成如图 3-14 所示。

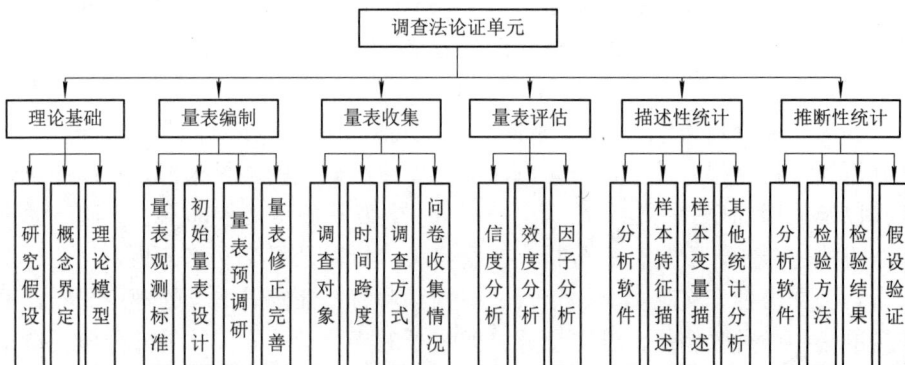

图 3-14   调查法论证单元的要素构成

10. 实验法论证单元

实验研究通常包括实验目的、实验基础、实验设计、实验数据、数据分析以及实验结果。实验基础部分主要是对实验理论基础的阐述，首先是模型选择，然后解释模型中的相关变量，并给出变量的测量方法；实验设计部分主要根据实验模型设计实验，包括实验环境、实验步骤以及数据收集方式的设计。实验数据部分明确实验的研究样本、时间跨度，并给出实验数据的收集情况。在数据分析阶段，通常的实验过程包括描述性统计、回归分析、方差分析、比较分析、因子分析、其他统计分析等，并且科技工作者会根据需要进行相应的扩展研究，最后给出实验结果。实验法论证单元的要素构成如图 3-15 所示。

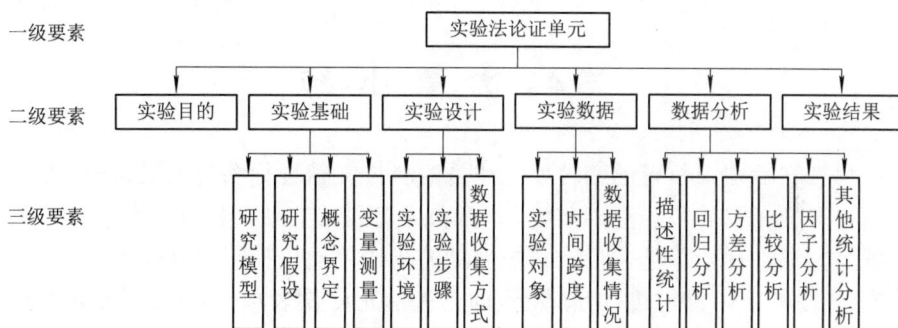

图 3-15　实验法论证单元的要素构成

11. 结论/讨论

在结论部分，对结果进行总结、归纳及推论，得出本研究的结论和见解。讨论部分包括要点概述、成果对比与研究贡献三部分内容，通过重述研究问题、研究目的、理论或方法等内容来加强讨论，通过与已有的研究成果进行对比，阐述本研究带来的学术贡献及应用价值。结论/讨论论证单元的要素构成如图3-16 所示。

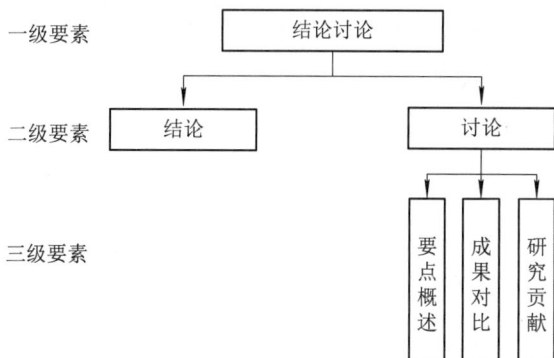

图 3-16　结论/讨论论证单元的要素构成

12. 未来展望

该知识单元主要是结合本研究已进行的研究工作和现实需求，指出现有研究的不足，并陈述研究的后续工作。未来展望单元的要素构成如图 3-17 所示。

图 3-17   未来展望单元的要素构成

3.4   本 章 小 结

科技文献知识单元的细粒度描述是对科技文献进行细粒度组织与检索，满足用户多样知识需求的基础前提。本章首先对科技文献细粒度组分划分的理论依据与方法进行了总结，指出科技文献的描述单元包括粗粒度(篇章单元)、中粒度(节段单元)、细粒度(句群单元(即功能单元)、图表单元)三个层级四类描述单元，并给出不同层级聚合单元间的对应关系及划分依据，然后总结了科技文献内容结构及常用的细粒度描述单元，指出不同领域的科技文献在内容结构上有所差别，并且同一学科内部不同研究方法的科技文献在内容结构上也有所差别。最后，在以上分析的基础上，对信息资源管理领域的 CSSCI 期刊的文献结构进一步调查分析，在提出科技文献内容结构的基础上，从语言学角度分析识别内容组件，形成科技文献的细粒度描述框架，共包括研究背景、研究主题、研究意义、研究现状、理论基础、内容分析法论证单元、案例分析法论证单元、比较分析法论证单元、文献计量法论证单元、调查法论证单元、设计科学法论证单元、实验法论证单元、结论/讨论单元、未来展望等 14 个内容组件。

第四章　科技文献细粒度知识单元的描述与表示研究

第三章中的科技文献细粒度描述框架界定了一篇科技文献需要包含的细粒度知识单元，然而每种知识单元应如何描述与表示，对于科研人员和计算机高效定位与理解科学信息至关重要，它是实现细粒度知识组织及深度挖掘利用的根基，将直接影响后续科技文献的获取、检索及应用，其完备性和适用性决定了科技文献管理与利用的水平及效能。因此，本章对科技文献细粒度知识单元的描述与表示模型进行详细阐述，探讨各类知识单元的描述与表示方法，并进一步阐述科技文献细粒度知识单元的描述与表示环节的关键问题[150]。

4.1　现有的科技文献细粒度知识单元的描述与表示模型

知识单元描述与表示模型是对知识单元的语义内容和结构进行揭示的一种抽象表示，是知识单元识别、抽取、标引、组织、存储、关联、重组和再利用的理论基础，其目的是促进知识单元的管理和利用[62]。

按照模型结构，知识单元的描述模型分为线性结构描述模型和分层结构描述模型。

知识单元的描述模型具有以下特点：

(1) 随着研究的推进与深入，知识单元的描述元素逐渐增加，描述模型日趋完备和全面。例如，知识单元的线性描述模型从最初的三元组逐渐发展为五元组、六元组和七元组等。每个元组的优劣取决于特定应用场景和需求，随着元组元素的增加，模型可以更加丰富地表示信息和关系，但也会增加建模复杂度和数据获取的难度，选择合适的元组形式取决于实际问题的复杂程度和信息需求。

(2) 平面线性的 N 元组模型缺乏层次性。本质上，在 N 个构成要素中，内容要素是知识单元的核心，其他构成要素都是对知识单元内容不同属性特征的描述和揭示，而平面线性的 N 元组知识单元表示方式无法体现这一层次结构。

(3) 知识单元的分层结构描述模型根据描述要素的类型将相关要素归为内容、属性和关系等类别(如名称、类型和主题等元素描述了知识元的内容特征和外部属性特征，导航、来源、消息接口、链接、相关等描述了知识元的关系)，解决了由于属性增多而导致的描述结构不便于机器理解的困境，使得知识元的属性结构表达更加清晰，语义化效果更明显。

(4) 知识元本身是一个独立的相对完整的内容单元，有其自身的属性信息，如知识单元的创建者、创建日期等，现有的知识单元模型缺少描述知识单元整体的元数据，不利于知识元的管理和利用。

线性结构描述模型一般表现为线性平面的 N 元组形式。这类知识单元描述模型通常将知识单元描述为若干个语义 N 元组的逻辑组合，也就是将有关知识元的属性元素进行罗列描述，形成线性结构。目前有三元组、四元组、五元组和六元组模型等。线性结构描述模型简单、方便，便于机器识别与理解，是表达知识单元属性的重要方法，如表 4-1 所示。但是随着知识元属性的增多，产生了元数据结构维度增高、描述增多、表达冗长和推理不完备等问题，增加了计算机对语义内容精确识别和理解的难度。

表 4-1   知识单元的线性结构描述模型

作者	年份	描　述　模　型	描述元素类型
温有奎[14]	2003	{名称，属性，操作，导航}	属性、关系
温有奎[15]	2005	{名称，属性，属性描述，消息接口}	属性、关系
温有奎等[151]	2005	{名称，表示，法则，操作，导航，上属，相关}	属性、关系
姜永常[152]	2005	{对象名称，对象起因，对象内容，对象过程，对象结论，对象引文}	支持信息、内容
付蕾[153]	2009	{名称，来源，类型，上下文，上下文关系，内容，其他}	属性、内容、关系
温有奎等[38]	2011	{名称，属性，值，操作，导航}	属性、关系
姜永常[116]	2012	{名称，属性，操作，链接}	属性、关系
刘淼等[154]	2012	{编号，导航，来源，类型，特征词，内容}	属性、关系
贾生[155]	2012	{编号，名称，内容，主题，类型，来源，其他}	属性、内容

作者	年份	描　述　模　型	描述元素类型
李珊珊等[156]	2013	{编号，导航，来源，内容，特征词，HFC 表示}	属性、内容、关系
许春漫[157]	2014	{内容，属性，关系描述信息，历史版本，评论信息，访问记录}	属性、内容
高劲松等[127]	2015	{概念，属性，方法，关系}	属性、内容、关系
高国伟[158]	2016	{概念，关系，问题}	内容、关系
郑梦悦等[73]	2020	{概念，属性，方法，关系}	属性、内容、关系
曾刚等[60]	2021	{标识，属性，属性值，关系}	属性、内容、关系
秦春秀等[159]	2021	{标识，主题词，关键词集合，内容，类型，来源文献}	内容
王山[160]	2022	{研究对象，属性，数值，单位}	属性、内容

4.1.1　科技文献细粒度知识单元的线性结构描述模型

当前存在的科技文献细粒度知识单元的线性结构描述模型有四元组表示模型、五元组表示模型、六元组表示模型和十五元组表示模型等。

1. 四元组表示模型

1)"概念，属性，方法，关系"四元组知识表示方法

高劲松等[127]学者认为文献知识单元结构可通过文献知识元={知识元概念，知识元属性，知识元方法，知识元关系}来表示。其中，知识元概念定义了知识元的研究领域、相关概念等；知识元属性定义了知识元的特征；知识元方法定义了知识元解决问题使用的方法；知识元关系则定义了知识元之间存在的逻辑关系。知识元间的逻辑关系(即知识元之间的链接关系)是通过知识元属性体现的。知识元属性 = {知识元编号，知识元内容，知识元主题，知识元名称，知识元类型，知识元来源}。

2)"名称，属性，操作，链接"四元组知识表示方法

姜永常等[116]学者指出知识元是一个具有上下文语境范畴的知识基元，所以文本知识元的认知抽取不能随便断章取义，而要根据知识元的具体语境通过计算语义信息与知识元间的语义关系来发现。为此，姜永常等学者把文献知识元定义为{名称，属性，操作，链接}。其中：名称为知识元研究的对象；属性为知识元的特征；操作为知识元解决问题的方法(能力)；链接为知识元的逻辑关系。知识元本体(Knowledge Unit Ontology，KUO)结构可用如下四元组来描述：$K =$ $(C，P，M，R)$。其中，K 表示知识元本体结构；C 表示某个领域概念；P、M 分别表示概念 C 上的一组属性和方法；R 表示建立在 C 上的与其他概念的一组关系。

3) "类别，关系，属性，实例"四元组知识表示方法

石湘和刘萍[161]认为，知识元语义描述模型应具备知识元本身的属性和知识元间的语义关联两类关键表示项，对知识元从内容、结构、载体属性到关联进行揭示。定义的知识元四元组模型为 KE $= < C，R，I，P(F，S，IR)>$。其中，KE 表示知识元模型，该模型为四元组形式；C 表示知识元类，即每个领域概念对应的知识元集；R 表示知识元类间的语义关联；I 表示知识元类 C 所包含的知识元实例 $I = \{ I_{定义}，I_{思想}，\cdots，I_{资源} \}$；$P$ 表示知识元实例具有的属性，主要包含性质特征 F、语义结构 S 以及信息资源属性 IR 三个维度。

2. 五元组表示模型

毕经元和顾新建等[162]学者以汽车零部件知识元的表示为例，使用五元组(名称，内容，作用，链接，知识来源)进行知识元表示。他们以"理想转向特性曲线"知识元为例，将其表示为：① 名称：理想转向特性曲线，别名为折线型助力特性曲线；② 内容：理想转向特性曲线可以分为直线行驶区Ⅰ、强路感区Ⅱ和轻便转向区Ⅲ；③ 作用：理想的助力特性能协调好助力力矩与路感力矩的关系，并提供给驾驶员与手动转向尽可能一致的、可控的转向特性；④ 链接：液压转向助力特性曲线、电动转向助力特性曲线以及电液混合助力特性曲线；⑤ 知识来源：见源文献来源。知识元之间的链接根据知识元对象属性的逻辑关系完成，知识元内容使用自然语言形式的文本进行表示。

3. 六元组表示模型

1) "编号，导航，来源，类型，特征词，内容"六元组知识表示方法

刘淼等[154]学者针对期刊文献资源提出了一种使用六元组表示期刊文献知识元的方法，即文献知识元={编号，导航，来源，类型，特征词，内容}。其中，编号是针对知识元所采用的一种编码符号，主要用于知识元的标识；导航用来表示知识元在期刊文献中的逻辑结构信息；来源用来表示知识元来自的期刊文献信息；类型一般情况下可分为理论知识型知识元、事实型知识元和数值型知识元；特征词是针对知识元内容提取的具有一定描述知识元信息能力的词语或短语；内容是知识元所蕴含的期刊文献知识资源信息。

2) 基于概念层次网络(HNC)理论的知识元表示方法

李珊珊和王宇[156]提出了一种基于概念层次网络(HNC)理论的知识元六元组表示方法，即文献知识元 = {编号，导航，来源，内容，特征词，HNC 表示}。其中，编号指文献知识元的编号，具有唯一性；导航指文献知识元在期刊文献中的上下文信息，如知识元来自的段落、知识元的外部链接；来源指文献知识元具体来自的期刊文献信息，来源与文献单元之间形成互逆导航；内容指文献知识元所要表达的知识信息，在这里用主题句表示；特征词指文献知识元描述信息的集中概括，在这里用主题词表示；HNC 表示指文献知识元特征词的 HNC符号表示。在此引入特征词 HNC 符号表示的目的是利用知识元的特征词 HNC表示这一属性对所抽取的知识元进行分类，把语义关联词划分在同一领域，为知识元库的自动分类提供依据。同时利用基于 HNC 理论的词语之间的关联性，实现知识元的语义链接。

4. 十五元组表示模型

王泰森等[163]学者提出了学习型知识元的十五元组表示模型，该模型采用的是 DC(Dublin Core)核心集元素。该学习型知识元是在确定最小知识元名称、内容的前提下，在同类、多册图书文献中提取其精华与特色部分，按照教学大纲要求组成的一个个内容全面的相对独立的知识单元，该单元即为最小知识元。学习型知识元的组织录入对应 DC 核心集元素的要求，具有题名、作者、主题、描述、出版者、其他责任者、日期、类型、格式、标识符、来源、语种、关联、覆盖范围、权限 15 个元素内容。其中，题名是由作者或组织者给出的被描述资源的名称，在此处为学科专业、课程、文献章节、最小知识元的名称；作者为资源内容的创建人或组织；主题包括知识元的关键词、主题词、中国图书馆分类法分类号；(其中，关键词是揭示知识元主题内容的一个或多个中文词；主题词是揭示知识元主题内容的一个或多个规范词；分类号则是按照中国图书馆分类法体系根据知识元内容所涉及的主题指定的类别号)；来源揭示了录入知识元文件所涉及的课程(文献)的名称、出版编号目录；关联包括参考文献(录入知识元文件时所参考的文献目录)、知识元关联(该知识元与其他知识元的平行和层次关联)、数据库关联(该知识元与专题数据库的关联)、教学关联(该知识元与相应多媒体教学内容的关联)。

4.1.2　科技文献细粒度知识单元的层次结构描述模型

知识单元的分层结构描述模型在 N 元组线性结构模型的基础上，将相关描述要素归类为若干类别，从而对知识单元的相关描述要素进行分层描述和管理。

现有的知识单元的分层结构描述模型见表 4-2。该知识单元的分层结构描述模型解决了由于属性增多而导致的描述结构不便于机器理解的困境，使得知识单元的属性结构表达更加清晰，语义化效果更明显。

表 4-2   知识单元的分层结构描述模型

作　者	年份	描　述　模　型	描述元素类型
毕崇武等[164]	2017	{标识组(编码、类别、名称……)，描述组(内容、特征、属性……)、关系组(实体关系、关系类型、来源……)}	属性、内容、关系
谢庆球等[165]	2017	{本我层(编号、来源)，自我层(特征词、内容)，超我层(内导航、外导航)}	属性、内容、关系
索传军等[62]	2018	{知识元出版信息(ID、名称、创建者、创建时间、责任者、版本号、语种)，知识元内容(主语、谓语、宾语)，知识元内容支持信息(研究对象、研究数据、研究方法、研究工具、理论依据、成立前提)，知识元内容来源信息(创建者、来源文献、发表时间、类型、国家/地区、语种、分类号)}	属性、内容、关系
王忠义等[166]	2019	{主题标识(名称)，内部属性(研究对象、科研问题、事件、时间链)，情景属性(空间、时间)，外部关联属性(关联、来源)}	属性、内容、关系
戎军涛等[167]	2019	{内容表达层(知识项、知识资源)，语义关联层(引用、被引用)，载体层(来源文献)}	内容、关系
赵雪芹等[168]	2022	{标识，属性集合(名称、格式、分辨率、颜色、纹理、形状等)，关系集合(人物、地点、事件、时间)}	属性、内容、关系

1."标识组，描述组，关系组"三层描述框架

毕崇武、王忠义和宋红文[164]借鉴元数据对信息资源的描述方法提出了知识元实体对象结构的描述框架，该框架从知识标识、知识描述、知识关系三个层面构建知识元的实体对象结构，如图 4-1 所示。其中，标识组揭示知识元在存储、利用过程中的唯一编码、类别、名称等方面的信息；描述组揭示知识元的

内在知识内容、特征和属性；关系组揭示知识元与其他知识元间的关系，以及知识元与实体资源间的关系(知识元的来源、出处、责任人等)。

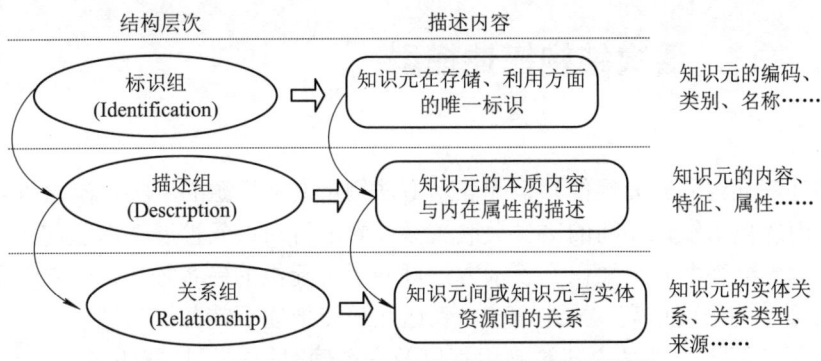

图 4-1 知识元实体对象结构描述框架

2. "本我层，自我层，超我层"三层结构

谢庆球和秦春秀等[165]学者借鉴认识论与拓扑学等理论，以文本知识资源特征为实际出发点，从实体与关系层面对知识元进行一定约束与扩展，将知识元描述成本我层(Id Layer，I)、自我层(Ego Layer，E)和超我层(Superego Layer，S)，即 IES 层次结构表示(编号、来源、特征词、内容、内导航、外导航六元组表示)，见表 4-3。

表 4-3　IES 层次结构

层　　次	基 本 属 性	属 性 描 述
本我层 (Id Layer)	编号	唯一标识，便于集中统一管理
	来源	具体来自的文献信息
自我层 (Ego Layer)	特征词	集中概括描述信息，用主题词表示
	内容	所需表达的知识信息，用主题句表示
超我层 (Superego Layer)	内导航	知识元内部的上下文信息
	外导航	知识元间所存关联关系

本我层在知识表示结构中处于底层，是其他两个层次的基础；自我层作为中间层，是从本我层逐渐分化出来的并为超我层的实现提供参考依据；超我层是文本资源描述的顶层，不仅是文本资源描述的升华，更是与外界资源交互的桥梁。

4.2　一种新的科技文献细粒度知识单元的功能层次结构描述模型

　　前述三元组、四元组的知识元表示方法侧重文本资源的事实、概念等客观描述，而忽视了知识元间的语义关联关系，尚未将知识元扩展并串联起来。六元组、七元组等多元组知识元表示方法倾向于各元组的完备描述，一方面导致了元数据结构维度增高、描述增多、表达冗长和推理不完备等问题，另一方面也增加了计算机对语义内容精确识别以及高准确率知识元抽取的难度[169]。层次结构知识元描述模型通过对知识单元描述要素进行分层，使得知识元的属性表达更加清晰，语义化效果更明显。实际上，无论是线性平面的 N 元组知识元描述模型还是层次结构知识元描述模型，本质上都可认为是科技文献细粒度知识单元的一种元数据方案，都可对科技文献细粒度知识元进行描述、管理与控制。尽管有些元数据方案本质上是通用的，但绝大多数元数据方案都是为特定类型的信息定制的[170]。元数据方案的可变空间都很大，这些变化主要体现在数据元素的数量、强制性和复用性元数据的使用、编码等多个方面。绝大多数方案把支持资源发现的描述性元数据作为关注的焦点，只有少量方案包含管理性和结构性的元素。

　　元数据作为描述资源的数据，从功能角度通常可分为四类：管理性元数据、描述性元数据、结构性元数据、使用性元数据。管理性元数据主要用于资源管理，它涉及资源创建时间和方式、资源获取权限控制、资源版本控制、资源数字化选择标准等。描述性元数据从用户角度出发，通过对信息资源的描述方便用户发现和鉴别资源，它主要描述文献资源的主题和内容特征，常用的元素有标题、摘要、作者、关键词等。结构性元数据主要描述信息资源的内部结构特征。使用性元数据涉及信息资源利用的级别和类型特征，包括资源的展出记录、用户使用情况记录、资源复用等。

　　融合现有的科技文献层次结构知识单元描述模型思想和元数据的功能分类思想，针对第三章确定的科技文献细粒度知识单元框架，可定义一种功能层次结构的知识单元描述模型，为科技文献细粒度组织与管理提供相关序化描述要素。其具体模型方案如表 4-4 所示。

表 4-4 一种科技文献细粒度知识单元的功能层次结构描述模型

功能层次	描 述 内 容
管理层	用于对科技文献细粒度知识单元进行管理和控制的描述要素，如知识单元的唯一标识、来源、创建者、创建时间、获取权限的控制等
描述层	用于描述科技文献细粒度知识单元内容本身特征的描述要素，如知识单元的主题、类别和内容表示
结构层	用于描述科技文献细粒度知识单元与来源文献中的位置结构特征、来源文献内知识单元之间的关系特征及知识单元间的关联关系

4.2.1 功能层次结构描述模型的结构

表 4-4 提出的科技文献细粒度知识单元的功能层次结构描述模型的功能层次包含管理层、描述层和结构层。下面详细阐述每一层次的描述要素及其作用。

1. 管理层

科技文献细粒度知识单元描述模型的管理层描述要素是指用于对科技文献细粒度知识单元进行管理和控制的描述要素。根据第三章给出的科技文献内容细粒度描述框架，这里把面向管理功能的要素确定为知识单元的身份标识、来源、作者、发表时间、出版单位等。其中：

身份标识：在从科技文献中抽取出知识单元之后，需要为每一个知识单元赋予唯一的身份标识，便于后期的集中管理与识别。

来源：描述知识单元的出处，即来源文献。

作者：描述知识单元的创作者，也就是来源文献的作者。

发表时间：描述知识单元公开发表的时间，也就是来源文献的发表时间。

出版单位：描述知识单元来源文献的出版发表单位,如出版社或者期刊名等。

2. 描述层

科技文献细粒度知识单元描述模型的描述层描述要素主要从用户角度出发，对科技文献资源进行描述，以便于用户发现和鉴别资源。它主要描述资源的主题、类别和内容特征等要素。根据第三章给出的科技文献内容细粒度描述框架，这里把面向描述功能的描述要素确定为知识单元的标题、类型、关键词/主题词、类别、内容表示。其中：

标题：简单描述知识单元的内容。

类型：描述科技文献内容细粒度描述框架中所述的知识单元类型，对应科技文献细粒度描述内容组件的 14 个内容组件及其子要素，如研究背景、研究主题、研究意义、案例分析法论证单元等一级知识单元类型，政策背景、概念定义、理论意义等二级知识单元类型，研究目标、理论问题、研究假设等三级知识单元类型。

类别：参照某个知识分类体系，描述该知识单元在知识分类体系中所属的知识类别。

关键词/主题词：描述知识单元内容的核心主题词汇。

内容表示：描述知识单元内容本身，通常科技文献细粒度知识单元可以是一个长文本，也可以是一个短文本，一般采用从来源文献抽取的原文句、段来表示知识单元内容。

3. 结构层

科技文献细粒度知识单元描述模型的结构层描述要素主要用于描述科技文献细粒度知识单元在来源文献中的结构位置特征、同一文献内部知识单元之间的关系特征以及不同文献知识单元间的语义关系特征。根据第三章给出的科技文献内容细粒度描述框架，这里把面向结构功能的描述要素确定为知识单元在来源文献中的位置结构、与来源文献内部知识单元的关系、与外部其他知识单元间的语义关系等。其中：

知识单元在来源文献中的位置结构：描述知识单元在来源文献篇章结构中的位置。

与来源文献内部知识单元的关系：描述该知识单元与来源文献内部其他知识单元的语义关系。

与外部其他知识单元间的语义关系：描述该知识单元在知识空间中与其他知识单元的语义关系。

4.2.2　基于功能层次结构描述模型的科技文献细粒度知识单元的描述

下面以第三章给出的信息资源管理领域科技文献细粒度描述框架为例，采用本章定义的功能层次结构描述模型对科技文献细粒度知识单元进行描述。

在第三章给出的信息资源管理领域科技文献细粒度描述框架的树状结构中，与篇章级别的粗粒度知识单元相比，该树状结构中的任何节点都是一个细粒度知识单元，颗粒度最小的则是树状结构中的叶子知识单元。为此，我们把科技文献细粒度描述框架中的知识单元分成两种类型进行描述：一种是叶子节点型知识单元描述方法，另一种是非叶子节点型知识单元描述方法。

1. 叶子节点型知识单元的描述方法

叶子节点型知识单元是不可再细分的细粒度知识单元。根据本章定义的功能层次结构描述模型，其要素描述及取值说明如表4-5所示。

表 4-5　　叶子节点型知识单元的知识描述

功能层次	描述属性	属性内涵和取值说明
管理层	身份标识	需要制订一套编码系统，为每一个叶子知识单元赋予唯一的身份标识。如用"L-字母-数字"表示知识单元的唯一编号，其中 L 表示叶子节点，字母为所属知识单元类别的简称
	来源	知识单元的出处，即来源文献。可以用来源文献的编号赋值
	作者	来源文献的作者
	发表时间	来源文献的发表时间
	出版单位	来源文献的出版单位
描述层	标题	简单描述知识单元的内容，通常可用名词短语表示
	类型	科技文献内容细粒度描述框架中所述的知识单元类型
	类别	参照某个知识分类体系(如中图法分类体系)，描述该知识单元在知识分类体系中所属的知识类别
	关键词/主题词	描述知识单元内容的核心主题词汇。采用受控的规范术语进行描述
	内容表示	描述知识单元内容本身。通常科技文献细粒度知识单元可以是一个长文本，也可以是一个短文本。可以从来源文献抽取原文句、段来表示知识单元内容，也可以采用现有的文本表示方法对该知识单元的内容特征进行表示。该要素关系到后续知识单元的有效存储、语义计算与挖掘性能(4.3 节将对知识单元的内容表示方法进行系统阐述)
结构层	知识单元在来源文献中的位置结构	描述知识单元在来源文献篇章结构中的位置。用章节位置标示
	与来源文献内部知识单元的关系	包含两部分内容关系描述： ① 该知识单元与其父节点之间的"部分与整体"关系； ② 该知识单元与本文献其他知识单元之间的语义关联关系
	与外部其他知识单元间的语义关系	描述该知识单元与其他文献细粒度知识单元之间的相似、相关等语义关系

2. 非叶子节点型知识单元的描述方法

非叶子节点型知识单元可以由若干叶子节点组成，也可以由若干非叶子节点组成，还可以由若干叶子节点和非叶子节点组成。其管理层描述要素的构成、含义及取值与叶子节点型没有差异。非叶子节点型知识单元的描述层和结构层要素的取值与叶子节点型的取值思路不同，属性取值具体说明见表4-6。

表 4-6　非叶子节点型知识单元的知识描述

功能层次	描述属性	属性内涵和取值说明
描述层	标题	简单描述知识单元的内容，通常可用名词短语表示
	类型	科技文献内容细粒度描述框架中所述的知识单元类型
	类别	与叶子节点型的取值方法相同，参照某个知识分类体系(如中图法分类体系)，描述该知识单元在知识分类体系中所属的知识类别
	关键词/主题词	各子知识单元的关键词/主题词之和
	内容表示	各子知识单元内容特征表示的语义之和
结构层	知识单元在来源文献中的位置结构	描述知识单元在来源文献篇章结构中的位置。用章节位置标示
	与来源文献内部知识单元的关系	包含三部分内容关系描述： ① 该知识单元与其可能的父节点之间的"部分与整体"关系(非根节点)； ② 该知识单元与其子节点之间的"整体与部分"关系； ③ 各组成部分与本文献其他知识单元之间的语义关联关系
	与外部其他知识单元间的语义关系	该知识单元与其他文献细粒度知识单元之间的相似、相关等语义关系之和

3. 基于功能层次结构描述模型的科技文献细粒度知识单元的描述举例

下面以"研究背景"和"实验法论证单元"为例，说明非叶子节点型知识单元及其构成要素叶子节点型知识单元的描述方法。

1) "研究背景"知识单元的描述结果

"研究背景"知识单元由"历史背景""社会背景""政策背景"三个子

知识单元构成，按照非叶子节点型知识单元的描述方法进行描述，如表 4-7 所示。采用叶子节点型知识单元的描述方法对这三个子知识单元进行描述与表示，其中"历史背景"知识单元的描述结果如表 4-8 所示，其余两个知识单元的描述方法与之相同。

表 4-7　"研究背景"知识单元的知识描述

功能层次	描述属性	属性内涵和取值说明
管理层	身份标识	用"NL-RB-数字"表示"研究背景"知识单元的唯一编号
	来源	来源文献的编号
	作者	来源文献的作者
	发表时间	来源文献的发表时间
	出版单位	来源文献的出版单位
描述层	标题	通常描述为"X 研究问题的研究背景"
	类型	研究背景
	类别	参照某个知识分类体系(如中图法分类体系)，描述该知识单元在知识分类体系中所属的知识类别
	关键词/主题词	描述知识单元内容的核心主题词汇。采用受控的规范术语进行描述
	内容表示	L-HRB-数字：X 研究问题的历史背景； L-SRB-数字：X 研究问题的社会背景； L-PRB-数字：X 研究问题的政策背景
结构层	知识单元在来源文献中的位置结构	三个组成部分各自的章节序列、段落序列和句子序列之和
	与来源文献内部知识单元的关系	包含两部分内容关系描述： ① 该知识单元与其子节点"历史背景""社会背景""政策背景"之间的"部分与整体"关系； ② 该知识单元与"研究问题"之间的"引出"关系
	与外部其他知识单元间的语义关系	该知识单元与"研究背景"之间的"演化"关系

表 4-8　"历史背景"知识单元的描述与表示

功能层次	描述属性	属性内涵和取值说明
管理层	身份识别	用"L-HRB-数字"表示"历史背景"知识单元的唯一编号
	来源	来源文献的编号
	作者	来源文献的作者
	发表时间	来源文献的发表时间
	出版单位	来源文献的出版单位
描述层	标题	通常描述为"X 研究问题的历史背景"
	类型	历史背景知识单元
	类别	参照某个知识分类体系(如中图法分类体系),描述该知识单元在知识分类体系中所属的知识类别
	关键词/主题词	描述知识单元内容的核心主题词汇。采用受控的规范术语进行描述
	内容表示	X 研究问题的历史背景的具体内容
结构层	知识单元在来源文献中的位置结构	章节序列、段落序列和句子序列
	与来源文献内部知识单元的关系	包含三部分内容关系描述: ① 该知识单元与其父节点"研究背景"之间的"部分与整体"关系; ② 该知识单元与"社会背景""政策背景"之间的"并列"关系; ③ 该知识单元与"研究问题"之间的"引出"关系
	与外部其他知识单元间的语义关系	该知识单元与"历史背景"之间的"演化"关系

2) "实验法论证单元"知识单元的描述

　　"实验法论证单元"知识单元由"实验目的""实验基础""实验设计""实验数据""数据分析""实验结果"六个子知识单元构成,按照非叶子节点型知识单元的描述方法进行描述,如表 4-9 所示;对"实验目的"和"实验结果"两个子知识单元的构成,按照叶子节点型知识单元的描述方法进行描述与表示,其余四个子知识单元的构成按照非叶子节点型知识单元的描述方法进行描述与表示。这里以"实验基础"知识单元的描述为例进行说明,如表 4-10 所示。叶子节点型知识单元的描述在 4.2.2 小节已经说明了表示方法,此处不再赘述。

表 4-9　"实验法论证单元"知识单元的知识描述

功能层次	描述属性	属性内涵和取值说明
管理层	身份识别	用"NL-ER-数字"表示"实验法论证单元"的唯一编号
	来源	来源文献的编号
	作者	来源文献的作者
	发表时间	来源文献的发表时间
	出版单位	来源文献的出版单位
描述层	标题	通常描述为"X 研究问题的 Y 实验"
	类型	实验法论证单元
	类别	参照某个知识分类体系(如中图法分类体系)，描述该知识单元在知识分类体系中所属的知识类别
	关键词/主题词	描述知识单元内容的核心主题词汇。采用受控的规范术语进行描述
	内容表示	L-EREP-数字：Y 实验的实验目的； NL-EREB-数字：Y 实验的实验基础(研究模型＋研究假设＋概念界定＋变量测量)； NL-EREDE-数字：Y 实验的实验设计(实验环境＋实验步骤＋数据收集方式)； NL-EREDA-数字：Y 实验的实验数据(实验对象＋时间跨度＋数据收集情况)； NL-EREA-数字：Y 实验的数据分析(描述性统计＋回归分析＋方差分析＋比较分析＋因子分析＋其他统计分析)； L-ERER-数字：Y 实验的实验结果
结构层	知识单元在来源文献中的位置结构	六个组成部分各自的章节序列、段落序列和句子序列之和
	与来源文献内部知识单元的关系	包含三部分内容关系描述： ① 该知识单元与其子节点"实验目的""实验基础""实验设计"之间的"部分与整体"关系； ② 该知识单元与"研究问题"之间的"论证"关系； ③ 该知识单元与"结论讨论"之间的"引出"关系
	与外部其他知识单元间的语义关系	该知识单元与同类研究问题采用的"实验法论证单元"之间的"创新"关系

表 4-10   "实验基础"知识单元的描述与表示

功能层次	描述属性	属性内涵和取值说明
管理层	身份识别	用"NL-EREB-数字"表示"实验基础"知识单元的唯一编号
	来源	来源文献的编号
	作者	来源文献的作者
	发表时间	来源文献的发表时间
	出版单位	来源文献的出版单位
描述层	标题	通常描述为"Y实验的实验基础"
	类型	实验基础
	类别	参照某个知识分类体系(如中图法分类体系),描述该知识单元在知识分类体系中所属的知识类别
	关键词/主题词	描述知识单元内容的核心主题词汇。采用受控的规范术语进行描述
	内容表示	L-EREBM-数字:Y实验的研究模型; L-EREBH-数字:Y实验的研究假设; L-EREBC-数字:Y实验的概念界定; L-EREBV-数字:Y实验的变量测量
结构层	知识单元在来源文献中的位置结构	四个组成部分各自的章节序列、段落序列和句子序列之和
	与来源文献内部知识单元的关系	包含四部分内容关系描述: ① 该知识单元与其父节点"实验法论证单元"之间的"部分与整体"关系; ② 由"实验目的"引出该知识单元; ③ 该知识单元指导"实验设计"; ④ 该知识单元指导"数据分析"
	与外部其他知识单元间的语义关系	该知识单元与同类研究问题"实验基础"之间的"创新"关系

4.3　科技文献细粒度知识单元描述方法中的关键问题

4.2 节给出的面向科技文献细粒度知识单元的功能层次结构描述模型包含三个层次十三个描述要素。这些描述要素的取值直接关系到后续科技文献细粒度组织与服务的效率和质量，关系到科技知识分析与挖掘的方法和效率。在这十三个描述要素中，结构层的"与来源文献内部知识单元的关系""与外部其他知识单元间的语义关系"和描述层的"内容表示"这三个要素的取值相对复杂，其他要素的取值相对简单。为此，本节专门针对这三个要素的取值进行讨论。

4.3.1　科技文献细粒度知识单元间的语义关系

实际上，结构层的描述要素"与来源文献内部知识单元的关系"和"与外部其他知识单元间的语义关系"都是在描述知识单元间的不同语义关系。前者侧重描述单篇文献内部细粒度知识单元之间的语义关系，后者聚焦在描述知识单元与其他知识单元之间的语义关系。知识单元间的语义关系是研究知识单元间逻辑推理、知识元挖掘与重组、知识关联服务等问题的根基，是从知识单元层面进行知识组织与检索、知识挖掘和关联等研究与应用的基础，尤其在大数据环境下，面对信息丰富、知识贫乏的状况，有效、自动化地进行知识单元逻辑推理、挖掘、重组和关联是为用户提供良好的智能知识服务的基础，而知识单元间的语义关系研究则是从语义层面解决这些问题的根本。

目前学术界对知识单元间语义关系的理解与认识呈现出多维度、多层次、多系统的特征。国外最初以哲学为中心展开语义关系的研究，后来主要涉及语言结构实体的研究，目前开展的是以关系为中心的元素之间、内部系统之间、复杂对象(如社会、人体、大脑和语言)之间的多层次、多系统的研究，如在线词典数据库构建、自然语言处理、计算语言学、神经语言学、语义网络、信息组织等众多跨学科领域中的语义关系研究。我国主要从语言学、信息组织与处理的角度理解语义关系的内涵。在语言学领域，语义关系多从理论、结构、研究方法、应用四个角度来分析。理论上认为语义关系是内部成分之间相互联系、相互独立又相互作用的系统；结构上将词汇作为网络节点，节点的链接表示词义间的关系；研究方法上以基本的关联规则来定义衍生出的新词汇；应用上主要以中英文词语所代表的概念为描述对象，通过揭示概念之间以及概念属性之间的关系来构建在线知识资源库或编纂词典。在知识组织与处理领域，主要是对信息和知识进行分类处理时，以概念为节点，将语义关系作为其关联，通过揭示和挖掘信息的内容特征、形式特征，再加上逻辑推理来获取概念之间的语义关系的。总之，无论是从词典、语言学还是从知识组织与处理的角度来看，语义关系都是紧紧围绕具有一定独立性的知识单元及其之间的关联关系来界定的。

　　知识单元间存在丰富的语义关系，分析和识别知识单元间语义关系的类型是开展知识单元语义关系研究的重要一步。通常的知识单元间的语义关系类型见表 4-11。

表 4-11　知识单元间的语义关系类型

名　　称	说　　明
属种关系	属种关系是指一个知识单元包含于另一个知识单元的外延中，展示一种层次概念关系
整体与部分关系	整体与部分关系是指一个知识单元与其所属知识单元之间存在的关系，主要表现为知识单元间的构成关系
实例关系	实例关系表示概念与实例间的关系，类似面向对象中对象与类之间的关系
上下位关系	上下位关系是指一个知识单元把另一个知识单元的全部义素都包含在内，展现一种语义包含现象
属性关系	属性关系是指用一个知识单元来描述另一个知识单元的性质或特点
等同关系	等同关系是指知识单元之间内涵与外延完全相同的关系
方式关系	方式关系主要指动作方式关系，它涉及不同维度，借助方法、工具、情状、态势来表现。例如："运动"这一动词在速度维度上的不同表现为走与跑；"冲击"这一动词在力量维度上的不同表现为砍与打
因果关系	因果关系是指两个知识单元之间引起与被引起的关系
目的关系	目的关系是指一个知识单元因另一个知识单元而产生的关系
并列关系	并列关系是指知识单元间相互关联，同时或同地进行的关系
比较关系	比较关系是指辨别事物相同属性异同或高低的关系
相反/相对关系	相反/相对关系是指两个知识单元存在的相反或相对的关系
条件关系	条件关系是指两个或多个知识单元之间的相互依存或相互影响的关系
时间关系	时间关系是指知识单元间所具有的先后、早晚、持续时间等方面的特征及逻辑关系

4.3.2　科技文献细粒度知识单元的内容表示

计算机不方便直接对非结构化文本字符串进行处理，需要进行数值化或向量化处理，并且不同的描述与表示方法对后续知识单元挖掘与利用算法的效率的影响是不同的，而良好的文本表示形式可以极大地提高算法的效率，因此，科技文献细粒度知识单元需要进行内容表示。

科技文献知识单元的内容表示是科技文献进行有效组织、检索、分类、挖掘及应用的基础，对于科研人员和计算机高效定位与理解大量的科学信息至关重要，它将直接影响后续科技文献的获取、检索及应用，其完备性和适用性决定了科技文献管理与利用的水平及效能。通常，科技文献细粒度知识单元的内容是从来源文献中抽取的句、段，是一个非结构化的长文本或短文本。而科技文献细粒度知识单元的内容表示实质上是一种文本建模，需要考虑用什么要素表示非结构化文本，以及对这些要素进行数值化处理。文本表示结果需满足两个基本条件[171]：

(1) 表达效果。文本表示需将原文本信息恰当、完全地表达出来，也就是表示过程中应保证语义信息的完整性和一致性。文本表示空间尽可能地包含原文本空间内的信息，因为一旦在空间映射时丢弃或歪曲了信息，在后续的计算中就无法再获取到这些信息了。

(2) 表达效率。原文本转化成文本表示的代价不能太高，应尽量减小复杂度，同时文本表示的结果应便于后续文本处理的实现。

总体上，作为前期基础性工作的文本表示，在表达效果上不能丢失文本必需的语义信息，同时表达效率尽可能提高，另外还需要兼顾实用性、针对性和可行性。

现有的文本表示方法有基于特征词的文本表示方法、基于特征主题的文本表示方法、基于神经网络的文本表示方法和基于语义结构的文本表示方法。前三种文本表示方法揭示的文本语义分散地存储在向量的各个维度中，单独分析向量中的一维没有具体的含义，将每一维组合在一起形成向量，可表示知识单元内容的一定特征或语义信息。基于语义结构的文本表示方法则更多地考虑了文本内部的语义信息。

1. 基于特征词的文本表示方法

基于特征词的文本表示方法将文本内容视为相对独立的个体，且把文本内容的特征也视为相互独立的属性，采用离散的词汇描述文本内容的属性特征，用这些属性特征来表示一段文本，用于识别及标引文本对象。这种基于特征词的文本表示方法不考虑文本内部的语义和结构关联，但由于其表示简单，检索高效，因而得到了广泛应用。常见的基于特征词的文本表示模型[172]有布尔逻辑模型、词袋模型、N-gram 模型等。

早期采用的布尔逻辑二值表示法[173]为词级别的文本表示方法。其在编码形成过程中将包含 n 个词语的某一文本表示成 n 维向量。在一篇文本中，如果某个词语出现，那么在文本表示向量中所在的具体维度会被设定成 1，不出现的维度则设定为 0。该法利用 0 和 1 表示文档内是否出现某个词来实现快速检索，但检索结果缺乏相关性特征。

词袋模型(Bag of Words)是在二值表示法的基础上，将所有词语装进一个袋子，通过计算每个词语出现的次数，将一段文字或一个文档表示为 N 维向量。在词袋模型的基础上，文档表示可以采用向量空间模型(VSM)、概率模型和推理网络模型等。其中，向量空间模型是使用最为广泛、比较成熟的文档表示模型。TF-IDF 是向量空间模型中用于计算特征权重的常见方法，有良好的性能表现。其他的特征权重计算方法还有基于随机投影 Gram-Schmidt 的正交化法、卡方法、拉普拉斯分值法、互信息法等。尽管采用传统向量空间模型表示具有优势，但在术语独立性假设方面存在缺陷。后期有学者对 VSM 进行了扩展，如 Kalogeratos 等人提出了 GTCV-VSM 方法，相对于传统的 VSM，该法可捕获文档序列中每个术语的局部上下文信息，并将一个术语发生的当时背景合并起来，以定义该术语的全局语境，同时利用所有术语的全文背景构建适当的语义矩阵[174]。Cao 等人提出了一个基于文本群集的矢量空间模型 FC-VSM，该模型使用文本特征集群共现矩阵来表示文档。与传统的 VSM 模型相比，该模型可以降低特征的尺寸并识别非连续短语，使用分布式功能表示，实现功能集群[175]。但是，总体上词袋模型存在直接、简单和不考虑词序上下文及语义的问题。

N-gram 模型是用于解决不同语言文本词切分不一致问题的词表示方法，主要应用在中文文本表示中。N-gram 是一种基于统计语言模型的文本表示方法，其基本思想是将文本里面的内容按照字节进行大小为 N 的滑动窗口操作，从而形成长度是 N 的字节片段序列。每个字节片段称为 gram，对所有 gram 的出现频度进行统计，并且按照事先设定好的阈值进行过滤，形成关键 gram 列表，也就是这个文本的向量特征空间，列表中的每一种 gram 就是一个特征向量维度。该模型基于这样一种假设，第 N 个词的出现只与前面 N-1 个词相关，而与其他词都不相关，整句的概率就是各个词出现概率的乘积。这些概率可以通过直接从语料中统计 N 个词同时出现的次数得到。常用的是二元的 Bi-gram 和三元的 Tri-gram[176]。

2. 基于特征主题的文本表示方法

作者写文章的过程是：首先确定文章的核心内容；然后组织材料进行表达，往往通过划分几个主题来实现；最后对每个主题选择相应的词汇，按语法规范将词汇组织起来。文章分析是这个过程的逆过程,通过词汇的集合确定相应的主题,最后理解文章的核心思想。计算机按文章分析思路进行文本处理符合人的认知过程,主题模型就是实现这种思想的文本建模形式。对语料库中的文本,从词汇出发,统计学习文本-主题-词之间的关系并以实现文本表示。主题表示模型是一种连续的文本表示方法,它使用统计方法统计该文本中的词语及其特征来挖掘现有文本中存在的主题。主题表示模型在运算时都基于两点相同的基本假设:每个文档包含多个主题;每个主题包含多个单词。其建模的目标就是揭示潜在变量,即主题。一般常用的主题模型有潜在语义分析(Latent Semantic Analysis,LSA)模型[177]和隐含狄利克雷分布(Latent Dirichlet Allocation,LDA)模型[178]等。

LSA 模型是 1988 年 S. T. Dumais 等人提出的一种新的信息检索代数模型,是用于知识获取和展示的计算理论和方法,它使用统计计算的方法对大量的文本集进行分析,从而提取出词与词之间潜在的语义结构,并用这种潜在的语义结构来表示词和文本,达到消除词之间的相关性和简化文本向量、实现降维的目的。LSA 的基本观点是把高维的向量空间模型(VSM)表示的文档映射到低维的潜在语义空间中。LSA 在运算过程中可能出现特征非常稀疏、噪声很大以及在多维上冗余的问题,因此其通过奇异值分解(SVD)技术来对特征进行降维,试图发现大量文本与单词之间的潜在话题的语义关系。LSA 计算过程中会将每个词映射为潜在语义空间中的一个点,即使一个词有多义表达也会被处理为同一个点,同时其使用的 SVD 技术的计算复杂度较高,而且当出现新的文本时,需要重新对模型进行更新训练。在 LSA 的基础上还引申出了一些变形,如 PLSA[179]是基于 LSA 的概率拓展版本,PLSA 代替了 SVD 的方法,主要通过一个生成模型来为 LSA 从概率角度进行解释,克服了 LSA 在处理文本时存在歧义导致最后文本表示欠佳以及计算量偏大的问题。但是 PLSA 参数的增加会出现过拟合的问题[180]。

LDA 是最有代表性的一种主题模型,由 D. M. Blei、A. Y. Ng、M. I. Jordan 于 2003 年提出。LDA 通过无监督的三层贝叶斯方法发现语料库中有代表性的主题,计算出每个文本的主题分布,并得到每个主题相关的词分布特征,从而推测出一篇文档的主题分布。它是在 PLSA 的基础上发展而来的,通过使用贝叶斯先验概率重新计算文档-主题和主题-词的概率分布,进一步提升了模型的泛化能力[178]。另外,在 LDA 模型的拓展中,王胜等人[181]基于大量科学文献的文本内容特点研究了科学文献的分布特征,从引入科学文献的词频特征的角度构建了 SL-LDA 主题模型,在学术领域的标签抽取方法中存在良好的普适性。

上述基于词特征和主题特征的文本表示方法其原理相对简单，运算简便，但存在两个主要问题：第一，存在语义鸿沟的问题，较少考虑文本中词语的语义或其同义词等情况，最终可能出现编码的高稀疏性和大维度等问题；第二，模型中的文本词语特征与上下文关联度较低，未考虑词序的问题。这种方法极大地制约了传统文本表示建模方法的效果。

3. 基于神经网络的文本表示方法

神经网络原本是一个生物学概念，人工智能借鉴其实现机制，通过构造人工神经网络(Artificial Neural Network，ANN)，形成由大量信息处理单元(也称神经元)互连的复杂网络结构，实现对人脑组织结构和信息处理机制的抽象、简化和模拟。认知神经科学研究发现，人的大脑会对感觉器官获取的外界信息进行逐层抽象和语义信息提取。受深度学习神经网络的启发，可通过多层网络互连、权值计算捕捉外界输入的组合特征，进而提取出高层特征，实现从大量的输入数据中逐级学习数据的有效特征表示。

基于神经网络的文本表示模型通过多层深度学习神经网络结构对训练集的训练，注重语境相关信息与词汇定位的关系，可以充分理解文本中蕴含的潜在语义。一般情况下，当前神经网络的文本表示方法分为三种：一是使用词级向量简单运算合成的模型，该方法简单易懂；二是使用句级向量以卷积神经网络和循环序列等为基础的模型，该类模型及其对应变种模型在文本编码中的计算比较复杂；三是融入注意力机制的模型，该模型与各种深度学习神经网络相结合使用，形成了更为复杂的编码，可进一步提高文本表示的效果。

1) 基于词级向量简单合成的模型

在最初的基于神经网络文本表示的研究中，学者尝试将文本段中的词语一一映射为低维、稠密的词向量。在 21 世纪初，Y. Bengio 等[182]学者提出了神经网络语言模型(Neural Network Language Model，NNLM)。2013 年 T. Mikolov 等[183]学者提出了简化后的模型，即 Word2Vec。Word2Vec 分为连续词袋模型(Continuous Bag of Words Model，CBOW 模型)和连续 Skip-gram 模型(Continuous Skip-gram Model)。CBOW 模型通过某个中心词前后 n 个连续的词构成窗口语境来计算并预测中心词出现的概率，即利用上下文预测目标词。连续 Skip-gram 模型则使用中心词来计算并预测其前后 n 个连续的词在窗口中出现的概率。以 Word2Vec 为代表的神经网络模型训练出来的词向量低维、稠密，利用词的上下文信息，可使语义信息更加丰富。根据训练词向量的思想，句子、文本等不同粒度的文本都可以类似实现嵌入化表示，如 Sentence2Vec、Doc2Vec 等，甚至是 Everything2Vec。

相较于传统的文本表示模型，上述模型考虑了文本的上下文之间的信息，使得文本中的语义表现较为出色，并且上述模型以较少的维度进行表示，运算效率大大提高。但是仅仅将目标词特定窗口内的上下文作为目标词的语境词，缺乏词间相互依赖关系的有效建模，同时为了避免稀疏，不考虑词的位置信息，导致上下文建模方式非常粗糙，只是词的一种共现统计，词间相互依赖的关系估计比较粗略，只能获取到单个词的模糊表示，再加上简单的上下文词不足以表达丰富的语境信息，使得基于静态预处理词向量的后续预测任务存在歧义。

之后，Google 团队 T. Mikolov 等[184]学者基于 Word2Vec 的设计思路，提出了 Doc2Vec 模型。其通过单层神经网络建立词预测模型，将文档看作一个特殊的词，借助分布记忆模型和分布词包模型实现文本表示，得到文本的向量表示。Doc2Vec 属于非监督学习模型，能够学习文本中固定长度的词语之间的特征，它解决了词袋模型没有语义的问题。但是该模型独立于下游的自然语言处理任务，所以 Doc2Vec 模型自身不能通过训练过程学习到下游任务中文本的语义信息。Facebook[185]提出的 FastText 文本表示模型采用了与 Word2Vec 类似的架构，首先训练词向量，然后将文本中的词向量相加，作为文本的向量表示，并应用于后续的文本分类中。FastText 本质上是一个线性模型，线性不可分的样本得到的词向量是唯一的、固定的，在静态的条件下词向量不能通过上下文语境的改变而改变，因此不适合处理一些长度较长的文本以及存在歧义词的问题。

2) 基于句级向量的文本表示模型

基于句级向量的文本表示模型直接利用预训练的词向量或类似词向量的获取机制获得句子的向量表示，然后以句子表示为输入获得段落或者篇章级的文本表示。代表性的模型有三种。① 基于循环神经网络(RNN)模型，将句子看作时间序列，表示成一个有顺序的向量序列，通过对这个向量序列进行变换(transformation)和整合(aggregation)，计算出对应的句子向量表示，然后用循环神经网络建模以句子为单位的序列，得到篇章级文本表示；② 基于卷积神经网络(CNN)模型，将句子看作符号序列，通过多个卷积层和子采样层对文本序列进行处理，得到一个固定长度的向量，然后以句子为单位再卷积和池化，得到篇章级文本表示；③ 混合模型，即结合具体任务，进行模型选择或组合，改进模型，如长短时记忆模型(LSTM)、双向循环神经网络(Bi-directional Recurrent Neural Network，Bi-RNN)模型等。另外，一些新的方法，如自回归建模、自编码建模、基于注意力机制建模、基于乱序语言模型建模等逐渐提出并获得了较好的效果。

4. 基于语义结构的文本表示方法

前面三种基于特征的文本表示方法虽能揭示单元信息的属性特征，却不能揭示文本内容中的语义关系。为了清晰地呈现出文献内知识对象间存在的各类语义关系，学者们提出了基于结构的知识表示法，如基于图结构的表示法[186]、面向对象表示法[187]、产生式框架表示法、本体表示法[188]等。尽管有研究者提出了更加复杂的概念图模型或概念解析文本表示模型，但由于构建领域概念网络复杂，因此这类表示方法并未成为主流。

1) 基于图结构的表示法

基于图结构的表示法将文本中的知识点缩小为一个不可再分割的知识节点或概念节点，由节点及节点间的语义边共同搭建出一个图式结构，表示文献内知识点间的语义关联。代表性的方法有知识网络、语义网络、概念图等知识表示方法。熊李艳等[189]学者在已有实体相似度、属性相似度和属性值相似度的基础上，以汉语概念内涵逻辑模型为基础，采用 E-A-V 结构形式，将文本信息标引成递归概念图的形式。任海英[190]运用概念地图的方法将单篇科技论文中作者的知识进行微观计量和可视化，其改进并设计的微观概念地图(Microscopic Concept Map，MCM)由概念及其概念间的关系构成，概念和关系被称为 MCM 中的元素，每个元素均有各自的权重，可更精细地表示研究者的思维特点和研究焦点。

2) 面向对象表示法

面向对象表示法将文本中的知识对象的属性、方法等封装到结构化的模块中，从而实现对象间的继承及演化。该类方法主要用来描述知识对象的结构及知识对象之间的继承关系等，其缺点是缺少对知识对象之间其他语义关系的动态化表示及推理。

3) 产生式框架表示法

产生式框架表示法以内嵌填充槽的框架形式表示文献内知识对象的静态结构，每个槽可根据实际情况划分为若干个侧面，以产生式规则描述知识对象之间的推理规则。该方法能够描述出知识间的层次关系，框架的最顶层是固定的一类事物，基于概念的抽象程度表现出自上而下的分层结构，有效地实现了框架之间的继承关系，能够把知识的内部结构关系及知识间的联系表示出来[191]。该方法适用于静态知识及其间语义关系的描述，但当知识对象之间的推理关系复杂时则会降低该方法的推导效率[192]。

4) 本体表示法

本体论作为一种哲学概念出现，它是对世界任何领域的真实存在所做出的客观描述。本体论在信息科学领域获得了广泛的关注[193]。人工智能领域认为，本体论是关于共享概念的协议，共享概念包括对领域知识建模的概念框架、可互操作的系统通信协议和特定领域理论的表示协议；在知识共享环境中，本体论以定义概念词汇的形式来描述[194]。其中，本体作为能描述语义关系的建模方法，使用本体表示模型可以让本体概念及关系模型化，明确本体概念以及概念间的关系[195]。

4.4　本章小结

　　本章首先对科技文献细粒度知识单元的描述模型进行总结，指出按照模型结构，知识单元的描述模型分为线性结构描述模型和分层结构描述模型，并分析了相关模型的特征和关联；然后融合现有的科技文献层次结构知识单元的描述模型思想和元数据的功能分类思想，针对第三章确定的科技文献细粒度知识单元的描述框架的具体情况，定义了一种功能层次结构描述模型(该模型分为管理层、描述层和结构层三个层次，共包括十三个描述要素)，并以第三章给出的科技文献细粒度描述框架中的知识单元为例，进一步说明了该功能层次结构描述模型；最后进一步探讨了知识单元的功能层次结构描述模型中关键描述要素的表示，包含知识单元间的语义关系类型和知识单元的内容表示方法。

第五章　科技文献细粒度知识单元的抽取方法研究

知识单元的识别与抽取是细粒度知识组织与服务的前提与基础，知识单元抽取的正确与否直接影响细粒度知识组织与服务的质量。目前，知识单元的抽取有人工抽取和机器抽取两种方式[196]。人工抽取的结果较为精确，但是时间成本和人力成本较高，不适合用于当下大数据环境下的海量信息资源的知识单元抽取；机器抽取的效率相对较高，适合信息资源数量规模较大的知识单元抽取，然而抽取的精度有限。因此，研究者们常把人工抽取与机器抽取方法相结合以实现知识单元高效率、高质量的识别与抽取。目前的机器抽取技术分为基于规则的知识单元抽取技术、基于统计机器学习的知识单元抽取技术和基于深度学习的知识单元抽取技术。

5.1　文本信息抽取概述

随着大数据时代的到来，海量数据不断涌现，其有助于用户获取信息并拓展知识。然而，据 Forrest Research 统计，互联网中超过 80％的文本信息以非结构化的形式存在，这些数据极大地增加了用户获取信息的难度和成本。因此，我们急需一种技术，能够自动分析非结构化的文本数据，从中挖掘相关且有价值的信息，并以结构化的形式呈现给用户，于是信息抽取(Information Extraction，IE)技术应运而生。

5.1.1　信息抽取的基本概念

信息抽取是指从非结构化或半结构化的自然语言文本(如网页新闻、学术文献、社交媒体等)中抽取实体、实体属性、实体之间的关系以及事件等事实信息，并形成结构化数据输出的一种文本挖掘技术[197]。信息抽取带有一定的文本理解，可以看作深层的信息检索技术，也可以看作简化的文本理解技术。信息检索是依据具体查询语句从文档集合或开放的互联网中搜索相关文档或网页；信息抽取则旨在产生机器可读的结构化数据，直接为用户提供问题的答案，而不是让用户从众多相关的候选文档中查找答案，或者为后续的智能问答和自动决策等任务提供技术支撑[198]。例如，用户希望从新闻报道中抽取突发事件的信息，包括突发事件的名称、类型、时间、地点、后果等；从医疗档案中抽取疾病治疗信息，包括疾病名称、病因、症状、治疗手段、效果等；从音乐人发布的音乐专辑报道中抽取音乐专辑信息，包括音乐人、专辑名称、发布时间、收录的歌曲等。

典型的信息抽取任务包括命名实体识别(NER)、实体消歧(entity disambiguation)、关系抽取(relationship extraction)和事件抽取(event extraction)。以"'西电一号'卫星发射成功"的新闻报道为例，信息抽取将识别这一事件的时间、人物名称、机构名称、事件名称等实体，并分析这些实体之间的关系(例如，"'西电一号'卫星"是"西安电子科技大学""中星电科航天科技集团"和"未来宇航"打造的)，最终抽取出关于这一卫星发射事件的全部具体信息。

信息抽取通常有两个方法：一类是基于知识发现(Knowledge Discovery in Databases，KDD)和数据挖掘(Data Mining)的方法，通常用于处理结构化、半结构化的数据；另一类是基于自然语言处理(Natural Language Processing，NLP)和文本挖掘(Text Mining)的方法，通常用于处理非结构化数据。信息抽取技术可以从不同的维度进行分类，从输入数据的领域范围考虑，可以分为限定领域和开放领域两类；从抽取的结果类型考虑，可分为实体识别、关系抽取和事件抽取等几类；从实现的技术方法划分，可分为三类：第一类是基于规则(基于专家系统)的方法，主要使用人工编制规则，但这种方法工作效率低，系统的可移植性差；第二类是基于统计机器学习的方法，该方法可在一定程度上弥补第一类方法的缺点；第三类是基于深度学习的方法，可大幅减少人工干预，并具有处理新文本的能力，是目前常用的方法[199]。

5.1.2　信息抽取研究的典型会议

信息抽取研究可追溯至 20 世纪 70 年代末。从 20 世纪 80 年代后期开始，美国政府资助了一系列有关信息抽取技术的评测活动。1987 年，美国国防高级计划研究局 DARPA 资助的消息理解会议(Message Understanding Conference，MUC)召开，邀请国际上多家研究机构在 DARPA 提供的标准数据集上进行技术对比。例如，给定 10 篇海军军事情报文本，要求信息抽取系统输出文本中蕴含的命名实体和实体之间的共指关系等。MUC 会议从 1987 年到 1997 年共举行了七次信息抽取评测，抽取的对象主要集中于限定领域的文本，包括海军军事情报、恐怖袭击、人事职位变动以及飞机失事等，抽取任务包括命名实体识别、共指消解、模板关系抽取和模板填充等。此外，MUC 会议还定义了一套完整的评价指标，由准确率(Precision)、召回率(Recall)、F_1 值以及平均填充错误率(Error Per Response Fill，EPRF)等进行结果评价。总之，MUC 会议的召开吸引了世界各地的研究者开始信息抽取系统的开发，在信息抽取研究的实践和理论方面都起到了极大的促进作用，并确立了信息抽取的各种标准和规范，以及信息抽取技术的研究和发展方向[198]。

2000 年 12 月，由美国国家标准技术学会(NIST)、美国国家安全局(NSA)以及中央情报局(CIA)共同举办的自动内容抽取(Automatic Content Extraction，ACE)评测会议开始取代 MUC 会议，并且不限定某个领域或场景，开始关注更加广泛的新闻数据和对话语料，增加了对系统跨文档处理(Cross-Document Processing)能力的评价。在后期的几届评测中，抽取任务也相应地提升了难度，如增加了多语言(英语、汉语和阿拉伯语)信息抽取、实体侦测与追踪等任务。MUC 和 ACE系列会议为研究这一问题提供了若干标准测试数据，也对该领域的发展起到了至关重要的作用。

2008 年，美国国家标准技术学会(NIST)组织了文本分析会议(Text Analysis Conference，TAC)，该会议是用于鼓励自然语言处理研究和相关应用的测评研讨会，该研讨会为参赛组织提供了大量测试数据集、通用的测评流程和分享结果的机会。在 TAC 中，不同的评测任务种类可视为赛道(Track)，每个赛道专注于一类特别的 NLP 子问题。TAC 的各赛道都专注于端用户任务，也包括端用户任务中的一些组件任务评测。赛道分为问答(QA)、文本蕴含(TE)、摘要(S)、知识库填充(KBP)、药品标签抽取(EDL)、系统综述信息抽取(SRIE)六类。其中，知识库填充赛道(即 TAC-KBP)连续举办了 12 年，是 TAC 会议中一项十分重要的赛道，其更加关注开放领域的数据(如 Web 网页)，抽取任务主要包括实体链接和槽填充。

5.1.3   信息抽取的性能评估指标

在衡量信息抽取系统性能的指标中最常用的是准确率(Precision)和召回率(Recall)[199]。准确率指的是在抽取的所有结果中正确抽取结果所占的比例，召回率指的是在所有可能的抽取结果中正确抽取结果所占的比例。当比较两个不同信息抽取系统的性能时，一般使用这两个指标的综合值 F 指数度量，即

$$F = \frac{(\beta^2 + 1) \cdot P \cdot R}{\beta^2 \cdot P + R}$$

其中，P 为准确率；R 为召回率；β 为召回率和准确率的相对权重，取值一般为 1、1/2、2。当 $\beta = 1/2$ 时，召回率的重要程度是准确率的 2 倍；当 $\beta = 2$ 时，召回率的重要程度是准确率的一半；一般取 $\beta = 1$，表示两者同等重要。

5.2　基于规则的科技文献细粒度知识单元抽取方法

基于规则的科技文献细粒度知识单元抽取方法，即借助句式结构、框架或者符号等一系列抽取规则对文本中的知识单元进行识别和抽取。基于规则的知识单元抽取分为信息抽取规则构建和应用规则获取知识单元内容两个阶段，即在分析科技文本内容、构建信息抽取规则的基础上，将构建好的抽取规则与预处理过的文献文本进行模式匹配，抽取出文本里面符合规则的词句，以特定的标准对抽取的结果进行过滤与筛选，得到规范的知识元后，把结果保存至知识元的数据库中。其一般抽取流程如图 5-1 所示[200]。

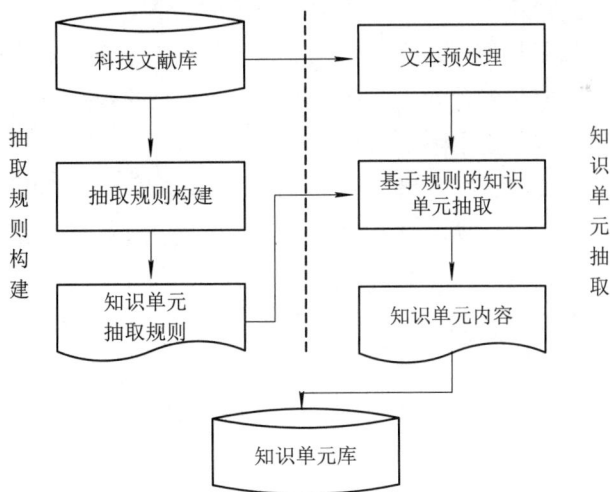

图 5-1　基于规则的知识单元抽取的一般流程

信息抽取规则主要用于指明构成目标信息的上下文约束环境[201]，如 CIRCUS 系统的抽取规则称为概念节点，每个概念节点主要由触发词、激活条件、硬性约束、软性约束和目标信息位置这几项组成。其中，触发词用于指示目标信息的上下文中必须含有的关键词；激活条件指定必须满足的语言模式；硬性约束则是强制性的语义约束；软性约束也是一种语义限制，但这种限制是可违背的[202]。概念节点成为后来的 AutoSlog、CRYSTAL、AutoSlog-TS 等系统的通用性规则。只要在文本中找到满足规则所指明的约束条件，也就达到了信息抽取的目的。因此，规则本身的构建成为信息抽取的关键，而目标信息的抽取则退居为次要过程。

信息抽取规则可以有多种不同的表现形式，如正则表达式、词汇-语法规则、面向 HTML 页面抽取的 Dom Tree 规则等。根据手工参与程度的不同，信息抽取规则的构建可分为手工编制规则和半自动获取规则。

5.2.1 人工构建知识单元抽取规则

人工构建知识单元抽取规则的方法是：首先了解规则本身的含义和所涵盖的范围；再对领域内的大量文献进行阅读、分析、归纳和总结规则；之后引入抽取系统对抽取规则进行实验，并不断改进和完善；最后构建出知识单元抽取规则。

1. 基于人工构建规则的科技文献知识单元抽取概述

基于规则的信息抽取方法起初依赖于相关领域专家阅读大量的文本，人工标注并抽取出文本中的知识元，总结描述各类知识元的规则[203]。徐浩、朱学芳等[204]学者用字典及匹配规则抽取方法论实体。朱玲、朱彦等[205]学者直接人工构建正则表达式，抽取中医古籍中的疾病知识。丁君军等[206]学者也以同样的方式形成了属性抽取的九大类描述规则，实现了学术文献中相关属性的抽取。朱丽萍等[207]学者针对科技文献的引言部分，对背景知识、问题分析、文章所做工作等三要素进行分析研究，总结引言三要素的常用句型及特征，利用这些规则对引言信息进行结构化抽取。郑梦悦[73]则针对非结构化摘要，分析研究目的、方法、结果或结论三个要素的线索词、句型和位置，建立相关规则库，进行信息抽取。

为解决基于规则的知识元抽取中语义缺乏的问题，不少学者将语义描述规则或模型融入知识元的抽取工作中，令规则表达更贴近内容，Mehwish Alam[208]的研究就证明了该方法的有效性。石湘等[161] 学者提出的领域知识元语义描述模型，将知识元的抽取近似于关键句的识别任务，结合 TextRank 算法与语言规则，抽取规范的领域知识元。冷伏海等[209]学者综合运用语义标注、规则抽取以及正则表达技术，提出了一种混合语义信息抽取方法，这种方法用于从科技文献中抽取主要的研究方法、性能指标，可以做到既不破坏科技文献的原有语义内容，又能以较为简单的方式展示科技文献的主要创新内容。

2. 知识单元抽取规则的人工构建流程

知识单元抽取规则的人工构建流程如图 5-2 所示，其主要分为 6 个构建步骤[210]。

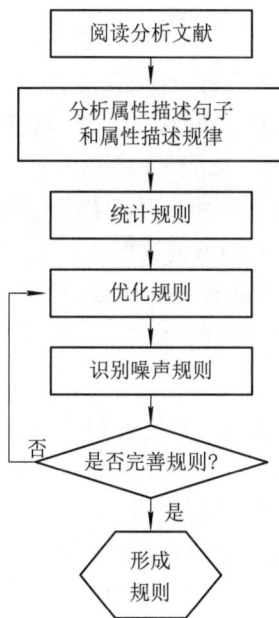

图 5-2　知识单元抽取规则的人工构建流程

1) 阅读分析文献

阅读领域内大量的学术文献，对文章采取篇章阅读和逐句阅读的方法，从中找出描述科技文献细粒度知识单元的句子，并对这些句子进行记录。

2) 分析属性描述句子和属性描述规律

对知识单元的句子进行分析，如"提出一种基于知识元本体的知识统一表示方法……"，找出这些句子描述和表达时的规律(提出……方法)，提取出句子中除了知识单元描述以外的前后限定词或者相关特征词，并进行记录分析，找出其中共性的特征，并对相似描述的规律进行归类。

3) 统计规则

对大量的文献阅读和句子进行分析，总结出相关知识单元描述的规律，在此基础上，对这些规律进行总结并形成规则。此外，还要对规则进行扩展，利用同义词来扩充规则的可能表达形式，如对"提出"一词进行扩展，还可以有"给出""引入""探索"等词。

4) 优化规则

初步形成的规则还比较粗糙，简单地认为具有了知识单元描述限定词和特征词就是描述知识单元的句子，而实际过程中还要对知识单元描述特征在句子中出现的次序和位置进行设定，即判断词语的顺序关系和所相隔词语的位置关系。一般情况下，在一句话中描述限定词经常在特征词前面。

5) 识别噪声规则

在总结过程中实际的规则还有很多例外的情况，因此还要对其进行识别。例如，一个句子中出现多个实体抽取，句子中的特征词可能不是对这个实体的描述，而是对其他实体的描述，如"82 位学者 g 指数的取值范围为 49～100，较 ha 指数和 h 指数的数值范围都大，但仍未能有效地克服指数区分度不强的缺点，依然有 67 位学者存在多人同值的情况。"这个句子中虽然包含 h 指数和 ha 指数的缺点，但实际描述的是 g 指数的缺点，而不是 h 指数和 ha 指数的缺点，所以要对这种类型的句子进行处理。

6) 规则完善

规则的构建是个复杂的过程，要使规则抽取出尽量多而且相关的句子。在规则初步形成后，规则已具备基本的抽取能力，然后把规则带入抽取系统中，对一定量经过人工识别的学术文献进行抽取，对其中的抽取结果进行研究。若抽取结果显示较多错误，则说明当前规则并不完善，需要跳转至步骤 4) 和 5)，一方面要增加文献中存在但未能被当前规则识别的新规则，另一方面要对抽取错误句子的错误规则进行剔除。通过不断细化和优化规则，直到规则的抽取性能达到一个相对稳定的程度，最终形成完善的知识单元抽取规则。

3. 典型知识单元的人工抽取规则

1) 研究问题知识单元的抽取规则

研究问题在科学研究中占据着重要的地位，科学发现的过程就是提出问题和解决问题的过程。科学问题的提出和解决是科学创新和发展的重要环节，而学术论文是科学问题求解方法、过程和结论的记录。因而，对一篇学术论文进行阅读和分析，先要明确这篇论文是针对何种学术问题进行的研究，即这篇论文要解决的问题是什么。问题知识单元可分为理解型问题知识单元、解决型问题知识单元和探究型问题知识单元。其中，理解型问题知识元的抽取规则示例如表 5-1 所示[59]。

表 5-1　理解型问题知识元抽取规则示例

抽取规则	样　　例
本研究\本文＋试图＋关注\解决\回答\探索＋问题:是否\是什么\为什么\怎么样？	本研究针对目前移动图书馆社群化服务研究的不足,从用户参与角度入手,试图在研究中解决如下问题: ① 移动图书馆社群化服务的内涵是什么？ ② …… ③ ……
是否\是什么\为什么\怎么样？旨在\具有\促进+意义\价值	用户何时会使用电子健康网站？什么情况下,用户会在电子健康网站中披露信息……本研究以上述问题为切入点,对电子健康网站用户信息披露行为进行研究,旨在确定信息披露行为的影响因素,进而针对性地优化电子健康网站服务,促进电子健康网站的良性发展,间接助力"健康中国 2030"战略目标的实现

2) 研究方法知识单元的抽取规则

研究方法知识单元指的是科技工作者针对研究问题所沿用或新提出的方法,是科技文本内容的核心之一,在一定程度上体现了科技文本的研究价值。其抽取规则如表 5-2 所示。

表 5-2　要素"方法知识单元"的规则及举例

规　　则	举　　例(知识表示方法)
……方法有……	知识表示方法有谓语逻辑表示法、产生式表示法等
……是一种(个)……方法	本体方法是一种知识表示方法
定义……方法	定义了一个七元组知识单元模型的方法
(采/运)用……(方法)	采用组合的知识表示方法
基于/根据……方法	基于本体的知识单元表示方法
展示/设计……方法	展示了基于知识单元的知识表示方法
讨论……方法	讨论了系统专家的知识表示方法及其推理机制
完善/改进/修正……方法	得到一个较为完善的知识表示方法,建立一个基于二者的推理机制
给(提)出/引入/探索……方法	提出一种基于知识单元本体的统一的知识表示方法

5.2.2   半自动构建科技文献细粒度知识单元抽取规则

由于手工编制规则的方法过于依赖于专家知识，因此为了节省成本，部分学者采用半自动化技术进行抽取，首先由专家抽取少量知识单元，然后通过 PreFixSpan 算法等自然语言处理方法抽取知识单元中的特征词，根据特征词出现的位置、语法特征等建立映射规则，最后结合经验进行抽取规则的制订[211]。

半自动构建科技文献细粒度知识单元抽取规则就是在人工的帮助下半自动生成一个高质量的知识单元描述规则，为知识单元的自动准确抽取奠定基础。下面以王忠义等学者对科技文献中方法知识单元的抽取为例[212]，说明知识单元抽取规则的半自动构建方式，具体构建流程如图 5-3 所示，主要分为 6 个构建步骤。

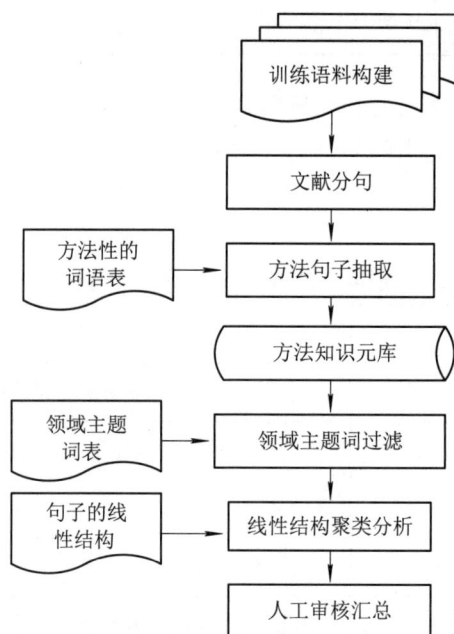

图 5-3   科技文献中方法知识元抽取规则的半自动构建流程

1. 训练语料构建

医学知识较为严谨，所以我们选取医学领域的相关文献作为训练样本。为了使训练样本具有代表性，我们采取分层抽样的方法从 Pubmed 医学数据库的 16 个大类中进行主题检索，并将年限设置为 2009—2019，在每一个子主题下的搜索结果中进行随机下载，将获得的 1000 篇样本数据作为训练语料。

2. 文献分句

依据语句的分割符号(如。！？等)对训练语料中的文献进行分句处理,构建文献的语句集合。

3. 方法句子抽取

为了抽取训练语料句子集合中描述方法的语句,以描述方法的词语表中的语词(如 method/approach/way 等)为线索词,识别出训练语料句子集合中包含方法性词的句群。为了准确地识别文本中描述方法的语句,在识别方法句子时,还需判断候选句子后第一个词是否出现 it/this/so/and/first/second 等特殊的连接词、代词、转折词和序列词,如果出现,则将下一句也视为描述方法的语句,否则舍弃。

4. 领域主题词过滤

首先,通过 TF-IDF 算法提取训练语料中的关键词,并将其与领域词合并,共同构成领域主题词表。然后,依据领域主题词表,过滤掉方法语句中的领域主题词等实义词,以形成句子的线性结构。

5. 线性结构聚类分析

通过对句子的线性结构进行二分 K-means 聚类分析,以识别方法知识单元的组成元素。先将所有线性结构集作为一个簇,该簇中心点向量为所有样本点的均值,计算指标 SSE(Sum of Squared Error),选择 SSE 值最小的簇进行划分,以收敛到全局最小值。通过分析得到 $K = 8$,对每个簇进行归纳概括,总结方法知识单元的组成维度共为 8 个维度,即定义、目的、前提条件、功能、步骤、子步骤、结果、效果。

根据每个维度的表达形式,这 8 个维度又可概括为揭示方法知识单元静态特征的描述型维度和揭示方法逻辑的过程型维度。描述型维度有方法的概念、方法的目的、方法的功能和方法的使用条件;过程型维度有方法的子步骤、方法的步骤、方法实施后的结果和方法实施后的效果。描述型维度是对方法知识单元的内容的陈述性表达,是静态的;过程型维度是具有内在逻辑结构的方法流程,是动态的。关于方法知识单元的组成维度及其关系如图 5-4 所示。

6. 人工审核汇总

以人工为主,对获取的线性结构进行审核、整理、归纳汇总,以形成高质量的方法知识单元初始描述规则。为得到科学准确的描述规则,邀请 3 位学者对得到的句子线性结构进行审核并汇总,选择出现频率大于等于 2 的汇总规则作为方法知识单元描述规则,并存入数据库中。

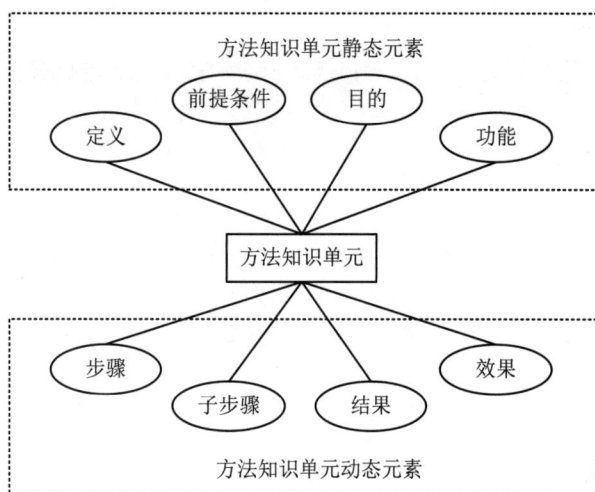

图 5-4   方法知识单元的组成维度及其相关关系

5.3   基于统计机器学习的科技文献细粒度知识单元抽取方法

自 20 世纪 90 年代以来，基于统计机器学习的方法一直是信息抽取的主流方法。基于统计机器学习的信息抽取方法引入最大熵分类模型、基于树核的 SVM 分类模型、隐马尔可夫模型、条件随机场模型等统计模型，这对节约基于规则的知识抽取方法的人工成本并提高抽取效率具有重要作用。该方法通常将信息抽取任务形式化为从文本输入到特定目标结构的预测，使用统计模型来建模输入与输出之间的关联，并使用机器学习方法来学习模型的参数[213]。

根据句子处理方式的不同，基于统计机器学习的知识单元抽取方法分为基于特征的方法和基于核函数的方法。基于特征的方法指以上下文、词性、句法等为特征，构建对象的 N 维特征向量表示，训练得到关系分类器；基于核函数的方法指用核函数计算两个对象的相似性，得到关系分类模型。

针对现有的软件存储库手动构建过程中存在的既耗时又不可扩展的问题，Wei 等[214]手动注释了 1120 个 Medline 摘要和标题中的软件名称，并使用该语料库开发和评估了基于机器学习的生物医学软件命名实体识别系统。基于他提出的两种特征工程策略(领域知识特征与聚类和二值化词嵌入的无监督词表示特征)，该系统在从标题和摘要中识别软件命名实体的任务中均取得了最优表现。下面以该研究为例，对基于机器学习方法的科技文献知识实体抽取方法进行说明。

如图 5-5 所示，基于机器学习的生物医学文献的软件实体抽取方法主要包含以下三部分。

（1）软件实体数据集的构建。该软件语料库包括 1120 个摘要和标题，并且标注了其中的软件名称。该数据集被划分为训练集和测试集，用于开发和评估软件实体识别系统。

（2）软件实体的表示与特征提取。首先通过句子分割和词元化(tokenization)获得每个摘要和标题中的所有词元(token)，并将这些句子中的词元表示为 B、I 和 O 的顺序标签，然后为每个词元提取各种类型的特征。

（3）软件实体识别系统的训练及预测。该系统包括机器学习模型和基于规则的后期处理，它基于条件随机场模型训练软件实体识别模型，并采用基于规则的后期处理对模型输出结果进行优化，然后将具有最佳性能的软件实体识别系统应用于大量 Medline 标题，以生成高质量的软件索引。

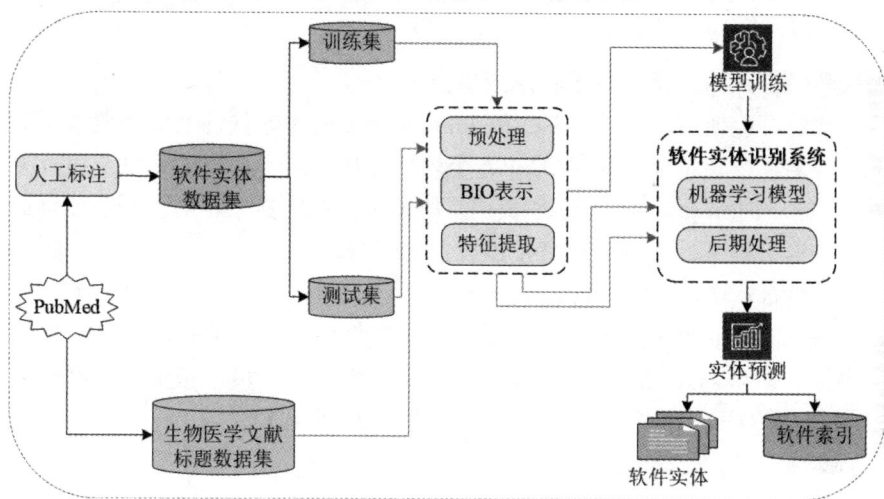

图 5-5　基于机器学习的生物医学文献的软件实体抽取方法

1. 软件实体数据集的构建

通过在标题或摘要中输入关键词"软件""工具""工具包"和"系统"等检索词，从 PubMed 检索 Medline 收集的相关研究文章，选取结果列表中前 1120 篇标题和摘要用于注释。在标注之前制订了详细的软件实体手动注释指南，注释代表软件名称的最长名词短语，包括软件名称、修饰语、缩写和版本号。为了对基于机器学习的软件识别系统进行系统评估，该研究随机选择 2/3 的数据集作为训练集，剩余的 1/3 用作测试集。

2. 软件实体的表示与特征提取

软件名称的识别是 NLP 领域中典型的命名实体识别问题，可以将其视为序列标记问题。句子中的每个词元都可以表示为"B""I"和"O"标签之一。"B"

表示软件名称的开头，"I"表示软件名称中的其他单词，"O"表示软件名称之外的单词，因此该任务的目标就转化为同时查找句子内所有词元的隐藏标签。

在该研究中，作者使用了多种特征来识别软件名称，这些特征大致分为三个方面：

1) 基本特征

词形特征：词干提取后的词元和词元的形状。例如，词元"Medicine"的词形特征是"medicin"和"Aaaaaaaa"。

N-gram 特征：使用窗口大小为[-3,3]的双词(bi-gram)和三词(tri-gram)来表示标记的上下文。

句子特征：句子属性，如句子的长度、开头词的 POS 标记和结尾标点。

前缀-后缀特征：一个词元(token)的前 m 个(m = 1, 2, 3)和后 m 个字符。

2) 领域知识特征

段落特征：词元是否位于标题或摘要中。

字典特征：使用了从 AZTEC 和 SourceForge 收集的软件名称字典来匹配候选的软件名称，该字典包含了 52 496 个软件名称，用于检查词元以及窗口大小为[-2, 2]的双词(bi-gram)是否在字典中。如果它们在字典中，则该特征被设置为字典中的语义类型；否则，该特征被设置为"TK"。

拼写特征：软件名称通常由大小写字母、数字和一些特定标点符号(如"-")混合而成。利用正则表达式规则来捕捉候选软件名称标记的拼写特征，并生成多个特征。如果词元符合某项拼写特征，那么该词元在这一特征上的特征值将被设置为"TRUE"；如果不符合，将被设置为"FALSE"。

3) 无监督词表示特征

词表示特征是从 PubMed 的未标注摘要语料库中生成的。具体来说，它使用神经网络为未标注语料库中的每个词生成了一个分布式词表示，即作为一个实数值向量。根据实数值词嵌入之间的相似性将词元聚类为 1000 个组，并使用这些聚类标签作为特征(词嵌入特征、聚类)。此外，该研究还使用了二值化词嵌入特征(词嵌入特征、离散化)。

3. 软件实体识别系统的训练及预测

该研究使用条件随机场(Conditional Random Fields，CRF)算法来进行软件实体识别。该研究使用一个 JavaScript 脚本为每个词生成了上述特征，并使用训练集训练了 CRF 模型。通过使用不同组合的特征获得了多个模型，这些模型被用来评估这些特征对任务的影响，然后，利用测试集对融合不同组合特征的模型进行评估。

5.4　基于深度学习的科技文献细粒度知识单元抽取方法

为了解决基于统计机器学习的特征选择问题，许多学者将深度学习模型用于信息抽取，如卷积神经网络、时序神经网络和递归神经网络。Li Peilin 等[215]学者将深度学习模型应用于电子病历中，实现命名实体的识别和医疗关系的抽取。余丽等[216]、曾刚等[60]学者基于 Bootstrapping 技术自动构建了大规模的标注语料库，将基于特征增强的 LSTM-CRF 神经网络模型作为术语抽取模型，获取领域标识术语，实现了建立深度学习模型从文本中抽取多类型粒度的知识元。柴庆凤等[217]学者基于深度学习的方法将科技文献的人工特征及其他特征进行融合，有效地提升了知识单元的抽取效率。

相较于基于统计机器学习的知识单元抽取方法，基于深度学习的知识单元抽取方法不需要人工设计大量的特征模板，其能够自动地学习信息抽取的有效特征，同时神经网络的深度结构使得深度学习模型具有更好的表达能力。但是该方法涉及的因素较多，如神经网络的选择、参数的设置等都会影响最后的效果，而且前期需要大量的标注语料进行训练，这导致构建开放域或互联网环境下的信息抽取系统时往往会遇到标注语料瓶颈。为解决上述问题，近年来已经有学者开始研究高效的弱监督或无监督策略，如半监督算法、远距离监督算法、基于海量数据冗余性的自学习方法等。

针对基于规则和基于统计机器学习的知识单元抽取方法存在的人工构建大规模标注语料库成本高昂的问题，余丽等[216]学者提出一种面向文本内容抽取细粒度知识单元的深度学习方法。该法通过引入知识单元与模式的评分模型，有效地控制了 Bootstrapping 的迭代次数，缓解了语义漂移问题，自动构建了一个大规模的标注语料库，降低了人工成本，并成功用于深度学习模型从文本中识别出研究范畴、研究方法、实验数据和评价指标及取值 4 类细粒度知识单元，为情报大数据的智能分析提供了重要的数据支持。本节以该研究为例，对基于深度学习的科技文献细粒度知识单元抽取方法进行说明。

基于深度学习的科技文献细粒度知识单元抽取，包括建立知识单元词库、建立知识单元标注语料库、抽取知识单元实例三个部分，具体如图 5-6 所示。首先，结合领域需求定义细粒度知识单元的类型，并从网络上搜集领域词表，同时补充 Elsevier 的关键词，通过人工分类为每一种知识单元建立词库；然后，针对每种知识单元，基于 Bootstrapping 技术挖掘新的知识单元实例，为文本添加多种知识单元语义标签，构建标注语料库；最后，基于已标注多种知识单元的语料库训练深度学习模型，利用训练好的模型从文本中抽取新的知识单元实例。

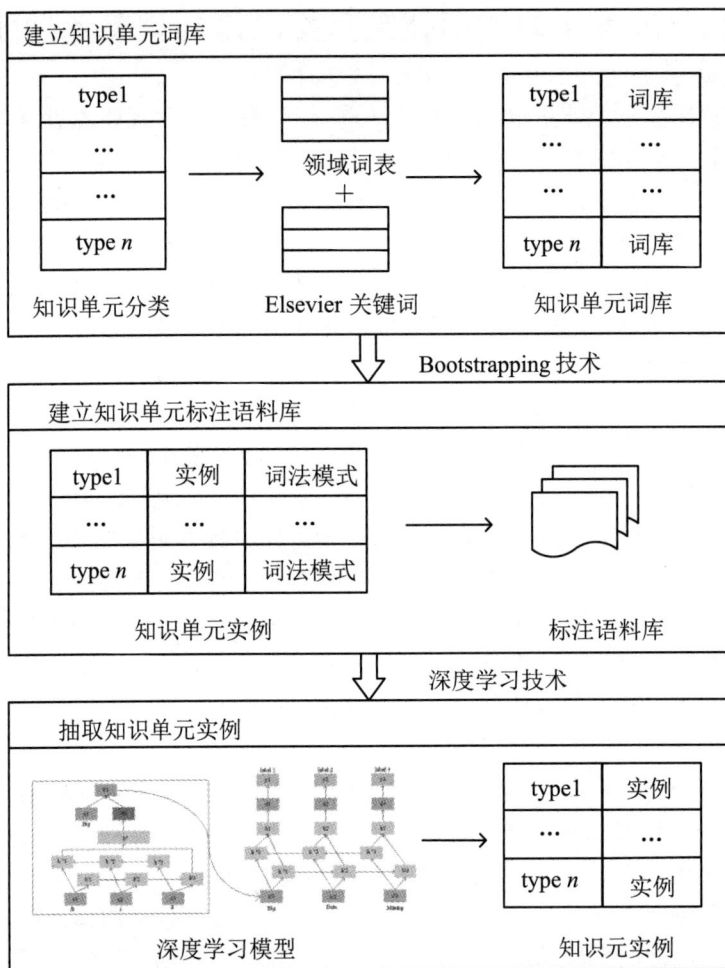

图 5-6　基于深度学习的科技文献细粒度知识单元抽取方法

1. 自动构建标注语料库

深度学习模型需要大规模的标注语料库以训练模型的参数。人工构建标注语料库耗时费力，采用 Bootstrapping 技术构建标注语料库又存在语义漂移的问题。为了降低标注语料库的构建成本，余丽等学者提出改进基于 Bootstrapping 技术自动构建语料库的方法。该方法在 Bootstrapping 每轮迭代的过程中增加了模式评价和知识单元评价，以提升 Bootstrapping 挖掘模式和知识单元的质量，保证多轮迭代的语义一致性。针对指定的知识单元类型 K，自动挖掘知识单元实例，该方法构建知识单元标注语料库的具体步骤如下：

(1) 基于词典匹配的方法，在文本中查找类型为 K 的知识单元词库中的词汇。

(2) 从文本中提取每个知识单元的词法表达式，筛选出新增的词法表达式，加入到类型为 K 的候选模式库中。

知识单元的词法表达式由知识单元的前后词语组成。例如，句子"In this paper，we propose a new approach，Dict2vec，for describing words - natural language dictionaries"中包含类型为"研究范畴"的知识单元实例"describing words - natural language dictionaries"，可抽取"研究范畴"的模式"we propose ([^，;\?：]{1, }) for ()"，还包含类型为"研究方法"的知识单元实例"Dict2vec"，可抽取"研究方法"的模式"we propose a new approach()for"。

(3) 计算每个候选模式的得分，选择得分大于阈值 t_1 的模式加入类型为 K 的模式库 T。

(4) 基于模式匹配的方法，识别文本中类型为 K 的知识单元。

(5) 筛选出新增的知识单元，计算每个新增知识单元的得分，选择得分大于阈值 t_2 的知识单元加入类型为 K 的知识单元词库中。

(6) 循环上述步骤，直到类型 K 的模式库和知识单元词库的数量不再变化为止。

2. 基于深度学习模型抽取知识单元

长短期记忆模型(Long-Short Term Memory，LSTM)因其有效地避免了梯度消失问题，具有长时间范围内的记忆功能，故被广泛用于自然语言处理任务。余丽等学者构建了词语级向量与字符级向量组合的 LSTM-CRF 模型，抽取多类型细粒度的知识单元。模型的网络结构如图 5-7 所示。

(1) 网络结构的最后一层 y 基于 CRF 模型来预测每个词语标注为各类语义标签的概率。

(2) 词语级向量 x_1 直接由词语映射到分布式向量空间得到(如采用 Word2Vec 模型来实现)。

(3) 字符级向量 m 的计算方式为：首先，将每个词语拆分成单个字符，将每个字符映射成一个字符向量；然后，输入 LSTM 模型中，级联前后两个方向的向量表达式，得到 h^*；最后，通过线性变换得到一个词语的多个字符的向量表达式 m。

(4) 词语级向量 x_1 和字符级向量 m 级联得到 x_1'，输入知识单元抽取模型。

(5) 融入字符级向量后，LSTM 模型能有效地利用词语的前后缀信息，以计算未知词语的向量。同时，在 LSTM 模型的顶端还增加了一个隐含层 d，允许模型检测更高级的特征组合，以关注更加泛化的模式。

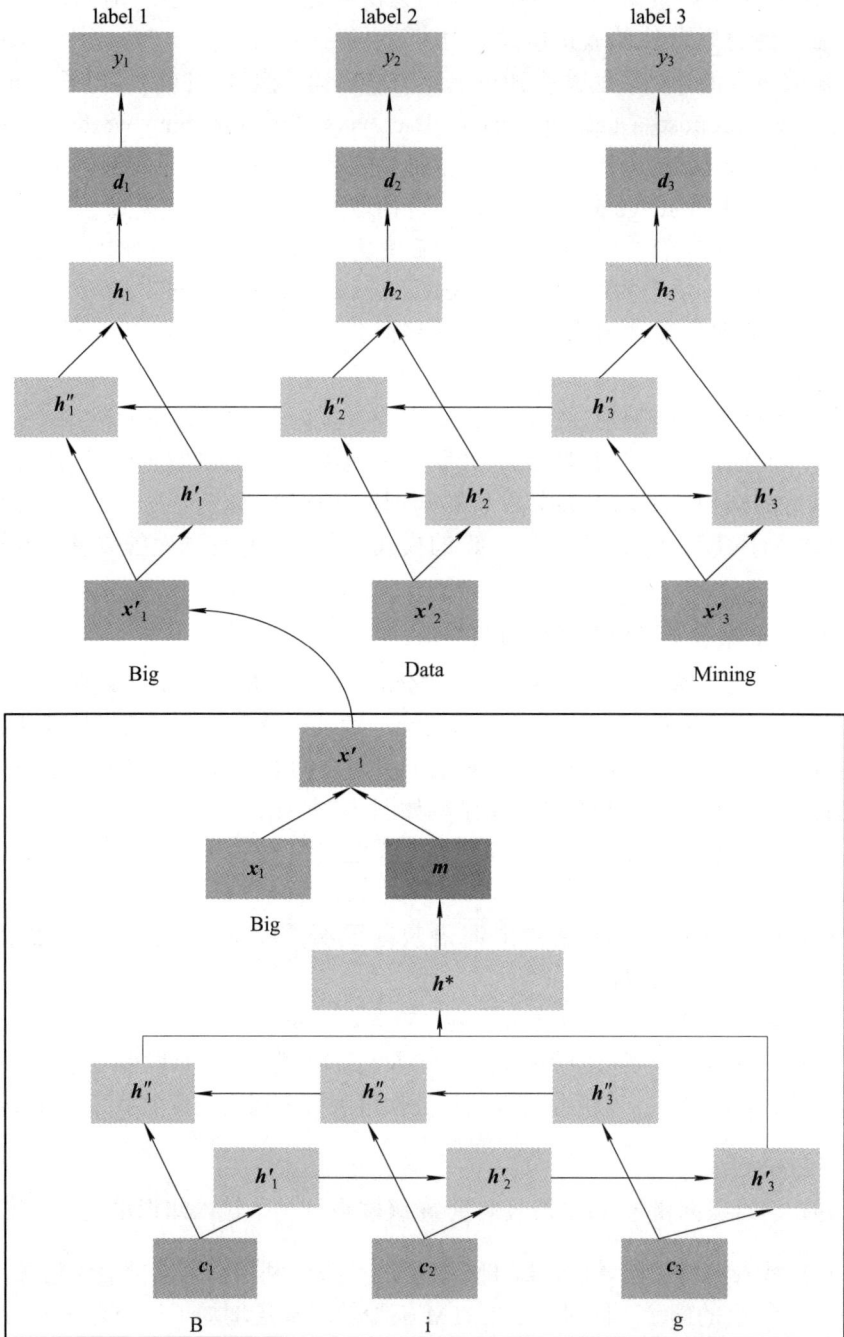

图 5-7　面向细粒度知识单元抽取的深度学习模型的网络结构

5.5　三种抽取方法的优缺点

目前，机器抽取方法主要包括基于规则的知识单元抽取方法、基于统计机器学习的知识单元抽取方法和基于深度学习的知识单元抽取方法，这三种抽取方法的主要优缺点如下[216]：

基于规则的知识单元抽取方法是最早用来识别论文、专利等文献中的作者和机构两类命名实体的方法。该方法的准确率高，应用可行性较高；但不同领域需要语言学专家重新编写规则，耗时费力，并且由于不同领域专家的参与，所制订的规则受学科领域限制，可扩展性不高。引入 Bootstrapping 技术自动挖掘规则的方法，可以将领域专家指定的少量知识单元实例作为种子，自动构建抽取规则，降低规则构建成本。然而 Bootstrapping 技术在多轮迭代过程中容易发生语义漂移，严重影响模板挖掘的质量。总之，有限的规则难以应对语言表达的灵活性，知识的覆盖性和完备性决定了基于规则的知识单元抽取方法的性能。

考虑到基于规则的知识单元抽取方法的诸多弊端，研究者逐步将基于统计机器学习的方法引入情报学领域，并基于决策树(DT)、支持向量机(SVM)、条件随机场(CRF)、马尔科夫逻辑网络(MLN)等模型在诸多领域开展了广泛的研究。基于统计机器学习的知识单元抽取方法对未知信息具有良好的发现能力，在命名实体识别任务中表现突出。然而，大部分利用统计机器学习模型进行特征选择的任务都是劳动密集型的，需要领域专家结合实际需求对不同类型的知识单元分别建立特征模板，且模型训练依赖大规模的标注语料，有限的标注语料中难以体现不常见自然语言描述的规律性。基于统计机器学习的知识单元抽取方法的鲁棒性也受到了考验。

相对于基于统计机器学习的知识单元抽取方法，基于深度学习的知识单元抽取方法不需要人工设计大量特征模板，但仍需大量标注语料进行训练，并且神经网络类型、参数、网络结构、是否有预训练词嵌入、训练、测试与评估数据的比例分配等都会影响抽取效果。基于无监督算法的知识单元抽取虽能够降低领域依赖性，减少人工标注所花费的时间，但当前阶段其可行性不高。神经网络模型，特别是 LSTM-CRF 模型能得到很不错的效果，但在面向学科领域专深实体的抽取中，仍然存在准确率较低的问题，在未来的研究中应加强与领域特征的结合。

5.6　本章小结

科技文献细粒度知识单元是描述科技文献内蕴含细粒度知识的语义单元，其识别与抽取是细粒度知识组织与服务的前提与基础，知识单元抽取的正确与否将直接影响细粒度知识组织与服务的质量。

本章首先概述了文本信息抽取的基本理论，包括信息抽取的基本概念、典型会议以及信息抽取性能的评估指标。然后对基于规则、基于统计机器学习和基于深度学习的知识单元抽取方法的基本原理和关键内容进行了较为系统的介绍，对于基于规则的科技文献细粒度知识单元抽取重点介绍了人工构建和半自动构建细粒度知识单元抽取规则的构建方法，对于后两者重点介绍了知识单元抽取的一般方法。

第六章　科技文献细粒度
组织方法研究

　　在前面的章节中，我们界定了科技文献包含的细粒度知识单元，并对如何描述、表示与抽取这些知识单元进行了详细阐述，为实现科技文献细粒度知识组织奠定了细粒度数据基础。本章将以细粒度知识单元理论为基础，探索如何利用语义网络、智能主题图、关联数据和知识图谱等方法与技术，构建揭示科技文献、知识单元相互之间关系的知识组织方法，为实现科技文献细粒度知识组织提供参考。

6.1　基于语义网络的科技文献细粒度组织方法

　　语义网络(Semantic Network)的概念[218]是由 J. R. Quillian 在 1968 年作为人类联想记忆的显示心理学模型提出的，随后用于人工智能中的自然语言理解，是一种表达能力强且灵活的知识表达方式。语义网络是通过概念及其语义关系来表示知识的一种网络图。从图论的观点看，语义网络就是一个"带标识的有向图"，由节点和节点间的关系链(弧)组成。其中，节点表示实体、属性、事件和状态等概念；关系链(弧)表示概念之间的联系，这一联系可表示属性关系，也可表示空间关系、时间关系、因果关系和逻辑连词等。节点和关系链(弧)都必须带有标识，以便区分各种不同对象以及对象间各种不同语义的联系；每个节点可以带有若干属性，一般用框架或元组表示；节点还可以是一个语义子网络，形成一个多层次的嵌套结构。

　　作为一种强大的知识表示方法，语义网络具有概念化、可视化、语境化和推理化等特征，在知识关系表示与组织方面具有重要优势。

　　(1) 概念化。语义网络的重要功能之一是生成一个认知概念的地图，赋予概念意义，并通过关联来理解每个概念。

(2) 可视化。语义网络不仅方便知识关系表示，还具有强大的可视化能力。语义网络作为一种可视化的信息组织方法，提供导航设施，便于用户对信息空间进行浏览，增强用户对大型信息空间结构的感知，显著降低用户的认知负荷。

(3) 语境化。语义网络采用图结构表达和组织语义信息，将信息单元有意义地链接为网络结构，通过信息和概念之间的关联提供更丰富的上下文情景。

(4) 推理化。语义网络的网络结构为知识单元语义推理建模提供了直观且高效的表示方法，有助于展示知识的潜在逻辑结构。

语义网络在多个领域用于信息组织。例如，在舆情信息管理中，谢彬[219]利用语义网络对舆情信息进行组织和表示，以语义网络中的概念节点表示舆情信息，通过相关概念的互相映射产生增益，从而突出舆情信息主体。在用户信息需求研究中，陈烨和赵一鸣[220]以用户需求信息为节点，以用户需求之间的关系为边，形成用户需求网络，从而组织用户需求信息。在问答系统研究中，刘伟利等学者[221]采用语义网络思想组织社会化问答社区中的答案文本，将答案文本作为网络节点，将文本之间的相似度作为节点之间边的关系，从而提出了一种集聚合、主题可视化和排序于一体的答案文本组织方法。

总体上，用语义网络这种具有强大语义关系表示能力的技术开展信息组织，通常思路是把信息单元作为节点，通过一定方法挖掘出信息单元之间的各种关系，构建节点之间的关系边，从而形成面向特定问题情形信息组织的语义网络。这一信息组织方法有助于在可视化、语境化和推理化方面拓宽知识服务途径，提升服务水平。

6.1.1 基于语义网络的科技文献细粒度组织原理

以科技文献细粒度知识单元为组织对象，采用语义网络方法对科技文献开展细粒度知识组织研究，能为科研人员进行可视化的知识空间浏览、细粒度科技文献检索与获取、科技文献语义关系检索和科研主题趋势分析等科技知识和情报服务提供前期基础。根据第三章科技文献细粒度描述框架、第四章科技文献细粒度知识单元的描述与表示模型，采用合适的知识单元抽取方法，将篇章级科技文献的内容分解为多个细粒度知识单元及其对应的描述要素，并以科技文献细粒度知识单元为节点，以知识单元间的各种关系为边建立语义网络。

李祯静和秦春秀等学者提出了一种基于语义网络思想的科技文献细粒度组织方法[222]。首先，该方法将科技文献的内容分解为多个知识单元；然后，抽取能够表述知识单元主题的主题概念，及知识单元内容中所包含的关键词，即元素概念；最后，采用语义链接网络技术分析这些概念之间的语义关联，进而建立包含科技文献资源层、知识单元描述层及知识单元语义链接层的多层次链接关系，形成科技文献细粒度资源语义空间。该科技文献细粒度资源语义空间，本质上就是一种基于语义网络的科技文献细粒度组织方法。该方法的知识单元语义链接层以细粒度知识单元为节点，以相关语义关联为边，体现了采用语义网络思想开展科技文献细粒度知识单元组织。由科技文献生成科技文献细粒度资源语义空间的形象化描述如图 6-1 所示。

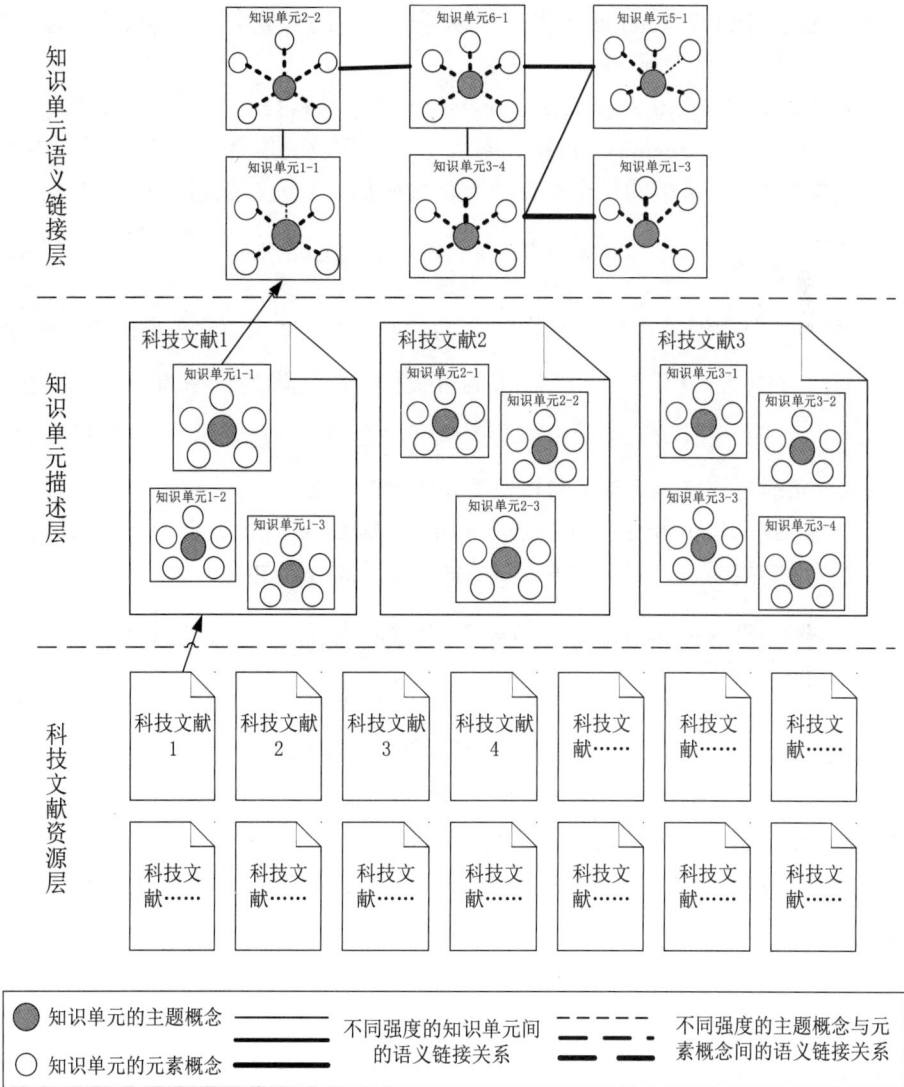

图 6-1　科技文献的资源语义空间示意图

1. 科技文献细粒度资源语义空间的数学描述

科技文献细粒度资源语义空间(RSS)由科技文献资源集合(SL)、知识单元(KuR)和语义链接网络(KuSLN)三要素构成,科技文献细粒度资源语义空间(RSS)的形式化三元组模型可表示为

$$\text{RSS} = (\text{SL}, \text{KuR}, \text{KuSLN}) \tag{6-1}$$

其中:

(1) SL(Scientific Literature)表示该模型所组织的科技文献资源集合,对应图6-1中的科技文献资源层。

(2) KuR(Knowledge unit Representation)表示从科技文献资源中抽取出的知识单元 Ku(Knowledge unit)经过描述与表示后所形成的集合,对应图 6-1 中的知识单元描述层。集合中的每个知识单元都按照如下五元组的形式进行描述:

$$\text{Ku} = (N, \text{Tc}, (k_1, k_2, \cdots, k_n), \text{Con}, \text{Sou}) \tag{6-2}$$

其中,N 为抽取知识单元时所赋予的编号;Tc 为描述知识单元主题的主题概念,表现为一个短语或简单句,也可将主题概念理解为知识单元的标题;$(k_1, k_2, \cdots, k_n)$ 为提取知识单元内容的关键词集合,每个 k_n 表示一个关键词;Con 为知识单元的内容文本;Sou 为知识单元的来源文献。

(3) KuSLN(Semantic Link Network of Knowledge Unit)表示若干知识单元所构建的语义链接网络,对应图 6-1 中的知识单元语义链接层,表示为

$$\text{KuSLN} = (\text{Tc}, \text{Ec}, L_{\text{tc}}, L_{\text{ec}}) = (\text{Tc}, \text{Ec}, (\text{tc}_i, \text{tc}_j, w_a), (\text{tc}_i, \text{ec}_i^n, w_\beta)) \tag{6-3}$$

其中,$\text{tc}_i, \text{tc}_j \in \text{Tc}$;$1 \leqslant i, j \leqslant |\text{Tc}|$;$1 \leqslant n \leqslant |\text{Ec}|$;$0 \leqslant w_a, w_\beta \leqslant 1$;$\text{ec}_i^n \in \text{Ec}$。Tc 表示主题概念集合,每一个节点代表着一个知识单元的主题概念 tc;Ec 表示元素概念集合,每一个节点代表一个元素概念 ec;L_{tc} 表示知识单元主题概念之间的语义关系集合,鉴于用户检索科技文献过程中主要关注关联关系的现实情况,在本研究中主要考虑关联语义关系,每一个语义关系可被描述成一个三元组 $(\text{tc}_i, \text{tc}_j, w_a)$;$\text{tc}_i$、$\text{tc}_j$ 表示两个主题概念;w_a 表示主题概念 tc_i 与 tc_j 之间关联语义关系的权重值;L_{ec} 表示知识单元主题概念与元素概念之间的语义关系集合,同主题概念间的语义关系一样,在本研究中只考虑关联语义关系,每一个语义关系可被描述成一个三元组 $(\text{Ec}, \text{tc}_i, L_{\text{ec}})$;$\text{tc}_i$ 为第 i 个知识单元的主题概念;ec_i^n 为第 i 个知识单元中的第 n 个元素概念;w_β 表示 tc_i 与 ec_i^n 之间的关联语义关系的权重值。

2. 基于语义网络的科技文献细粒度组织方法特征

基于语义网络的科技文献细粒度组织方法形成的科技文献细粒度知识单元语义网络具有的特征如下：

(1) 知识单元具有丰富的语义，有助于促进对科技文献细粒度知识单元的理解和学习。科技文献细粒度知识单元语义网络中的一个个细粒度知识单元本身具有一定的概念意义，而且知识单元之间、知识单元主题概念与元素概念之间建立了语义关联关系，这样将科技文献细粒度知识单元链接为网络结构，从而提供了知识单元解释的框架，使科技文献细粒度知识单元具有更丰富的上下文语义信息，更能促进对科技文献知识单元概念语义的理解和学习。

(2) 形成的科技文献细粒度知识单元的语义空间具有强大的可视化能力，有助于促进用户对资源空间的感知与导航。科技文献细粒度知识单元的语义网络具有空间导航设施，能为用户展示知识单元之间的语义链接，用户可以很清晰地看到知识点之间关联关系的强弱，进而有选择性地进一步阅读，有助于科研人员对科技文献资源空间结构的感知和理解，方便科研人员在科技文献资源空间中进行浏览和搜寻。

(3) 科技文献细粒度知识单元的语义网络以细粒度知识单元为组织单位，而且细粒度知识单元具有丰富的描述要素。例如，知识单元内部的主题概念、关键词、类型、知识单元间的关系等均可作为检索入口，具有丰富的检索途径；对于检索结果，仅仅反馈科技文献细粒度知识单元，而非整篇文本及其外部特征，相对篇章级文献作为反馈结果，可以实现细粒度资源的检索与获取。

6.1.2　基于语义网络的科技文献细粒度组织过程及关键技术

基于语义网络的科技文献细粒度组织过程就是科技文献细粒度知识单元语义网络的形成过程，主要包括以下两个步骤，如图 6-2 所示。

步骤 1：知识单元的抽取与描述。根据第三章的科技文献细粒度描述框架、第四章的科技文献细粒度知识单元的描述与表示模型，采用合适的知识单元抽取方法，从科技文献中抽取相关细粒度知识单元，并根据描述模型为其对应的描述要素赋值，为随后的知识单元间的关系分析和关联做基础。

步骤 2：语义链接网络的生成及可视化。基于知识单元和关联权重值的语义链接网络可以由机器自动生成。生成算法可以采用 X. Wei 和 X. F. Luo 在 2010 年提出的基于文本集合关联规则的关联语义链接网络构建算法[223]。

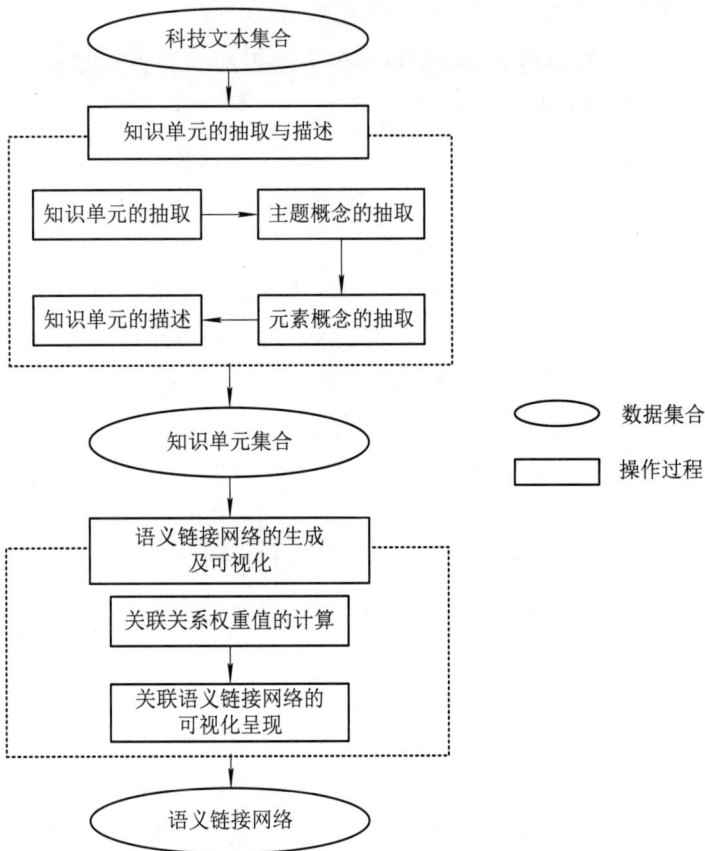

图 6-2　基于语义网络的科技文献细粒度组织过程

1. 知识单元的抽取与描述

首先，采用基于文本结构的知识单元抽取方法，通过对标题、章、节等文本片段物理结构的分析，获得能够描述某一知识点的知识单元；然后，以基于规则的抽取方法抽取知识单元的主题概念，以基于词频统计的方法抽取知识单元的元素概念；最后，将抽取出的内容按照 $(N, \mathrm{Tc}, (k_1, k_2, \cdots, k_n), \mathrm{Con}, \mathrm{Sou})$ 的五元组形式进行描述。

1) 知识单元的抽取

知识单元是能够完整表达知识的最小单元。为了保证科技文献知识表达的完整性与逻辑性，本研究将科技文献的章节划分作为知识单元的抽取依据，即一个章节为一个知识单元。因此，标题识别是其他操作的基础。

步骤 1：识别科技文献一级标题前的序号(0，1，2，…，7)、二级标题前的序号(1.1，1.2，…)及标题后的分隔符(\n)。

步骤 2：计算序号与分隔符之间的字符数。若序号与分隔符之间的字符数不超过 25 个字符，则这些字符便是识别出的标题，保存标题及标题在科技文献中的位置(标题前的序号)，并执行步骤(1)，直至遍历整篇文献；若序号与分隔符之间的字符数超过 25 个字符，则执行步骤(1)，直至遍历整篇文献。

步骤 3：识别一级标题后是否存在二级标题。若存在，则两个二级标题之间的内容即为知识单元内容，一级标题-二级标题为知识单元的候选主题概念；若一级标题后不存在二级标题，则两个一级标题之间的内容即为知识单元内容，知识单元内容前的一级标题为知识单元的候选主题概念。

2) 主题概念的抽取

目前主题抽取有基于规则和基于统计两种方法。基于统计的方法大多基于词频等统计信息，往往忽略了候选词所在的文献的内在逻辑结构，导致主题概念的抽取效果不佳[224]，所以本研究选用人工编写的抽取规则进行主题概念的抽取。

科技文献中的章节标题是作者通过对章节内容的压缩与概括而给出的，目的是向读者传达章节的内容，进而改变读者的认知状态[133]，因此科技文献中的章节标题与内容密切相关，往往最能表达作者的真实意图；然而有些标题不能完整地表达知识单元的主题内容，如章节标题是国内外研究现状，虽可以表明该章节表达的是研究现状[225]，却无法表明该章节所阐述的研究对象。因此，本研究在分析科技文献章节标题的特点的基础上，抽取出不足以表达知识单元主题内容的标题，如表 6-1 所示。

表 6-1 标题抽取规则

标题类别	标题抽取规则
背景理论类	引言/前言/绪论/导言；研究背景(现状/问题)；问题的提出(分析/缘起/背景)；国内外发展状况(研究进展分析/研究与应用现状)；相关/国内外研究(述评/综述)
方法过程类	研究(调查)过程；调查设计(方法/概况)；数据获取/数据来源与样本选择/数据获取与基本描述/数据来源与研究概况；试验设计与分析；调查对象与内容；实验与讨论；研究方法
结论总结类	结(束)语/小结/总结/结论/讨论/思考/对策；启示(思考/对策)与展望(建议/意义/启示/分析)；结论与讨论(建议)；展望；结果讨论；讨论与结论；实践/补充建议；研究述评与启示；发展趋势；研究结论与意义；规划与展望；特点与不足

　　将每个知识单元的候选主题概念与表 6-1 中的标题进行匹配。若匹配成功，说明该候选主题概念不足以表达该知识单元的主题内容，不能作为知识单元的主题概念，则将"文本标题–候选主题概念"作为知识单元的主题概念；若匹配不成功，说明该候选主题概念在一定程度上可以表达知识单元的主题内容，则该候选主题概念即为知识单元的主题概念。

3) 元素概念的抽取

　　元素概念的抽取，是指知识单元内容中具有实际意义的关键词的抽取。很多研究表明词频在反映关键词和文献主题的关系上起着重要的作用[226-227]，因此本研究通过统计词频来提取知识单元中的元素概念。具体抽取步骤如下所述。

　　步骤 1：候选元素概念集合的获取。本研究采用中科院 ICTCLAS 分词系统对知识单元内容进行分词，去除停用词后，得到的候选元素概念集合为

$$Ec' = \{Ec_1, Ec_2, \cdots, Ec_n\} \tag{6-4}$$

　　步骤 2：同义词的归并。本研究选取梅家驹等编写的《同义词词林》作为同义词归并的依据，并选择一个概念 C_j 替换同义词 C_{j_i}，归并后的概念 C_j 在所对应的知识单元内容中的频率的计算公式为

$$(n_j^0)^* = n_j^0 + \sum_{i=1}^m n_{j_i}^0 \tag{6-5}$$

其中，$(n_j^0)^*$ 是同义词归并后的概念 C_j 在所对应的知识单元内容中出现的频次；n_j^0 是同义词归并前概念 C_j 在所对应的知识单元内容中出现的频次；$n_{j_i}^0$ 是概念 C_j 的第 i 个同义词在所对应的知识单元内容中出现的频次。

　　步骤 3：权重值的计算。由于元素概念出现的频率能体现其对主题概念的表现力[228]，因此本研究采用元素概念在知识单元中出现的频率作为其对主题概念贡献的衡量标准。候选元素概念与主题概念之间关联关系的权重值可由公式(6-6)计算得出：

$$w_j^0 = P(C^0 \mid C_j) = \frac{(n_j^0)^*}{N} \tag{6-6}$$

其中，w_j^0 是候选元素概念 C_j 与主题概念 C^0 之间关联关系的权重值；$P(C^0 \mid C_j)$ 表示候选元素概念 C_j 在主题概念 C^0 所对应的知识单元内容中出现的概率；$(n_j^0)^*$ 为候选元素概念 C_j 在主题概念 C^0 所对应的知识单元内容中出现的次数；N 是该知识单元中包含的所有候选元素出现的总次数。

步骤 4：元素概念的确定。将候选元素概念按照权重值的大小排序，设定阈值 θ，要求排在前 $\theta\%$ 的候选元素概念作为元素概念加以存储。

4) 知识单元的描述

经过以上三个步骤的抽取，将抽取出的内容按照五元组 $(N, \text{Tc}, (k_1, k_2, \cdots, k_n), \text{Con}, \text{Sou})$ 进行描述并存储，作为构建语义链接网络的基础。

2. 语义链接网络的生成及可视化

本研究所提出的知识单元语义链接网络由两个概念节点及其之间关联关系的权重值构成，本节将实现两个概念之间关联关系权重值的计算及语义链接网络的可视化呈现。

1) 关联关系权重值的计算

权重值反映了概念之间的关联程度。根据概念特点的不同，本研究采用不同的算法计算关联关系权重值。由于元素概念是知识单元中用来描述主题概念的关键词，因此可选用元素概念在知识单元内容中出现的频率来表示主题概念与元素概念之间关联关系的权重值；主题概念是能够表达知识单元内容的标题，本研究采用基于词耦合对的句子间的相似度来计算主题概念之间的关联权重值。

(1) 主题概念与元素概念之间关联关系权重值的计算。主题概念与元素概念之间关联关系权重值可由元素概念 C_j 在主题概念 C^0 所对应的知识单元内容中出现的概率 w_j^0 确定，计算式见公式(6-6)。

(2) 主题概念之间关联关系权重值的计算。本研究所抽取的主题概念为短语或简单句，因此这里以句子间的相似度作为主题概念之间关联关系的权重值。句子间的相似度用两个句子之间词耦合对的概率来计算。主题概念之间关联权重值的计算包含以下三个步骤：

步骤 1：以两个主题概念为行，以这两个主题概念中所包含的所有元素概念为列，构建矩阵 $\text{TE} = [(\text{tc})_p^i]$。矩阵中的每个元素可由公式 $(\text{tc})_p^i = \begin{cases} 1, w_p^i \neq 0 \\ 0, w_p^i = 0 \end{cases}$ 计算得出，其含义为当元素概念 C_p 在主题概念 C^i 所对应的知识单元内容中出现(即 $w_p^i \neq 0$)时取值为 1；否则取值为 0。以主题概念 C^0 与 C^1 为例构建的矩阵如表 6-2 所示。

表 6-2　主题概念-元素概念矩阵 TE

主题概念 C^i	元素概念 C_i			
	C_1	C_2	$\cdots$	C_{m+n}
C^0	tc_1^0	tc_2^0	$\cdots$	tc_{m+n}^0
C^1	tc_1^1	tc_2^1	$\cdots$	tc_{m+n}^1

步骤 2：从矩阵 TE 中可以得到两个行向量 $TE_1 = \left[tc_1^0, tc_2^0, \cdots, tc_{m+n}^0 \right]$ 和 $TE_2 = \left[tc_1^1, tc_2^1, \cdots, tc_{m+n}^1 \right]$，对两个向量取交集 $TE_1 \cap TE_2$，所得到的向量中 1 代表出现一次词耦合对，对向量中的所有值求和得到 $(m+n)'$，表示两个知识单元中出现了 $(m+n)'$ 个词耦合对。

步骤 3：主题概念之间关联关系的权重值的计算式为

$$w^{01} = \frac{(m+n)'}{m+n} \tag{6-7}$$

2) 语义链接网络的可视化呈现

元素概念集合反映了文本低层次的语义信息。主题概念集合反映了文本高层次的语义信息[87]，中间层次的语义信息通过概念之间的关联关系来表示。在元素概念集合、主题概念集合以及概念之间关联关系集合的基础上，利用可视化呈现算法(见表 6-3)可实现语义链接网络的可视化。

表 6-3　语义链接网络的可视化呈现算法

名称	内　　容
输入	主题概念集合 Tc，元素概念集合 Ec，关联权重值集合 W
输出	知识单元语义链接网络 KuSLN
步骤一	读取主题概念集合 Tc 与元素概念集合 Ec 中的概念，每个概念作为一个节点
步骤二	识别概念间的权重值 w^{ij}。若 $w^{ij} \neq 0$，则在两个节点间连接一条边
步骤三	遍历主题概念集合、元素概念集合与关联权重值集合中的所有元素

6.2　基于智能主题图的科技文献细粒度组织方法

主题图思想与书后索引思想有着密切的关联。1995 年，在由美国图像传播学会发起的 HyTime 应用大会上，学者们提出了采用书后索引隐含的知识结构实现索引的自动合并，这个构想被命名为"主题导览地图"(topic naviation maps)，它是主题图的前身。此后，主题图的概念不断发展，2000 年成为 ISO 和 IEC 联合制定的国际标准《主题地图》(ISO/IEC 13250：2000)。在这个标准中，主题图被定义为一个多维的主题空间。在这个空间里，各个位置表示不同的主题[229]。主题图技术结合了传统知识组织方法和语义网技术的优点，可以用来表达复杂的知识结构，并以元数据的形式表现知识，但主题图只是一种简单的本体语言，其在形式化、推理机制和智能化程度上还有待完善。因此，为了更好地组织和利用大规模的、分布式的、异构和动态的网络知识资源，国外学者提出了增加知识元层的主题图结构[230]，国内学者提出了扩展主题图、扩展主题图工具包以及智能主题图(intelligent topic maps，ITM)的概念[231-232]。智能主题图(ITM)扩展了传统主题图的结构，具有多层次的逻辑结构、智能的推理功能、可视化的导航机制，是一种较好的网络知识组织工具[36]。

1. 智能主题图知识组织的逻辑结构

智能主题图是一种由主题层、聚类层、知识单元层、资源层以及它们之间的相互语义关系组成的，它描述一个领域概念体系的框架，能够正确表达多层次、多粒度和内在相关的知识资源特征，建立相应的逻辑推理规则和语法，进行多资源的知识组织，并获取隐性知识。智能主题图从聚类层、主题层、知识单元层和资源层四个层次对知识进行组织(其逻辑结构如图 6-3 所示)。聚类层每个集群包含几个密切相关的主题，为用户提供有效的导航和浏览机制。知识单元层中的知识单元使用户可以访问到更详细的知识信息。

智能主题图与传统主题图主要有以下差别：

(1) 智能主题图改变了知识多层次、内在相关性特征的表达，在传统主题图的基础上添加了一个聚类层和一个知识单元层，从聚类层、主题层、知识单元层以及资源层四个层次组织知识，表达主题间的关联、知识单元间的关联、主题与知识单元间的关联以及主题与聚类间的关联。

(2) 智能主题图的聚类层对主题进行聚类后，每个集群都包含密切相关的主题，为用户提供有效的浏览和导航机制。

(3) 智能主题图的知识单元层是一个本体层，把资源层和主题层分开，主题间接地指向知识资源，表明了本体和智能主题图的联合。知识单元是知识的最小单元，包含详细的知识信息并提供知识元导航。而传统的主题图仅仅支持主题导航，仅有的主题层很难找到知识点，不能为用户提供十分有效的知识导航。

(4) 传统的主题图只是一个图形索引，缺乏知识推理的能力，无法获取隐性知识。智能主题图应用基于规则引擎的推理机制，具有知识表示与知识推理的功能，可以基于惯例规则或内部规则通过推理获取隐性知识。

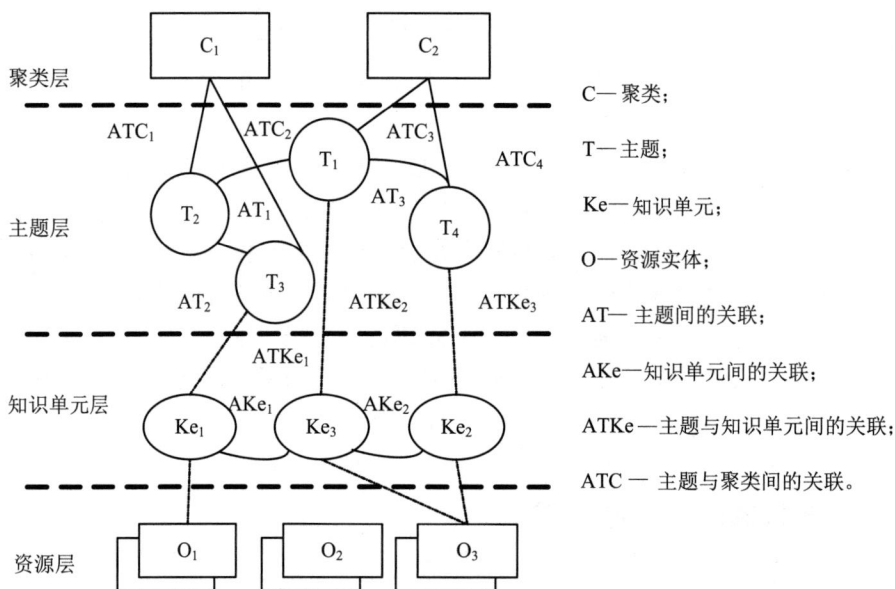

图 6-3   智能主题图知识组织的逻辑结构

2. 基于智能主题图进行科技文献细粒度组织的优势

智能主题图吸收了各种知识组织方法的优点，并分别采纳了本体和语义网的部分思想。基于智能主题图进行科技文献细粒度组织的基本思想是从科技文献中抽取知识单元与主题，实现科技文献内部知识的有效组织，明确体现科技文献信息资源的语义结构，建立知识可视化的有序结构，以便于用户查询。

与其他知识组织方法相比，基于智能主题图进行科技文献细粒度组织的优势主要有以下几点：

(1) 智能主题图既是一种知识组织工具，也是一种知识表现工具。智能主题图采用丰富的语义来表现主题与文本内部的知识及其关联，并充分展示了主题之间、知识单元之间、主题与知识单元之间的关系，它以一种计算机可以理解的形式组织与表示知识，使计算机可以帮助用户处理知识结构。

(2) 实现知识单元导航的功能。知识单元是表达知识的最小单位，包含详细的知识信息，通过主题与知识单元的映射，就能实现对知识单元的导航。当用户进行检索时，能准确定位文献内容中的知识点。

(3) 实现推理的功能。智能主题图不仅是一个图形索引，还能对索引知识进行推理，获取隐性知识。智能主题图拥有基于规则引擎的推理机制，具有知识表示与推理功能，可通过推理获取基于内部规则的隐性知识。

6.2.1　基于智能主题图的科技文献细粒度组织原理

基于智能主题图的科技文献细粒度组织由科技文献的主题、细粒度知识单元及它们之间的语义关系组成，包括主题、主题关联关系、知识单元、知识单元关联关系、主题与知识单元关联关系、科技文献、科技文献与知识单元之间的关系七个要素，能表达知识资源多层次、细粒度的知识资源特征，建立主题、知识单元、文献三者之间的关系[159]。其逻辑结构如图 6-4 所示。

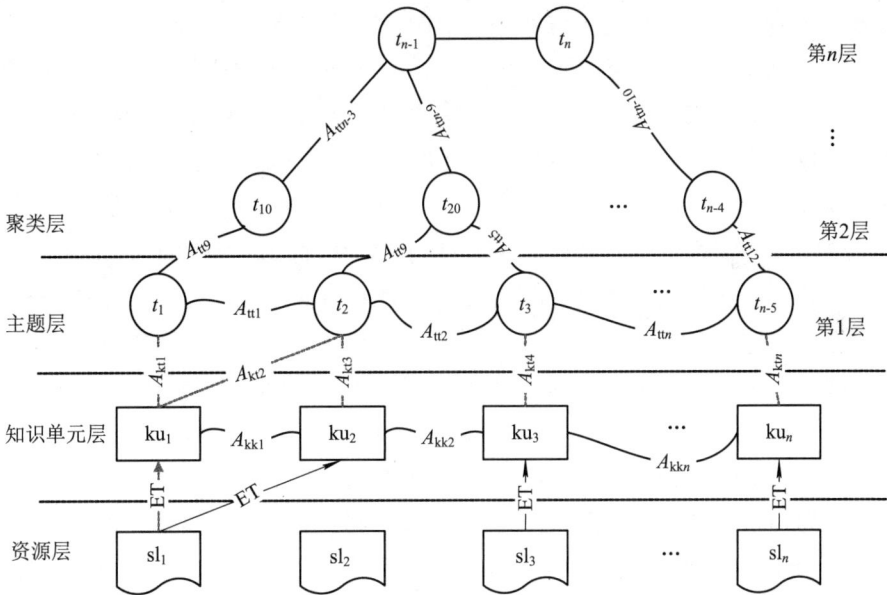

图 6-4　基于智能主题图的科技文献细粒度组织的逻辑结构

基于智能主题图的科技文献细粒度知识的组织方法简称为 TSLM(A Fine-grained Knowledge Organization Model for Scientific Literature based on Topic Map)，它可形式化描述为一个七元组：

$$TSLM=(SL，KU，T，A_{kk}，A_{kt}，A_{tt}，ET) \tag{6-8}$$

(1) SL(Scientific Literature) = {sl$_1$，sl$_2$，sl$_3$，…，sl$_n$} 为该方法所组织的科技文献集合，对应图中的资源层。

(2) KU(Knowledge Unit) = {ku$_1$，ku$_2$，ku$_3$，…，ku$_n$} 为从科技文献中抽取出来的知识单元集合，对应图中的知识单元层。知识单元层由从科技文献中抽取出来的知识单元以及它们之间的关联组成。集合中的每个知识单元按照如下的六元组形式化描述：

$$Ku = (id，st，kw(kw_1，kw_2，kw_3，…，kw_n)，text，type，title) \qquad (6-9)$$

其中，id(identification)为抽取知识单元时所赋予的编号，可以唯一识别该知识单元；st(subject term)为描述该知识单元核心内容的主题词，表现为一个短语或一个短句；kw(keywords)为提取知识单元核心内容的关键词集合，每个 kw$_n$ 表示一个关键词；text 为知识单元的内容文本；type 为知识单元的类型，如研究背景知识单元、研究主题知识单元、实验方法论证知识单元等；title 为知识单元来源文献的标题。

(3) T(Theme) = {t$_1$，t$_2$，t$_3$，…，t$_n$} 为主题集合，从第一层到第 N 层代表主题层和聚类层，层级越大说明该主题概念越抽象，涵盖范围越广，越往下其涵盖范围越小。其中，除顶层无父主题、第一层无子主题外，其他每一层都是上一层主题的子主题，同时也是下一层的父主题。图中同层之间的连线表示主题与主题之间的关系，上下两层主题之间的连线表示上层主题与下层主题之间的隶属关系。

(4) A$_{kk}$ (Association between Knowledge Unit and Knowledge Unit) = { A$_{kk1}$，A$_{kk2}$，A$_{kk3}$，…，A$_{kkn}$} 表示知识单元之间的关系，如创新关系、相关关系、继承关系、属性关系等。

(5) A$_{kt}$ (Association between Knowledge Unit and Theme) = { A$_{kt1}$，A$_{kt2}$，A$_{kt3}$，…，A$_{ktn}$} 表示知识单元与主题之间的联系。

(6) A$_{tt}$ (Association between Theme and Theme) = { A$_{tt1}$，A$_{tt2}$，A$_{tt3}$，…，A$_{ttn}$} 表示主题与主题之间的联系，如整体与局部、类与子类、类与实例等。

(7) ET(Extract)表示知识单元抽取方法，其含义为从科技文献中抽取表示科技文献内容的知识单元。

6.2.2　基于智能主题图的科技文献细粒度组织过程及关键技术

如图 6-5 所示，基于智能主题图的科技文献细粒度组织过程包括主题抽取、知识单元抽取、主体聚类与关联、生成智能主题图四个步骤。

(1) 主题抽取。该步骤对科技文献中的主题进行抽取，抽取结果作为后期构建聚类层的基础。

(2) 知识单元抽取。该步骤对科技文献中的知识单元进行抽取，抽取结果为生成智能主题图作铺垫。

(3) 主题聚类与关联。该步骤将相似度大于给定阈值的主题聚到一起。

(4) 生成智能主题图。该步骤计算知识单元间以及主题与知识单元间的相似度，并结合步骤(3)的结果生成智能主题图。

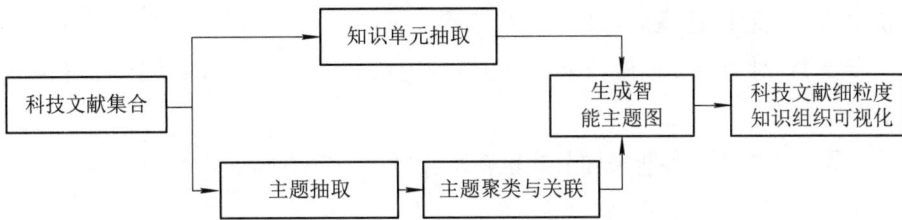

图 6-5　基于智能主题图的科技文献细粒度组织过程

在基于智能主题图的科技文献细粒度组织过程中，采用第五章介绍的基于规则的知识单元抽取方法、基于统计机器学习的知识单元抽取方法、基于深度学习的知识单元抽取方法都可以完成知识单元抽取，这里不再赘述。下面将介绍主题抽取、主体聚类与关联、生成智能主题图三个部分的关键技术。

1. 主题抽取技术

从科技文献中挖掘科学研究主题已成为对科技文献分析的研究热点和核心内容，大量的主题挖掘方法被学者们提出，而潜在狄利克雷分布(Latent Dirichlet Allocation，LDA)是主题模型最核心的模型之一，它是使用最广泛、最具一般性的主题模型。关鹏等学者研究了基于 LDA 主题模型采用不同语料的情况下科技文献主题的抽取效果，研究结果表明，当从科技文献中获得更加广泛、全面的主题时，需选择科技文献中的摘要部分作为抽取主题的语料库。相比其他语料库，LDA 主题抽取的准确度更高，有效主题数更多，抽取的主题语义更清晰[233]。因此应采用 LDA 方法以科技文献的摘要作为语料库进行主题抽取。

由于本研究抽取的主题对应的是所提出模型中的第一层主题，第一层主题希望得到更多主题信息，因此应该选择较多词语。根据 LDA 的思想，本研究主题抽取的具体步骤如下：

步骤 1：将所有文献的 pdf 格式转换为 txt 格式，将每篇文献中的摘要抽取出来保存到新的 txt 文档中。

步骤 2：对 N 篇文档集合中的每篇文档 d 做分词，并过滤掉无意义词，得到语料集合 $W = \{w_1, w_2, w_3, \cdots, w_N\}$。

步骤 3：为语料集合 W 中的每个词 w_i 随机赋一个主题编号 t，作为初始主题。

步骤 4：通过吉布斯采样公式，重新采样每个 w_i 所属的主题 t，并在语料中更新，直到吉布斯采样收敛。

步骤 5：统计语料库中的主题-词共现频率矩阵，这个矩阵就是 LDA 的模型，最后生成文档-主题概率分布。

通过以上步骤，就可得到一个训练好的 LDA 模型。接下来就可以根据模型对新文档的主题进行预估，具体操作步骤如下：

步骤 1：对当前文档做分词，并过滤掉无意义词，对剩下的每个词随机赋一个主题编号 t。

步骤 2：通过吉布斯采样公式重新采样每个词的所属主题 t，并在语料中进行更新。

步骤 3：重复以上步骤，直到吉布斯采样收敛。

步骤 4：统计文档中的主题分布，该分布即为预估结果。

2. 聚类层构建技术

基于智能主题图中聚类层层次化的特点，本研究选用层次聚类的方法对主题进行聚类。层次聚类中采用的全信息匹配算法实现了语法、语义和语用匹配，该方法在查全率、查准率等方面均优于单纯采用语义或语用的相似性算法[84]。主题聚类过程如下所示。

第一轮聚类：假设每个主题为一类，采用全信息相似性算法计算任意两个主题间的相似性，将相似性最大的两个主题聚为一类，这样类别数就少了一个，重新计算新类和旧类(去掉已经合并的两个类)之间的相似度，重复此聚类过程，直到类与类之间的相似性比设定的阈值小。设 L 表示主题层，则 $L_1F_i(1 \leqslant i < m)$ 表示第一个主题层的第 i 个主题(m 表示第一个主题层的主题个数)，$L_2S_f(1 \leqslant f < m)$ 表示第二个主题层的第 f 个聚类数。L_2S_f 可表示为 $L_2S_f = \{L_1F_1, L_1F_2, ..., L_1F_f\}$，其含义是与 L_2S_f 直接相关的主题是由第一层主题组成的。

第二轮聚类：第二轮聚类与第一轮聚类相似。$L_3T_s(1 \leqslant s < m)$ 表示第三个主题层的第 s 个主题。L_3T_s 可表示为 $L_3T_s = \{L_2T_1, L_2T_2, \cdots, L_2T_s\}$，其含义是与 L_3T_s 直接相关的主题是由第二层主题层上的聚类主题组成的。

重复上述聚类过程，直到得到满足条件的聚类主题为止，整个聚类过程结束。主题间的关联在聚类过程中由全信息匹配算法得出。

3. 生成智能主题图

知识单元与知识单元间、主题与主题间以及主题与知识单元间的相似度计算是生成智能主题图的关键。

1) 知识单元与知识单元间以及主题与主题间的相似度计算

知识单元与知识单元间以及主题与主题间的相似度计算采用 H. M. Lu 等[234]学者提出的基于综合信息论的相似性度量方法(即全信息匹配算法)。该方法不仅考虑了语法层次上的相似度计算，也考虑了语义和语用层面的匹配，它的相似性计算过程包含句法匹配、语义匹配和语用匹配三方面。

(1) 句法匹配：通过分析主题或知识单元的组成特征来计算句法的相似度。

当链接一对主题(或知识单元)时，语法相似度 $\text{SIM}_{\text{syntatic}}(w_1, w_2)$ 定义为

$$\text{SIM}_{\text{syntatic}}(w_1, w_2) = \frac{2c}{|w_1| + |w_2|} \tag{6-10}$$

其中，c 表示两个单词中包含的最大公共子字符串的字符数。$|w_1|$和$|w_2|$表示一对主题(或知识单元)的字符数。

(2) 语义匹配：计算同义词的语义相似性。给出一对主题(或知识单元)，假设主题(或知识单元)为词集合，ES 为词与词的相似度值集合= { sv_1，sv_2，…，$\text{sv}_{m \times n}$ }。将 ES 分为四个区间，即 A：[0.0，0.1)、B：[0.1，0.2)、C：[0.2，0.8)、D：[0.8，1.0)。语义相似度定义为

$$\text{SIM}_{\text{semantic}}(w_1, w_2) = \begin{cases} \text{Max}(\text{ES}_D) - \dfrac{(0.2 \times |\text{ES}_A| - |\text{ES}_B|) + \sum \text{ES}_B}{|\text{ES}_A| + |\text{ES}_B|} \\ \text{Max}(\text{ES}_c), \text{ES}_A = \text{ES}_B = \text{ES}_D = \varnothing \end{cases} \tag{6-11}$$

词义相似度定义为

$$\text{SIM}_{\text{sense}} = \beta_1 \text{sim}_{\text{MP}} + \beta_2 \text{sim}_{\text{OP}} + \beta_3 \text{sim}_{\text{RP}} + \beta_4 \text{sim}_{\text{SP}}$$
$$\beta_1 + \beta_2 + \beta_3 + \beta_4 = 1 \tag{6-12}$$

其中，β_1、β_2、β_3、β_4表示权重，sim_{MP} 为主要义原相似度，sim_{OP} 为基本义原相似度，sim_{RP} 为关系义原相似度，sim_{SP} 为符号义原相似度。义原相似度的计算方法见文献[235]。

(3) 语用匹配：计算动态语义的相似度，解决一词多义的问题。它考虑了语言语境中的语用关联。当链接一对主题时，语用相似度定义为

$$\text{sim}_{\text{pramatic}}\left(T_{\text{a}}, T_{\text{b}}\right) = w\,\text{sim}_{\text{pt}}\left(C_{T_{\text{a}}}, C_{T_{\text{b}}}\right) + (1-w)\,\text{sim}_{\text{pk}}\left(C_{K_{\text{a}}}, C_{K_{\text{b}}}\right) \qquad (6\text{-}13)$$

其中，$\text{sim}_{\text{pt}}\left(C_{T_{\text{a}}}, C_{T_{\text{b}}}\right)$ 为集合 $C_{T_{\text{a}}}$ 与 $C_{T_{\text{b}}}$ 之间的相似性，$C_{T_{\text{a}}}$ 是与主题 T_{a} 直接相关的所有主题的集合，$C_{T_{\text{b}}}$ 是与主题 T_{b} 直接相关的所有主题的集合。$\text{sim}_{\text{pt}}\left(C_{T_{\text{a}}}, C_{T_{\text{b}}}\right)$ 的定义如下：

$$\text{sim}_{\text{pt}}\left(C_{T_{\text{a}}}, C_{T_{\text{b}}}\right) = \frac{\sum\sum \text{sim}_{\text{syntatic}}\left(\varphi_1, \varphi_2\right)}{\left|C_{T_{\text{a}}}\right| \times \left|C_{T_{\text{b}}}\right|} \qquad (6\text{-}14)$$

其中，$\text{sim}_{\text{pk}}\left(C_{K_{\text{a}}}, C_{K_{\text{b}}}\right)$ 为集合 $C_{K_{\text{a}}}$ 与 $C_{K_{\text{b}}}$ 之间的相似性，$C_{K_{\text{a}}}$ 为与主题 T_{a} 直接相关的所有知识单元的集合。$C_{K_{\text{b}}}$ 为与主题 T_{b} 直接相关的所有知识单元的集合。$\text{sim}_{\text{pk}}\left(C_{K_{\text{a}}}, C_{K_{\text{b}}}\right)$ 的计算方法与公式(6-14)相同。

2) 提取主题与知识单元间的相似度并生成智能主题图

对于每个知识单元、主题以及聚类层生成的主题，通过下述步骤建立主题与知识单元之间的关联。设主题节点集 $T = \{t_i \mid 1 \leqslant i \leqslant m\}$，知识单元节点集 $\text{KU} = \{\text{ku}_j \mid 1 \leqslant i \leqslant n\}$，知识单元所属主题集 $A = \{a_i \mid 1 \leqslant i \leqslant m\}$，$m$ 表示主题节点数的最大值，n 表示知识单元节点数的最大值。具体提取过程如下：

第一步，建立主题 t_i 与知识单元 ku_j 关联，计算其相关度。如果相关度高于最低阈值，则 $t_i \in A$。A 是知识单元所属的主题集合，即一个知识单元可能与很多主题相关联。

第二步，通过聚类过程将 A_i 扩展到 A_{i+1}，计算 A_{i+1} 中 $t_{i,j}$ 与 $t_{i+1,j}$ 之间的关联。$t_{i,j}$ 表示与第 j 个知识单元相关的第 i 个主题。方法如下：如果 r_1 表示 $t_{i,j}$ 与 $t_{i+1,j}$ 的关联，那么 $t_{i+1,j}$ 和 ku_j 的相关度可表示为 $a_{r_1} * r$，r 表示 $t_{i,j}$ 和 ku_j 的相关度，a_{r_1} 表示权值且 $a_{r_1} \geqslant 1$。如果 $t_{i,j}$ 和 n 个主题存在关联，则计算 $t_{i,j}$ 和每一个主题的相关度。$t_{i+1,j}$ 和 ku_j 的相关度表示为 $\bar{r}/n$，$\bar{r}$ 表示各种相关度的平均值。如果计算得到的相关度低于阈值，则 $t_{i+1,j}$ 和 ku_j 之间不存在关联，不将 t_{i+1} 添加到 A 集合中去。

第三步，重复第二步，直到 A_{i+1} 中的每个主题都处理完成。

6.3　基于关联数据的科技文献细粒度组织方法

关联数据的概念是由万维网的发明者、互联网之父 Tim Berners Lee 于 2006 年首次提出的。他认为通过关联数据技术可以构建语义万维网，并阐述了构建的具体规则和步骤[236]。关联数据是以 URI 作为数据标识，以资源描述框架 RDF 的三元组结构作为数据模型，并基于 HTTP 发布到互联网上的数据应用形式[237]。关联数据作为一种新的数据交换和表示的语义网技术，能够将网络上的非结构化及异构数据转换为机器可处理、可理解的统一标准的结构化数据，为科学实验数据或科技文献的组织提供了良好的基础。关联数据同时强调建立已有信息的语义标注和实现数据之间的关联，具有框架简洁、标准化、自助化、去中心化、低成本的特点，是一种轻量级的语义网解决方案，为构建人机理解的数据网络提供了根本性的保证。

关联数据作为轻量级的语义网实现方法，自提出以来逐渐成为图情界的翘楚。在图书馆、文化遗产、科学数据、政府电子政务等领域得到了广泛应用。

图书馆关联数据应用是以元数据和书目数据的转换为基础的。2017 年，美国国会图书馆将全部馆藏和规范目录从传统的 MARC 书目转换到 BIBFRAME(书目描述框架)并推广使用。在国内，陈涛等[238]学者采用 BIBFRAME 框架对不同形式的作品进行了知识建模，白林林等[239]学者利用 Drupal 平台对以 CNMARC 格式编目的中文古籍书目数据发布为关联数据的过程进行了研究。针对图书馆的特藏，徐晨飞等[240]学者以《方志物产》为研究对象，提出了基于关联数据的方志物产语义知识组织框架，张志美等[241]学者则研究了面向数字人文的辞书《尔雅》关联数据知识组织的实现过程。

在文化遗产方面，敦煌文化遗产吸引了大量学者的关注：王晓光等[242]学者提出了敦煌壁画叙词表关联数据的发布和可视化；程结晶等[243]学者基于关联数据设计了敦煌遗书图像知识关联的组织模式；曾子明等[244]学者也提出了基于关联数据的视觉资源知识组织方法并应用于敦煌文化遗产项目；侯西龙等[245]学者研究了非遗知识组织与关联数据集的构建；夏翠娟等学者基于 BIBFRAME 本体设计了家谱知识服务平台。

在科学数据方面，房小可[246]基于关联数据构建了一个三级科学数据组织模型，将图书馆的科学数据同外部资源链接起来，并以关联数据的形式发布；庄倩等[247]学者构建了以科学实验描述本体为基础的科学数据组织模式，采用 RDF 格式存储了科学实验相关元数据，深入挖掘和揭示了科学数据中各类资源对象的语义内涵与关联关系。

在科技成果组织管理与电子政务方面，夏立新和李成龙[248]提出了基于关联数据的科技报告语义组织与共享框架，构建了科技报告语义描述模型和语义关联模型；段菲菲等[249]学者通过 BIBFRAME 的映射及编码实现了科技成果信息资源的多维度聚合，有效解决了科技成果信息资源的资源孤岛问题；董坤[250]分析了基于关联数据理论与现代信息环境的高校知识资源的分布特征，构建了一个适应新信息环境特点的基于关联数据的高校知识管理体系模型；吕元智[251]利用关联数据构建了电子政务信息资源语义关联组织层次模型，并从设计思想、实现步骤等方面提出了实施对策。

关联数据在图情领域的广泛应用得益于其独特的优势，即将零散的知识信息进行关联组织，展示知识之间的关联关系，提升知识服务水平。关联数据在信息组织中的优势具体可以概括为以下 3 点：

(1) 关联数据是一种轻量级的语义网实现方法，结构简单，适合混搭。关联数据涉及的技术主要是统一资源定位符(URI)、超文本传输协议(HTTP)和 RDF 资源框架。关联技术没有特定的实现方式和技术，只是提出了发布原则和要求，需要遵循四个原则：① 使用 URI(统一资源标识符)作为任何事物的标识名称；② 使用 HTTP URI 使任何人都可以访问这些标识名称；③ 当有人访问某个标识名称时，提供有用的信息；④ 尽可能提供相关的 URI，以使人们发现更多的事物。简单来说，就是使用 RDF 框架描述信息资源，通过 HTTP 的方式去访问，利用 RDF 链接将信息导航至更多相关信息。

(2) 信息之间的语义更加明显，且不仅是单纯的知识链接。关联数据本身不会给信息增加任何含义，其在底层数据间构建了信息与信息之间的链接，以携带语义的方式展现给用户，通过将目前文档 Web 转化成数据 Web，在不同数据间采用 URI 建立关联，最终实现信息资源的有效整合。

(3) 关联数据采用标准化的 RDF 描述信息资源。RDF 是一种用来描述 Web 资源的语言，它将一个资源描述成一组三元组(主语、谓语、宾语)，主语用来表示描述的资源，谓语用来表示主语的某个属性或关系，宾语表示属性的值。主语、谓语都可以用 HTTP URI 来表示，宾语也可以用 HTTP URI 标识另一个资源。

6.3.1　基于关联数据的科技文献细粒度组织原理

科技文献细粒度组织是以科技文献资源内部的知识单元为单位，更加注重揭示科技文献内部知识内容的组织方法。关联数据作为一种链接数据、赋予数据语义的方式，为科技文献知识单元的描述与关联提供了途径，可以在科技文献细粒度知识组织中发挥重大作用。基于关联数据的科技文献细粒度知识组织方法就是要通过对海量、异源、异构信息资源进行精确化抽取、细粒度揭示，利用关联数据技术对细粒度知识进行序化和语义化组织,其核心意义在于实现细粒度知识单元的语义关联。具体而言,基于关联数据的科技文献细粒度知识组织可以分为数据层、语义层或本体层、语义关联层、应用层四个层面[252],其基本框架如图 6-6 所示。

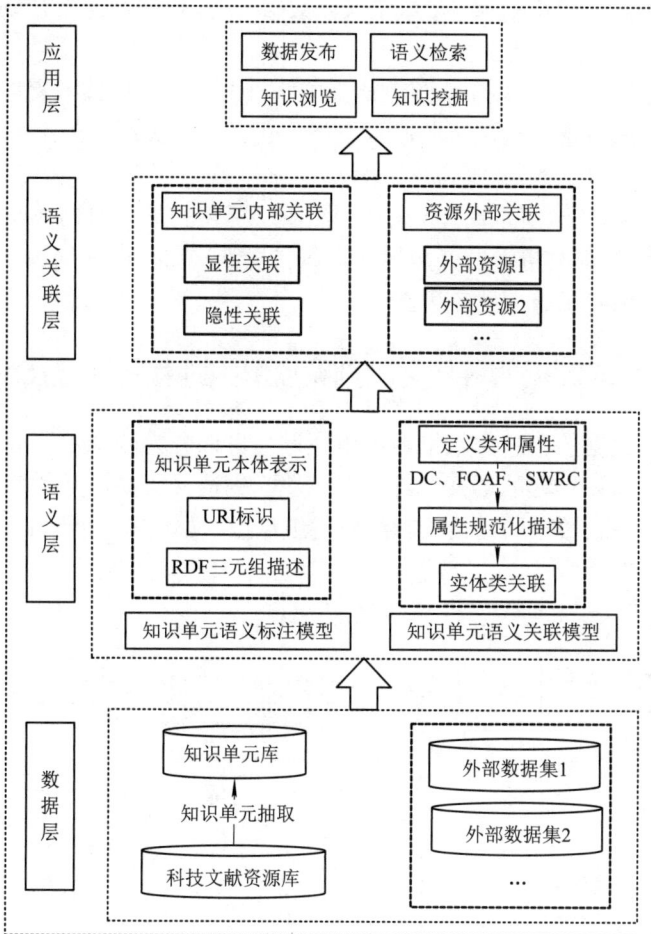

图 6-6　基于关联数据的科技文献细粒度组织的基本框架

(1) 数据层。数据层是细粒度知识组织的基础,一般包括两大部分:本地数据源和外部数据集。本地信息源是指存储于本地的知识单元库,是以各种文献库为基础,根据相应的抽取方法,利用人工或计算机自动抽取出的知识单元集合。外部数据集则是最终与知识单元库进行链接的数据对象集合。

(2) 语义层或本体层。语义层是实现细粒度知识组织的关键。在该层,原始信息一般缺乏明确的形式化定义,在分析知识单元资源特征、知识结构、内容特点的基础上构建相应的语义标注模型，通过继承或复用现有的语义描述框架及本体，构建与各类相关资源相契合的语义关联模型。首先，搭建语义标注模型对知识单元进行资源描述；其次，基于关联数据原则，采用 HTTP URI 标识所有资源；最后，将所有标注后的资源转换为统一的 RDF 格式，借助语义融合的关联模型显性揭示具有语义的 RDF 链接，形成语义元数据网络，同时与网络开放的相关资源建立链接。

（3）语义关联层。在该层，基于语义关联模型以及各种技术支撑工具，实现对知识单元关联数据的构建、关联与发布，包括内部关联、外部关联以及关联维护。

（4）应用层。在该层，基于底层知识组织层提供的基于 HTTP、URI、SPRQL 等技术实现 RDF 封装资源的开放发布与语义检索接口，实现知识的语义检索、知识浏览、知识挖掘等上层应用。

6.3.2　基于关联数据的科技文献细粒度组织过程及关键技术

基于关联数据的科技文献细粒度组织过程可以分为四个步骤：知识单元的抽取与描述、知识单元的语义标注、知识单元的语义关联以及关联数据的发布与应用。基于关联数据的科技文献细粒度组织过程如图 6-7 所示。

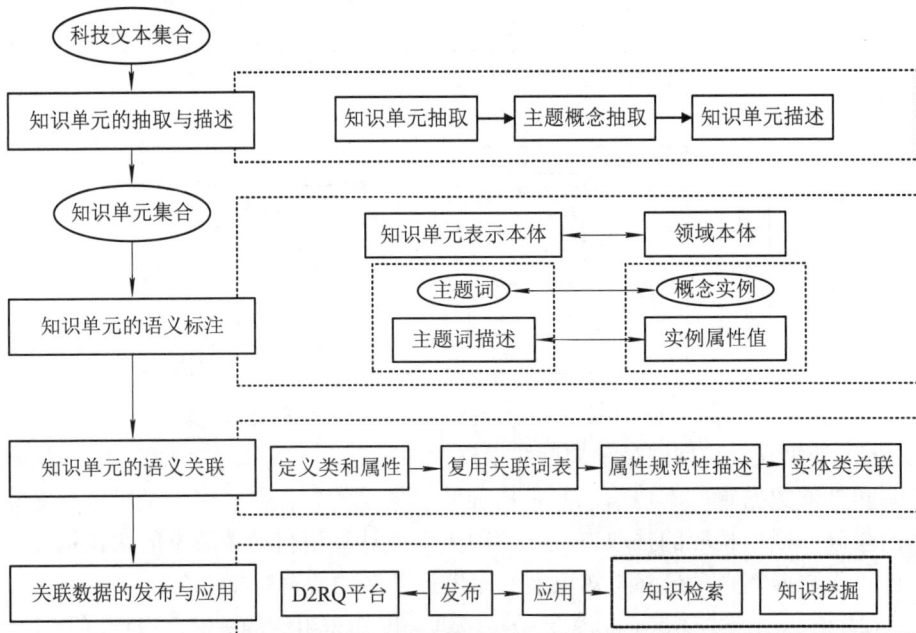

图 6-7　基于关联数据的科技文献细粒度组织过程图

下面我们将重点阐述知识单元的语义标注、知识单元的语义关联以及关联数据的发布与应用三个部分的关键技术。

1. 知识单元的语义标注

语义标注指的是通过语义元数据(通常是本体,也可以是 XML 的元数据、RDF、OWL 等语义描述)为 Web 资源(网页、文档、图片等多媒体资源)添加语义信息的过程[253]。科技文献的语义标注就是借助领域本体,将科技文献中的相关内容与本体中的知识元(概念或关系)进行链接[254]。目前已有较多学者对科技文献的语义标注模式和方法进行了研究。牛丽慧和欧石燕[255]提出了一个聚焦于描述科学论文论证过程的语义标注框架;孙建军等[254]学者从学术文献标注本体构建、学科领域本体构建、标注本体与领域本体关联实例三个方面构建了一个面向学科领域的学术文献语义标注框架;吕叶欣等[256]学者深入知识单元粒度,构建了基于本体(知识单元表示本体、领域本体)和关联数据的知识单元组织框架。

在科技文献知识单元的语义标注模型中,大多数学者采用知识单元表示本体与领域本体相结合的方式进行科技文献知识单元的语义标注。知识单元表示本体提供了一种知识表示框架,以层次表达的方式规范描述知识单元的内容、出处、元数据等,实现了知识的形式化表示[257]。领域本体提供了其所在领域知识的标准性描述,即领域知识的元数据或规范术语集,可在内容层面丰富领域资源的语义关联关系[258]。采用两种本体相结合的方式可为知识单元的语义标注提供系统的标注框架,能更好地促进隐性的知识挖掘。

采用知识单元表示本体与领域本体相结合的科技文献细粒度知识单元语义标注模型如图 6-8 所示[256]。该模型主要包括知识单元表示本体设计、领域本体构建以及两者之间的关联表示三方面内容。

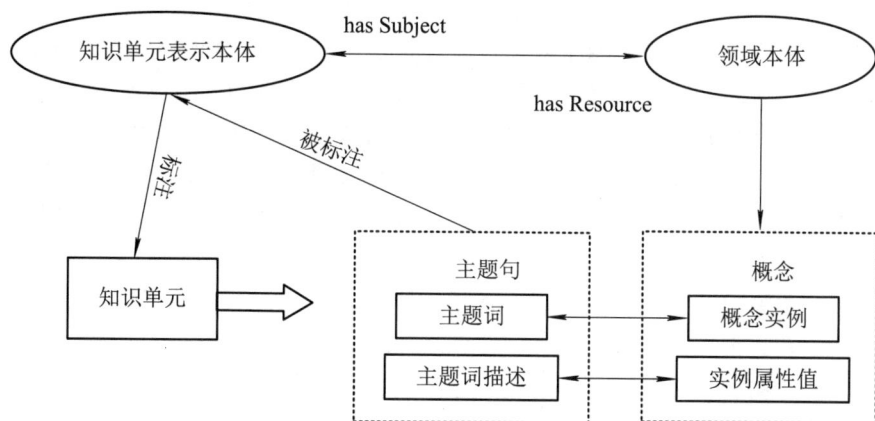

图 6-8　科技文献细粒度知识单元语义标注模型

(1) 知识单元表示本体构建。根据第四章提出的科技文献细粒度知识单元描述的功能层次结构模型，采用三层 13 个要素描述科技文献细粒度知识单元。其中，管理层包括编号、来源、作者、发表时间、出版单位 5 个要素；描述层包括名称、类型、类别、关键词/主题词、内容表示 5 个要素；结构层包括知识单元在来源文献中的位置结构、与来源文献内部知识单元的关系、与外部其他知识单元间的语义关系 3 个要素。

(2) 领域本体构建。采用 Protégé 工具及本体描述语言 OWL 建立领域本体，通过 Jena 技术完成对领域本体的解析[259]，从而实现对计算机的访问、操作和语义推理。构建领域本体时，应尽可能地复用已有知识资源来获取领域概念，如叙词表、分类表以及本体等。

(3) 知识单元的描述本体和领域本体之间的关联。知识单元的描述本体使用对象属性 has Subject 实现从知识单元到领域本体的关联，领域本体使用对象属性 has Resource 实现从概念到知识单元的关联，从而将知识单元实例中的主题词同领域本体中的概念实例关联起来，通过领域本体构建丰富的语义关联，利用推理机挖掘知识间的隐性关联。

标注和映射的知识单元链接成具有本体语义的知识网络，存储于知识库中，为实现知识推理和语义检索提供基础。

2. 知识单元的语义关联

基于本体的语义标注虽可实现对知识单元的细粒度知识进行组织和语义标注，但并不支持资源本身的开放获取，关联数据作为语义网中使用 URI 和 RDF 发布、分享、连接各类数据、信息和知识的最佳实践，能满足资源间广泛关联与开放的知识组织需求，帮助用户挖掘不同领域的知识资源，建立多维度的知识链接[260]。

知识单元语义关联模型主要通过对各类实体的元数据项进行分析和抽象，找出语义关联性，定义类及类的属性，尽可能复用现有的元数据或本体相关词汇，如 DC、FOAF、SWRC 等对各类属性进行规范化描述，并对特定需求的属性进行扩展。属性包括表达概念之间关系的对象属性和表达概念特征的数据属性。通过将对象属性与其他实体类进行外部关联，可建立各类型资源间的语义关联。

吕叶欣等学者根据单元信息本体描述模型，选择抽取了单元信息(ui：Uint Information)、来源文献(ui：Resource Document)、学科人物(foaf：Person)3 个核心实体类并初步建成了单元信息关联模型。单元信息关联模型核心类的部分属性如表 6-4 所示。

表 6-4　单元信息关联模型核心类的部分属性

类名	标识	数据属性	对象属性
单元信息类	ui：Unit Information	UID(dcterms：identifier) 题名(dcterms：title) 类型(dcterms：type) 格式(dcterms：format)	创建者(dcterms：creator) 主题(dcterms：subject) 来源文献(dcterms：isPartof)
来源文献类	ui：Resource Document	RID(dcterms：identifier) 文献类别(dcterms：type) 题名(dcterms：title) 出版者(dcterms：publisher) 出版日期(dcterms：date)	单元信息(dcterms：hasPart) 创建者(dcterms：creator) 主题(dcterms：subject)
学科人物类	foaf：Person	姓名(foaf：name) 性别(foaf：gender) 职称(foaf：title) 从业单位(swrc：affiliation)	研究方向(foaf：topic_interest) 作品(swrc：publication) 单元信息(foafx：createdUI)

根据上文定义的实体类及属性，添加相应的关联条件：

(1) 构建来源文献与单元信息间的关联。单元信息类、来源文献类的属性主要复用 DCMI 的部分核心元素，通过互逆属性 dcterms：has Part 和 dcterms：isPartof 描述来源文献与单元信息间的整体与部分关系。

(2) 构建著者关联。单元信息类、来源文献类通过对象属性 dcterms：creator 与人物类建立著者关联。

(3) 构建作品关联。人物类重用 foaf：Person、swrc：FacultyMember 的部分核心词汇进行语义描述。通过扩展属性 foafx：createUI 和对象属性 swrc：publication 分别建立与单元信息类、来源文献类的作品关联。

(4) 构建主题概念关联。通过 foaf：topic_interest 描述著者的研究领域，与主题概念建立关联关系。

这里所介绍的知识单元语义关联模型是一种较为一般的模型，当选定某一具体领域时，可根据领域的资源的特点增加新的实体关系，构建语义化程度更高的关联模型。

3. 关联数据的发布与应用

在 Tim Berners-Lee 提出关联数据的概念以后，2009 年他公开发表了关联数据发布的四个基本原则，这正是关联数据的核心技术所在，也是语义网走向实

践的具体一步[261]。四个原则如下：一是使用 URI 给所有资源命名；二是使用
HTTP URIs 协议，所有用户都可以定位到这些资源；三是当用户访问某个 URI
时，可以利用一定标准的方法获取与该对象相关的信息；四是尽量提供所有的
与被访问对象相互关联的 URI 链接，使人们获得更多相关事物。

　　基于这四个基本原则，可以利用多种工具发布关联数据。例如，董坤[262]基于
D2RQ 平台实现了关系数据库到 RDF 关联数据的语义映射，实现了高校知识资源
的关联数据发布；夏立新和李成龙[248]使用 D2R 实现了科技报告关联数据的构建
与发布，共发布了科技报告(paper)、科研人员(author)、科研项目(project)、科研
机构(organization)四类数据；徐晨飞等[240]学者采用 OpenLink Virtuoso 这一典型
Triple Store 作为数据库管理软件，基于 Virtuoso 数据库，遵循关联数据发布的四
个原则，通过配置服务器对外进行方志物产关联数据的发布。

6.4　基于知识图谱的科技文献细粒度组织方法

　　知识图谱是一个以真实世界中存在的实体或概念为节点，通过实体或概念
之间的语义关系链接而形成的语义知识库。它以实体、概念以及属性作为基本
组成单位，通过实体与实体、实体与属性之间的关系来构成类似于网状的结构
化知识库，以便于信息的检索和知识的推理[263]。知识图谱的广泛应用推动了知
识表示、查询理解、知识问答等领域的发展。赵一鸣认为知识图谱不仅是知识
工程领域的一个最佳实践，更是一种知识组织系统，应该纳入信息资源管理领
域知识组织研究的范畴[264]。

　　目前，国内外学者利用知识图谱在知识组织方面展开了一系列研究，其研
究主题大致可分为以下几方面：

　　(1) 以科技文献为数据基础从中抽取知识并对其进行序化组织，构建知识图
谱。一些大型出版商以科技文献数据为基础构建知识图谱，如 Springer Nature
的 Sci Graph 不断地在期刊/文章、书籍/章节、组织、机构、专利、事件、引
用网络、Altmetrics、研究数据集等方面扩展数据，其目标是创建学术领域最
先进的关联数据聚合平台，为相关企业和研究领域提供可重用的知识[265]；
Elsevier 基于其丰富的数据和内容资源，如论文、图书、引文、作者、机构、
基金、化学物质、药物、EHRs 等构建面向化学、生命科学和医疗健康等的知
识图谱[266]；清华大学 AMiner 利用信息抽取方法从海量文献及互联网信息中
自动获取研究者相关信息并建立了研究者描述页面，提供搜索、学术评估、
合作者推荐、审稿人推荐、话题趋势分析等多样化服务[267]。开放学术组织

(Open Academic Society)发布的开放学术图谱(Open Academic Graph，OAG)[268]是一个大型的学术知识图谱，连接了两个亿级学术图谱——微软学术图谱(Microsoft Academic Graph，MAG)和清华大学的 AMiner，致力于提供完全开放、免费的公开学术图谱。

(2) 基于知识图谱的非物质遗产领域的知识组织研究。较多学者基于非物质文化遗产领域知识的特点，探讨了领域知识图谱对非遗领域知识组织的适用性，并利用知识图谱技术对零散的非遗知识进行组织和管理。例如，Dou 等[269]学者构建了基于领域本体的中国非物质文化遗产知识体系并构建了知识图谱；赵雪芹等[270]学者探讨了领域知识图谱在非遗档案知识组织中的适用性，并以"华县皮影"非遗档案资源为例进行了实证验证。

(3) 基于知识图谱的网络信息资源组织。随着知识图谱技术的出现，学者们探讨了知识图谱技术在网络信息资源组织方面的可行性，并基于知识图谱对网络学术资源、网络舆情信息等方面的知识组织框架进行了研究。例如，卢恒等[271]构建了基于知识图谱的网络社区学术资源深度聚合框架；娄国哲和王兰成[272]提出了基于知识图谱的网络舆情知识组织架构，实证研究表明所提方法可以提供更为精确化的网络舆情信息管理能力；袁荣亮和姬忠田[273]提出了基于深度学习的网络信息资源知识图谱研究思路，并详细阐述了社交网络舆情知识图谱的构建思路；熊建英和涂敏[274]构建了基于知识图谱的网络大数据信息组织方式，利用知识一致性对社交媒体内容的可信性进行了自动审查。

(4) 基于知识图谱的教育领域知识组织研究。该方面的研究主要结合各学科知识的特点，利用知识图谱技术实现学科知识点间的关联构建，并形成整体的知识网络结构，以实现对各类学科知识的组织与发现。例如，李艳茹等[275]学者提出了一种 CRA 模型，并基于该模型对高中数学课程知识图谱进行了构建与展示；李艳燕等[276]学者在总体流程、学科知识自动获取及学科知识融合方面讨论了知识图谱在智慧教育中的构建路径；翟龙[277]提出了基于本体的高中物理知识图谱的构建过程，并设计开发了在线智能学习系统；李光明[278]使用本体构建了初中化学知识图谱与知识点的可视化查询系统，他的研究发现知识图谱能够增强学生把握化学整体结构和知识点间关联的能力。

综上所述，我们可以认为，科技文献知识图谱在本质上仍然是一种知识组织系统[279]，能有效地促进相关资源的关联和融合。当前的科技文献知识图谱侧重在概念或实体及其之间关系的构建上，可在一定程度上为科技文献细粒度知识单元的组织提供方法。

6.4.1 基于知识图谱的科技文献细粒度组织原理

知识图谱是结构化的语义知识库，它以符号形式描述物理世界的概念及其相关关系，其基本组成单位是实体-关系-实体三元组，以及实体及其相关属性——值对。实体间通过关系实现相互连接，构成网状的知识结构[280]。科技文献知识图谱可以看作一张由科学文献知识单元集合构成的网络，网络中的节点代表文献知识单元，节点间的连线代表知识单元之间的关联关系[281]。基于知识图谱的科技文献细粒度组织，本质上是采用知识图谱技术对科技文献内蕴含的细粒度知识单元进行标引与序化，形成网状的科技文献知识单元结构，进而获得真正的科技知识语义库[282]，改观传统的文献载体库。因此，基于知识图谱的科技文献细粒度组织，可以简单地理解为科技文献知识图谱的构建过程。科技文献知识图谱构建的基本原理就是通过对样本文献集进行解构，提取出待分析的知识单元，然后根据知识单元间的属性特征和关联类型进行重构，形成不同意义的网络结构。根据文章在线学术资源中知识图谱的应用研究综述[283]，基于知识图谱的科技文献细粒度组织原理如图 6-9 所示。

1. 科技文献数据获取

数据获取是构建知识图谱的基础，数据源主要源于现有的科技文献数据库，包含三种数据类型：① 非结构化数据，此类数据主要是指 PDF、CAJ 等格式的学术论文、期刊和科研报告等；② 半结构化数据，此类数据主要是指科研网络等网页中的日志文件、XML 文档、JSON 文档、E-mail 邮件等；③ 结构化数据，此类数据主要是指科技文献库中的关系型数据、科技论文中的表格数据等。

2. 知识抽取

知识抽取是构建知识图谱的首要任务，是指通过自动化或半自动化的知识抽取技术，从原始数据中获得实体、关系及属性等可用知识单元，为知识图谱的构建提供知识基础[284]。

3. 知识融合

知识融合是对从多个数据源中抽取出的知识单元进行融合。知识融合涉及的技术主要包括实体链接和知识合并。实体链接是解决知识融合过程中经常出现的实体歧义问题的一种技术，它能够实现将从文本中抽取得到的实体对象链接到知识库中对应的正确实体对象[285]；知识合并强调的是针对结构化数据(如外部知识库和关系数据库)的整合。

4. 知识加工

经过知识抽取和知识融合后得到一系列事实表达，需要经过知识加工之后才能得到最终结构化、网络化的知识体系。知识加工主要采用本体构建技术、知识推理技术和质量评估技术[283]。

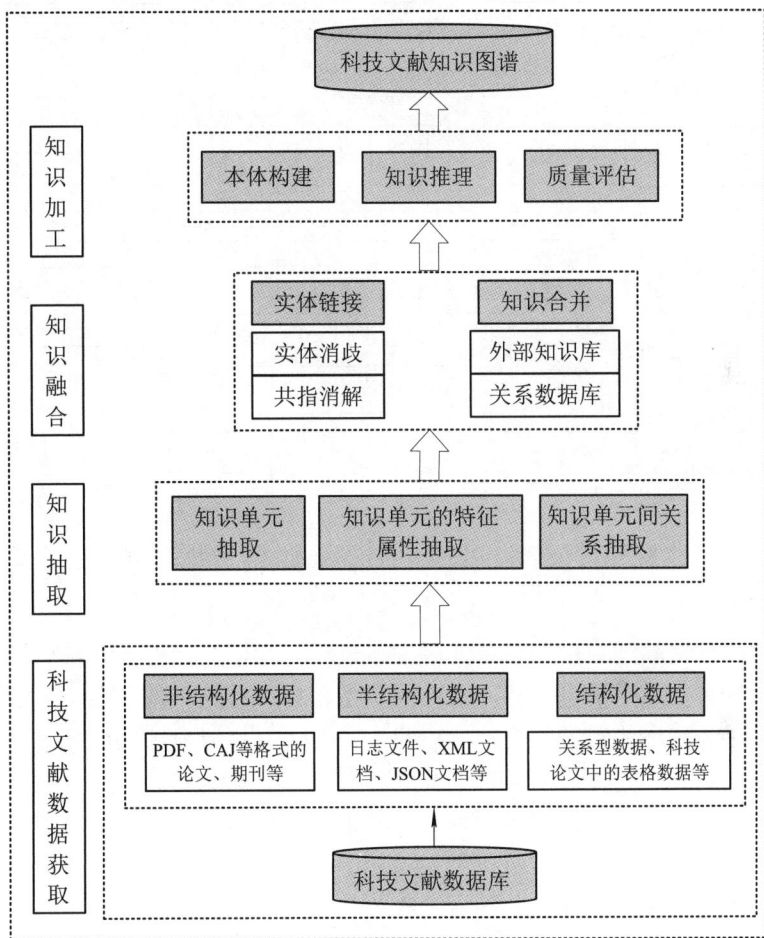

图 6-9　基于知识图谱的科技文献细粒度组织框架

6.4.2　基于知识图谱的科技文献细粒度组织过程及关键技术

基于知识图谱的科技文献细粒度组织过程通常包括知识单元抽取、知识融合、知识加工、知识存储与可视化四个重要过程。其具体内容如图 6-10 所示，其中知识单元抽取技术在第五章已经做了详细说明，下面我们将重点阐述知识融合、知识加工的关键技术。

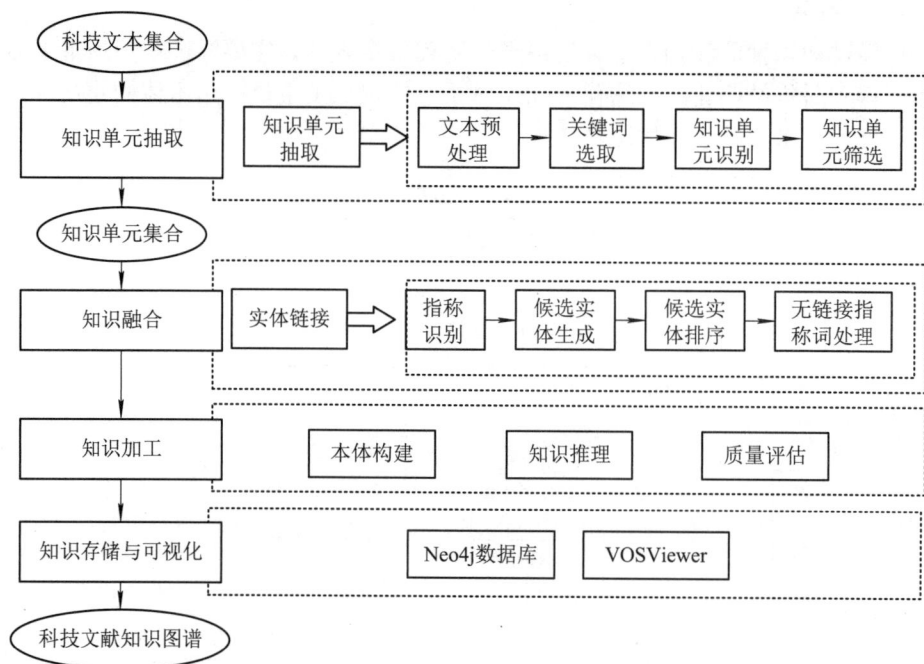

图 6-10　基于知识图谱的科技文献细粒度组织过程图

1. 知识融合

通过科技文献细粒度知识单元的抽取过程，我们可以得到一系列知识单元实体、属性和关系的信息，然而这些信息是相对孤立的，甚至由于来源不同，存在很多错误和不相容的情况，所以我们需要进一步清理这些数据，然后将它们进行融合，最终形成高质量的知识图谱[286]。知识融合包括实体对齐、实体匹配、实体链接、知识合并等多项内容，其中最关键的技术是实体链接技术，它将三元组中的知识单元实体链接到知识库中的实体对象上，使它"活"起来，真正赋予了这些实体在现实世界中的意义[287]。

实体链接是解决知识融合过程中实体歧义问题的一种技术，它将从科技文献中抽取的知识单元实体对象链接到知识库中正确的实体对象上[285]。根据对指称词处理方式的不同，实体链接方法可分为单实体链接方法和多实体链接方法两种。单实体链接是指对于文本中的一个指称词进行链接时只考虑指称词上下文的相似度等局部特征；多实体链接是指对文本中的多个指称词进行消歧时，在局部特征的基础上使用指称词间的关系等全局信息[288]。根据实体链接采用的信息不同，实体链接方法可分为基于实体属性的实体链接方法、基于实体流行度的实体链接方法、基于实体上下文的实体链接方法与基于外部证据的实体链接方法。这些实体链接方法的优劣势比较如表 6-5 所示[289]。

表 6-5　实体链接方法的对比分析

方　　法	特　　点	优　　势	不　　足
基于实体属性的方法	利用属性的语义相似度判断是否同一实体	实体属性信息丰富时准确率较高	未考虑实体属性稀疏性与存在噪声的问题
基于实体流行度的方法	利用互联网上实体流行度判断是否同一实体	算法简单,复杂度较低	未考虑实体歧义性,鲁棒性较差
基于实体上下文的方法	利用实体相关上下文判断是否同一实体	减少实体歧义性,鲁棒性较好	实体属性稀疏性与噪声导致准确率下降
基于外部证据的方法	通过挖掘实体相关证据,并结合实体上下文信息判断是否同一实体	算法的灵活性与扩展性较好	对证据质量的依赖性较强

对于不同的数据集与场景,实体链接的操作流程不尽相同,但实体链接任务按步骤可大致分成指称识别、候选实体生成、候选实体排序、无链接指称词处理四个部分[290]。

(1) 指称识别。实体链接首先需要识别出文本中的实体指称词。实体指称词既可以是单个词,也可以是短语。不同于命名实体识别任务,实体链接首先要识别出文本中的指称词,然后将指称词与候选实体进行对比,进而找出正确的实体。

(2) 候选实体生成。候选实体生成用于通过指称词从知识库中寻找合适的实体并作为候选实体,它是候选实体排序的前一步和基础,该过程将命名实体识别的结果当成指称词,然后根据指称词的相关特征从知识库中找回更多的相关实体。

(3) 候选实体排序。候选实体排序方法按照方法类型可以分为以下几类:传统非协同方法、传统协同方法、深度学习非协同方法与深度学习协同方法等。

(4) 无链接指称词处理。

在上述流程中,如果一个指称词在候选实体生成阶段没有生成对应的候选实体,我们把该指称词称为无链接指称词,又称为 NIL。对于 NIL 指称词,可采用聚类的方法将名称相似的词语进行聚类,进而从中发现新实体。

2. 知识加工

经过科技文献知识单元抽取和知识融合得到一系列知识表达之后,需要经过知识加工才能得到最终结构化、网络化的知识体系。如表 6-6 所示，知识加工主要包括三项任务：本体构建、知识推理和质量评估。

表 6-6   知识加工的主要任务

知识加工任务	目 的	主 要 方 法
本体构建	构建知识数据模型和层次体系	人工编辑、实体相似度自动计算、实体关系自动抽取等
知识推理	推断未知知识，对知识图谱进行补全	逻辑规则、嵌入表示、神经网络
质量评估	保障知识的高质量	设置奖励机制或剔除低质量样本

(1) 本体构建主要用于描述知识图谱的数据模式(Schema)。根据本体构建过程的自动化程度，常用的本体构建方法分为手工构建、半自动构建及自动构建[284]。学者们考虑科技文献资源的概念时间、研究特征等特有属性，从不同角度构建了科技文献资源本体。例如，Ren[291]将概念与人类专家的知识整合到本体构建中，并考虑了概念的时间属性；Zhu 等[292]学者基于学术研究特征构建了本体 FARO，该本体具有描述动态和静态研究特征以及建立社交网络的能力；Wang 等[293]学者基于主题层次聚类的方法构建了本体结构，提出了基于上下位词抽取模型和单词共现网络的主题聚类算法，克服了主题模型在短文本类型数据上抽取效率和准确率低的问题。

(2) 知识推理是指针对知识图谱中已有事实或关系的不完备性，挖掘或推断出未知或隐含的语义关系，进而丰富和拓展已有的知识网络。知识推理是知识图谱补全的重要手段[294]。一般而言，知识推理的对象可以为实体、关系和知识图谱的结构等。目前，针对科技文献知识推理方面的研究还处于初期阶段，已有研究多集中在基于规则的推理上。其中，聂卉[295]重点研究了 SWRL(Semantic Web Rule Language)的推理机制和实现策略，通过在 SWRL 的基础上融合内容相似度计算来识别学术文献之间的内容关联，使本体中的语义联系得以扩展，推理结果更趋完善，同时提高了内容计算的准确率，对在科技文献知识图谱、学术资源智能检索等方面获得高质量推荐结果起到了重要的作用。目前，常用的知识推理方法主要有基于逻辑规则、嵌入表示和神经网络三类[284]。

(3) 开展质量评估的重要原因是，科技文献知识图谱的构建过程中很多环节是由机器自动完成的，不可避免地会存在一些错误信息。虽然科技文献知识图谱面对的是专业性较强的科技文献资源，但是也不能完全解决多语言、多平台、多种类型的异构数据所带来的冲突问题，所以进行质量评估在科技文献知识图谱的构建中也是相当重要的，其有助于保证知识库的质量[271]。目前，针对科技文献知识库进行质量评估的方法有两类：一是采用本体构建进行评估。例如，晏归来等[296]学者以现有医学科技评价维度和科研本体为依据，构建了面向医学科技评价的本体模型，并抽取出其中的概念及属性；钱玲飞等[297]学者构建了学术创新力的概念本体，为学术创新力的自动测度提供了基础支持。二是采用评估函数。例如，Fader 等[298]学者在 LDIF 框架的基础上提出了质量评估方法，用以支持用户根据自身需求来定义评估函数，还可以通过对多种评估结果进行综合以得到最终的评分。

目前，知识图谱的存储方式主要有 SQL 关系型数据库和 NoSQL 非关系型数据库。在非关系型数据库中，Neo4j 数据库被广泛使用。Neo4j 数据库是以图形结构的形式存储信息的，关联数据本身就是它所包含的数据，因此它可以直接显示关联数据的特征。相较于传统的关系型数据库，Neo4j 的遍历算法设计能够运用图结构的自然伸展特点来设计，不需要复杂的连接运算，因此数据的增加以及关系复杂程度的增加不会导致查询效率的下降[299]。VOSviewer 是专门用于构造和可视化文献计量图谱的软件工具，其在图谱展现，尤其在聚类方面有独特优势[300]。NWB Tool 是 Net Workbench 团队研发的一款用于大规模网络数据分析、建模和可视化的工具集[301]。

6.5　本章小结

本章在识别抽取科技文献细粒度知识单元的基础上，通过序化加工实现科技文献细粒度组织，提升科技文献的资源管理，实现科技文献知识资源语义检索、知识发现等知识服务的基础。本章以第四章构建的科技文献细粒度知识单元的描述与表示模型为基础，总结并分析了四种科技文献细粒度组织方法，包含基于语义网络的科技文献细粒度组织方法、基于智能主题图的科技文献细粒度组织方法、基于关联数据的科技文献细粒度组织方法和基于知识图谱的科技文献细粒度组织方法，对每种方法的基本概念、原理、知识组织过程及关键技术等内容进行了系统的阐述。

第七章　基于科技文献细粒度组织的知识服务展望

篇章级服务仍是当前主要的科技文献服务模式，粗粒度知识服务在一定程度上满足了用户的信息需求，但过粗的知识组织粒度增加了用户筛选和阅读文献的负担。当前，越来越多的用户希望获得基于文献内容本身的细粒度知识服务，这就要求知识组织的控制单元要深入到文献内部的知识内容层面，对每个细化后的知识单元进行描述与表示，并对知识单元之间复杂的语义关系进行揭示[302]，从而为用户提供基于细粒度组织的深入而个性化的科技文献服务。本章首先简单回顾科技文献服务的发展历程，然后从细粒度知识导航与浏览、细粒度知识检索、细粒度知识问答服务和细粒度知识挖掘与重组四个方面展望科技文献细粒度组织方式可能带来的知识服务创新。

7.1　科技文献服务的发展历程

传统的科技文献服务以印刷型纸质文献为主，如图书、报纸和期刊等，为用户提供导读、报道、检索、借阅、复印等服务，是用户获取科技信息的基本途径。传统的科技文献服务以文献载体为组织和检索单元，属于粗粒度知识服务。

信息技术的应用推动了科技文献服务的发展。自动化操作使得科技文献的传递效率显著提高，科技文献传递的内容和范围也极大地拓宽，资源类型呈多元化、复合式，其不仅拥有传统的印刷型文献，还拥有大量的电子出版物和网络信息资源。用户能够突破原有的时空限制，利用基于网络的检索系统获取数字化科技信息资源。以信息单元为核心的科技文献服务比传统的服务模式更加灵活便捷，虽然信息单元的描述粒度也在逐渐细化，但文献数据库中通常只标记了文献的外部特征和部分内容特征(如题名、关键词、作者、出版单位、科研基金、刊名、年卷期等),尚未深入到文献中蕴含的知识及知识关联。

20世纪90年代后,随着知识经济时代的到来和信息大爆炸的产生,快速增长的文献总量与用户快速、精准地获取知识的需求之间的矛盾愈发突出,基于更细粒度知识描述的知识服务研究应运而生。建立在信息服务和文献服务的基础之上,知识服务分别对应于细粒度知识单元、中粒度信息单元和粗粒度文献单元。基于语义网络、智能主题图、关联数据、知识图谱等知识组织方法,细粒度知识描述-知识表示-知识组织链能显著地降低知识创新的时间成本,提高知识创新效率。细粒度知识链能将隐藏于各种异质文献中的知识单元以一种易于利用的方式建立关联式的管理机制,使得用户从一个入口便可完成对所有相关知识的发现、获取与管理,这就是细粒度的科技文献知识服务模式。

历经文献服务和信息服务,科技文献服务正在迈向更快、更准、更好的细粒度知识服务。目前,中国知网(CNKI)、万方数据、中国科学院知识服务平台等科技文献服务平台已经开展细粒度知识组织与服务的研究和实践,部分服务功能已经初现细粒度知识服务的态势。

7.2　细粒度知识导航与浏览

知识导航包括浏览导航和检索导航,其作用是通过对文献中的知识进行有序的整合描述,为用户提供快速、准确的知识检索与资源定位。传统的知识导航方式包括索引、词汇表、分类表、本体和语义网等[303]。传统的知识导航没有考虑语义相似和语用关联的问题,形成的知识结构不清晰。当前细粒度知识导航与浏览更多的基于主题图、知识图谱等技术,以期综合考虑语义相似和语用关联,为用户提供更为人性化的细粒度知识导航与浏览。

7.2.1　基于主题图技术的知识导航与浏览

主题图可以定位某一知识概念所在的资源位置,也可以将存在关联关系的多个知识概念进行连接[304]。主题图技术吸收了索引、叙词表等传统知识导航方式的基本思想,以索引的款目、参照系统、出处等基本概念为基础,在叙词表"用、代、属、分、族、参"等基础概念的关系的基础上,灵活定义概念间关系的类型。以主题图这种较为直观的方式显示复杂的知识结构,可为用户提供一个基于概念和概念之间关系的个性化导航界面;将信息资源层与概念层连接起来,可为用户提供基于概念关系的导航。

余利娜等学者借助智能主题图结构对网络知识组织的结构层次进行分析,

构建了网络知识组织框架，并论述了该框架所具备的功能。马建霞[305]以沙尘暴研究领域的知识导航为例，将主题图技术运用到沙尘暴研究领域的知识组织中，利用 Omnigator 和 StarTree 两种软件将沙尘暴领域的主题图进行了可视化。Omnigator 是 Ontopia 公司提供的免费的主题图导航工具，允许用户载入并浏览XTM、HyTM、LTM 格式的主题图。在 Omnigator 软件中，主题图可以被视为一系列具有丰富双向链接的概念列表，用户通过点击这些链接浏览主题图所反映的概念和概念之间的关系。StarTree 软件是 Inxight 公司开发的以图的方式组织层次化信息的软件，它以二维动态方式展现主题图，用不同颜色或形状的节点反映主题和主题之间的联系，用 URI 指向与该主题相关的资源。StarTree 软件允许用户以交互式的方式添加节点、子节点、父节点、兄弟节点，也可以采用导入本体文件的方式快速构建图形化的导航界面。

7.2.2　文献资源知识聚合可视化

知识聚合可视化是以图形图像的形式对融合、聚类后的知识体系进行视觉表征。借助可视化，数字图书馆能够为用户提供对文献知识聚合结果最直观的知识表达，提升用户对聚合结果的可理解性和可认知性，帮助用户发现潜在的知识信息，减少聚合过程中因知识爆炸带来的交流滞后问题，提升文献知识资源的利用率。李洁和毕强[306]按照知识单元开发、知识网络构建、知识图谱交互呈现、知识可视分析这一思路构建了数字图书馆资源知识聚合(Digital Library Resources-Knowledge Aggregation，DLRs-KA)可视化模型。DLRs-KA 可视化模型是建立在静态布局模式和动态交互模式的基础上的，一方面通过对知识计量的细粒度分析对象——知识单元的挖掘，结合社会网络的结构关系分析指标构建 DLRs-KA 可视化模型的知识网络系统；另一方面从可视化视角，借助社会网络可视化的交互式缩放、动态投影等功能提升 DLRs-KA 可视化模型的可视化呈现效果。其构建过程如下：

(1) 对分布的知识资源进行有序集成。DLRs-KA 可视化模型主要对数字图书馆资源进行知识抽取、聚类与融合，使独立分散的各数字图书馆知识单元通过内容关联、知识单元集成、知识域聚类等形成一个有机的知识网络体系。

(2) 实现静动态交互可视化呈现及应用。DLRs-KA 可视化模型允许用户进行交互浏览与标注，并能实时、动态、多维地为用户呈现分析结果，从而为用户辅助检索决策提供一个良好的知识解读平台。

(3) 推进多元化知识服务的实现。不同用户的信息需求各不相同，充分考虑 DLRs-KA 可视化模型中用户使用习惯的差异，根据用户的需求提供知识检索、知识导航等服务，使聚合后的知识资源得以充分利用，使知识价值得以最大程度地发挥。

7.2.3　万方选题服务的可视化导航与浏览

万方选题(WFTopic)是万方数据知识服务平台提供的一项专业知识服务。它以万方数据库的海量学术资源为基础，利用数据挖掘算法、知识关联技术深度挖掘中外文海量学术资源，揭示学科研究热点与新兴研究前沿，利用多种知识图谱可视化展示，帮助科研人员快速把握选题方向，客观评估选题价值，为科研立项、论文选题等科研过程提供专业化支撑服务[307]。

万方选题主要通过回溯学术脉络、追踪研究重点、拓展研究边界、发掘新兴主题四种方式进行可视化分析，帮助用户发现选题。例如，以"数字人文"为关键词进行搜索，四种辅助用户选题的可视化导航与浏览介绍如下：

1. 回溯学术脉络可视化导航与浏览

学术脉络是一个学科领域在不同时间的知识结构，揭示了研究主题随时间变化的演化关系及学科领域的整体发展趋势。"数字人文"的学术脉络回溯如图7-1所示。图中，气泡代表特定年份(如 2012—2015 年)的热点研究主题，不同颜色代表不同主题，从左到右分别表示学术脉络知识图谱的不同时期，气泡面积与研究主题的相关论文数成正比，气泡之间的连线代表主题之间存在演化关系，线条粗细和主题之间的关联度成正比。点击气泡，可以查看对应主题的相关高水平论文。

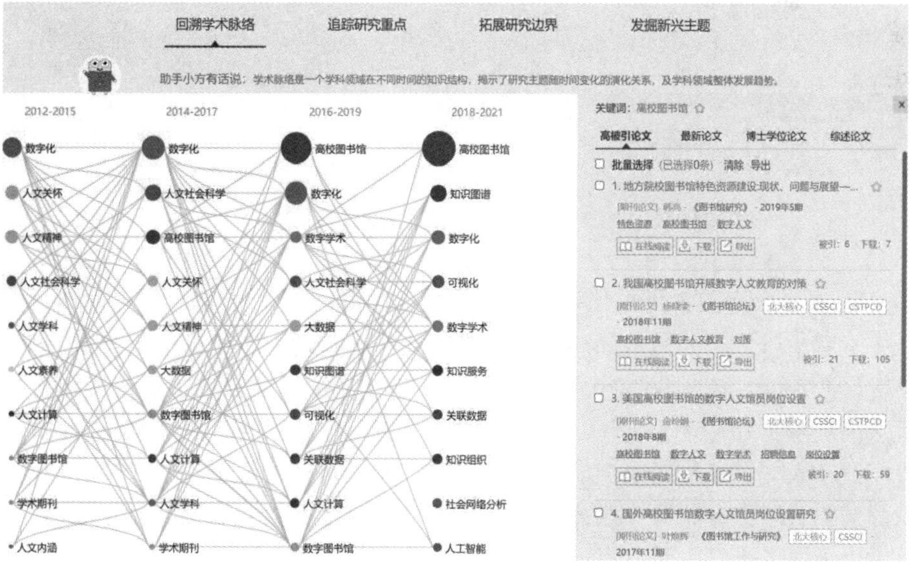

图 7-1　"数字人文"的学术脉络回溯

2. 追踪研究重点可视化导航与浏览

研究重点是指具有重大影响、能够引领学科领域往前发展的研究主题。追踪研究重点，有助于及时跟进领域核心前沿发展趋势。"数字人文"的研究重点追踪如图 7-2 所示。从图 7-2 中可以看出，随着研究的不断深入，"数字人文"领域内集聚了越来越多的文献。成簇的高被引文献连续共同被引用，形成了不同研究主题的知识团体，这就是领域内的研究重点主题。图中每个重点主题由一个气泡内的一组关键词来表达。例如，阅读推广、数字人文、智慧图书馆、图书馆学、档案学五个关键词共同表达一个重点主题。点击气泡，可以查看重点主题的相关文献。

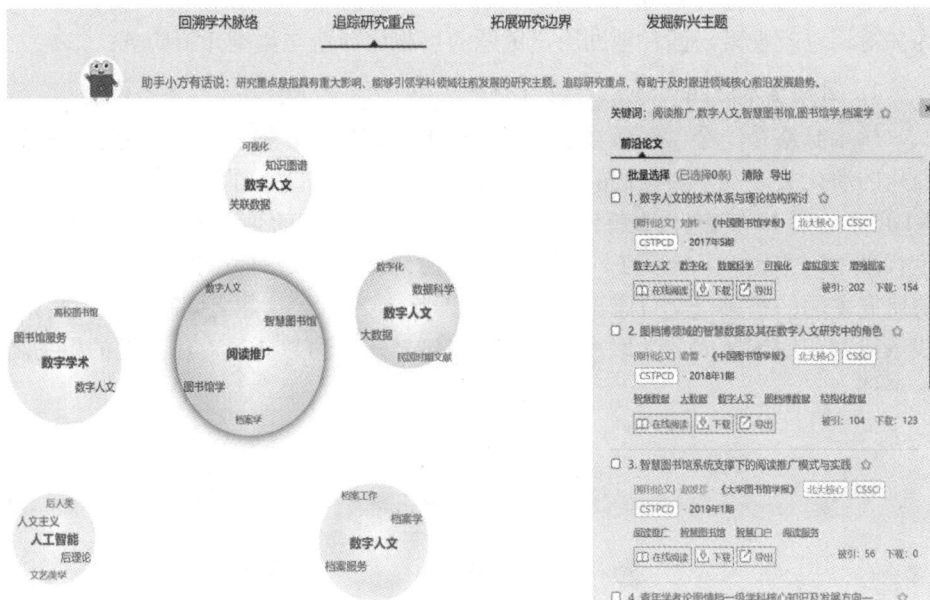

图 7-2   "数字人文"的研究重点追踪

3. 拓展研究边界可视化导航与浏览

不同学科之间的边缘问题、交叉问题从来都是科学上的重要生长点。学科渗透、交叉"地带"存在着大量的新课题。"数字人文"的研究边界拓展如图 7-3 所示。从图 7-3 中可以看出，"数字人文"研究呈现出广泛的跨学科综合发展趋势，数字人文、高校图书馆、数字图书馆、人文精神、数字化、人文关怀、知识图谱、关联数据、数字学术、人文环境等学科之间相互交叉、相互渗透，并衍生出了很多研究主题。点击交叉学科，可以查看对应的高水平论文。

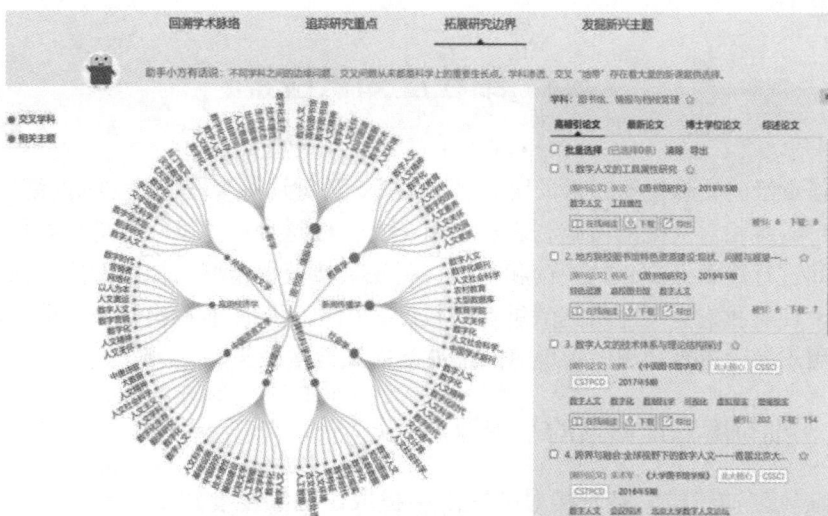

图 7-3 "数字人文"的研究边界拓展

4. 发掘新兴主题可视化导航与浏览

新兴主题是一个学科领域中重要的处于成长阶段的主题，未来可能发展成为学科领域的研究热点。关注新兴主题，可发现具有先进性和新颖性的课题。"数字人文"的新兴主题发掘如图 7-4 所示。从图 7-4 中可以看出"数字人文"研究进程中呈现出的新兴的研究主题。其中包括数字创新、文科建设、组织数字、深度学习、bert 等。点击蓝色气泡，可以查看对应的高水平论文。

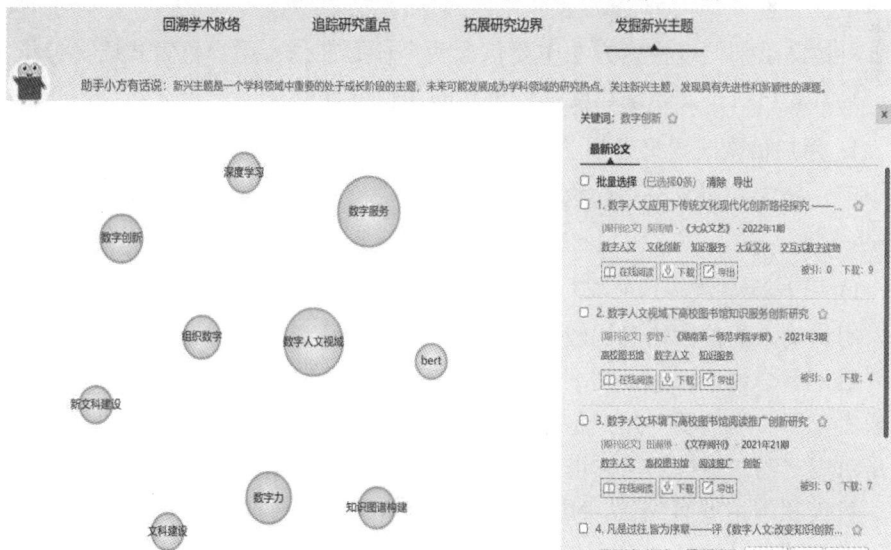

图 7-4 "数字人文"的新兴主题发掘

7.3 细粒度知识检索

篇章级的文献检索通常采用题名、文摘、关键词等字段的关键词匹配方式，为用户提供相对匹配的文献列表和文献全文。在这种模式下，用户需要付出较多时间进行篇章级文献的阅读和判断，无法直接获得精准的知识。信息技术的发展，使得我们有可能将文献进行细粒度知识单元层面的解构和语义重构，从而为用户提供更具知识创新价值的细粒度知识检索服务。

7.3.1 细粒度知识检索的基本原理

细粒度知识检索是直接对从文献中提取出的细粒度知识单元进行检索匹配，向用户呈现文献中的知识单元，而不是整篇文献，以期克服传统文献检索中简单将关键字与文献的标题、摘要等相匹配而忽略文献本身的问题。

课题组成员郑梦悦提出了一种基于细粒度组织方法的科技文献细粒度检索方法[308]。该方法首先采用基于 Word2Vec 和自动阈值的方法对用户查询式进行预处理与查询扩展，通过查询扩展筛选出关联度较高的词语并加到原查询中组成新的查询词；然后采用概念特征以及信息量特征计算查询词与科技文献细粒度知识单元集的相似度；最后按一定阈值的相似度把相关细粒度知识单元返回给用户。

科技文献细粒度检索方法主要包含两个核心部分：用户检索式语义分析和用户检索式与科技文献细粒度知识单元的相似度计算。

1. 用户检索式语义分析

用户检索式语义分析包含两项内容：用户检索信息预处理以及关键词语义扩展。

1) 用户检索信息预处理

用户输入的检索信息比较灵活，可以是单个词语、多个词语或者句子。若输入的是单个词语，则不需要对用户检索信息进行预处理；若输入的是多个词语或者句子，则需要对用户检索信息做进一步的处理。用户检索信息预处理主要是对用户输入的检索信息进行分词与词性标注，这是检索的基础。

目前我国主要有结巴、NLPIR、LTP、THULAC 四种分词工具。张仁胜[309]采用以上四种分词工具分别做了性能测试。实验结果表明 THULAC 在查准率、召回率方面均优于其他分词工具。因此，这里选择 THULAC 分词工具对用户检索信息进行分词与词性标注。

用户检索信息预处理的步骤如下：

步骤一：用户输入检索信息，判断检索信息是否为单个词语，如果是，则转到步骤四，否则转到步骤二。

步骤二：采用 THULAC 分词工具对用户检索信息进行分词。

步骤三：采用 THULAC 分词工具对用户检索信息进行词性标注。

步骤四：过滤掉无用词性对应的词语。

步骤五：得到过滤后的结果词集，并将结果词集词组定义为 $q=\{q_1,q_2,\cdots,q_n\}$，其中 q_n 表示一个关键词。

2) 关键词语义扩展

对用户检索信息进行预处理后，会得到一个能反映用户检索意图的关键词集。传统的文献检索系统会将这组关键词集与后台篇章级的文献集的索引信息进行直接匹配，这样简单的匹配存在很多问题。例如，当用户输入的检索词汇与后台数据集中的词语不一致时，返回的检索内容可能存在偏差，如用户输入"土豆"，系统不会返回"洋芋"等信息，这样就会错失很多有效的信息；当用户输入非标准的专业词汇时，系统并不能返回正确的信息。用户在输入检索信息时也会斟酌检索的词汇，但这并不能完全反映用户原本想要检索的内容。可以通过对检索关键词集进行语义查询扩展来解决检索中存在的这些问题。

依据查询词来源的不同，传统的语义查询扩展方法分为基于语义词典的查询扩展方法、基于全局分析的查询扩展方法、基于局部分析的查询扩展方法三种。基于语义词典的查询扩展方法与选取词典内包含的词密切相关，如果词典中未定义某个词，那么在检索时就检索不到这个词，如词典中未定义"基金"这个词，那么在输入查询词"股票"时，就不能返回与基金相关的信息。事实上，股票和基金之间是存在关联的。基于全局分析的查询扩展方法的局限在于当词典数据集非常大时，检索速度非常慢，后期词典的更新维护成本也很高。基于局部分析的查询扩展方法进行初次检索时存在一定问题，如果初次检索的结果与检索词的相关度较低，那么将扩展词加入查询中并不会使检索结果更加准确，容易检索出其他不相关的结果，从而影响二次检索的结果。被广泛使用的基于 Word2Vec 算法的查询扩展方法能有效地解决上述问题[310]。

下面采用 Word2Vec 算法对用户检索词进行扩展，并将扩展词与关键词的相似度差值设定在一个区间内，对扩展词进行灵活选择，从而提高检索的准确性。对关键词集进行语义扩展包含两个步骤：第一步，借助 Word2Vec 算法计算关键词集与语料库中词语的相似度，获取扩展词；第二步，筛选符合条件的扩展词并将其加入原关键词集中。

(1) 基于 Word2Vec 算法的语义查询扩展方法。Word2Vec 算法能高效、轻松地处理大量数据，并善于发现词语间隐含的语义关系，在相似度计算、中文分词、信息检索、情感分析等领域有着广泛的应用。

Word2Vec 算法包括两个模型：连续词袋(CBOW)模型和连续(Skip-gram)模型。CBOW 模型通过上下文来预测当前词，周围词的词向量作为输入，当前词的词向量作为输出；而 Skip-gram 模型则通过当前词来预测周围词，当前词的词向量作为输入，周围词的词向量作为输出。研究发现，由于 Skip-gram 模型在训练时会对每个中心词生成多个上下文词的预测，因此当数据集不是很大且生僻字较少时，使用 Skip-gram 模型训练效果更好[311]。这里选择 Skip-gram 模型对用户查询词集进行训练，并对查询扩展词进行筛选。

基于 Skip-gram 模型的语义查询扩展如图 7-5 所示[311]。首先输入用户查询词集 $q = \{q_1, q_2, \cdots, q_n\}$，接着利用 Skip-gram 模型训练扩展词语料库，计算查询词与语料库中语义、语法相似的词，得到每个查询词对应的训练后的词向量。通过这种方法可以得到用户查询词集 q 对应的扩展词向量 $e = \{e_1, e_2, \cdots, e_n\}$，其中扩展词 $e_i = (0 < i \leqslant n)$ 分别为原查询词 q_i 对应的语义关联度较高的扩展词。

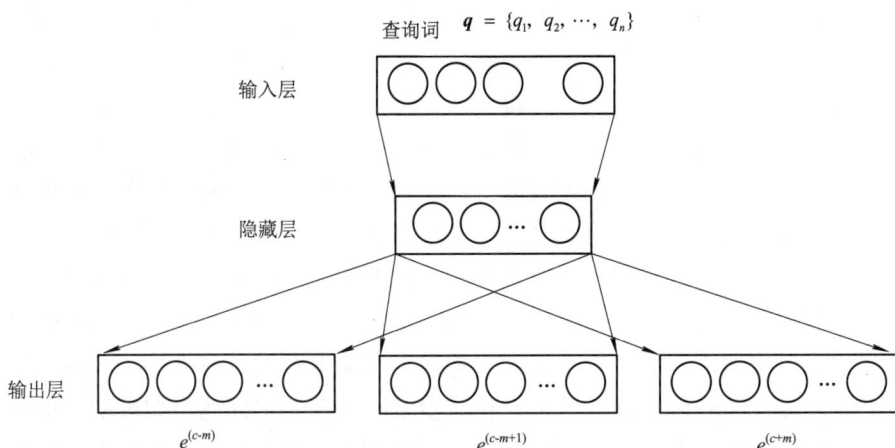

图 7-5　基于 Skip-gram 模型的语义查询扩展

查询词与语料库中词语的相似度采用余弦相似度计算，计算公式如下：

$$\text{sim}(q_i, e_i) = \cos\theta = \frac{q_i}{|q_i|} * \frac{e_i}{|e_i|} \tag{7-1}$$

(2) 语义匹配技术设计。基于 Word2Vec 算法的传统阈值(阈值通常设为 0.85)筛选方法一般采用词语间的相似度来筛选扩展词。具体而言，该方法通过计算检索词与其他词语间的相似度，从中筛选出与检索词相似度差值较小的词语作为扩展词，接着把这些扩展词作为查询词，并做进一步的检索匹配[310]。由于词语间的相似度会受到诸多因素的影响，如句子分词、数据集的复杂性、生词数量等，因此词语间的相似度计算结果会存在一定的误差和波动。若将阈值设定为固定值 0.85，那么相似度计算差值大于 0.85 的词将全部被舍弃，这并不利于消除词语相似度计算引起的误差，最终会导致用户检索的查全率和查准率降低。

这里提出基于 Word2Vec 算法的自动阈值筛选方法，如图 7-6 所示。该方法设定了相似度的阈值，同时设定了相似度差值的区间(0.02，0.2)。具体筛选过程如下：分别计算每个扩展词与查询词的相似度，记为 $es = \{es_1, es_2, \cdots, es_i\}$，求出最大的相似度值，记为 max_es；计算每一个 es_i 与 max_es 的差值，如果差值落在(0.02，0.2)这个区间，则保留与之对应的扩展词，反之舍弃。

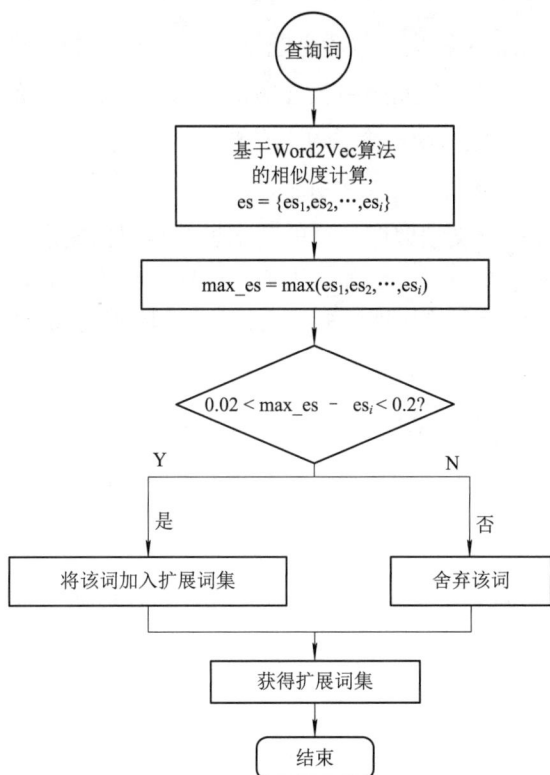

图 7-6　基于 Word2Vec 算法的自动阈值筛选方法

2. 用户检索式与科技文献细粒度知识单元的相似度计算

虽然扩展词集已经经过了一次筛选，与用户检索关键词集存在一定的相关性，但是扩展词集与用户输入的检索关键词集在相似度计算中的权重是不一样的。用户检索关键词集是从用户输入信息中提取的，是影响用户检索意图的直接因素，所以在相似度计算时应作为关键因素来考虑。这里采用 Jelinek Mercer 的平滑算法来计算检索式以及扩展检索式与科技文献细粒度知识单元集的相似度[312]。计算方式如下：

$$R(q_{\text{new}}, \text{stku}) = \alpha R(q, \text{stku}) + (1-\alpha)R(q_{\text{exp}}, \text{stku}) \tag{7-2}$$

其中：α 表示调节参数；$R(q, \text{stku})$ 表示用户输入信息 q 与知识单元集的语义相似度；$R(q_{\text{exp}}, \text{stku})$ 表示 q 的扩展词集 q_{exp} 与知识单元集的语义相似度。这里提出的用户输入信息与知识单元集的语义相似度由两部分组成。具体计算如下：

$$R(q, \text{stku}) = R(q, T) + R(T, \text{KU}) \tag{7-3}$$

其中，T 表示主题集，主题集中包含主题以及主题与主题间的联系；KU 表示科技文献知识单元集，知识单元集中包含知识单元以及知识单元与知识单元间的联系。$R(q, T)$ 与 $R(T, \text{KU})$ 由概念特征与信息量的语义相似度组成。

1) 基于概念特征的语义相似度计算

基于概念特征的语义相似度计算的基本思想是根据概念的属性和属性值，比较两个概念之间的相似度。例如，人们在比较两件衣服时，就会比较衣服的颜色、款式等，衣服相同的属性越多，它们的相似性程度就越高。

假设主题词 TP_1 包含了概念 $t_1 = \{t_{1a}, t_{1b}\}$，即主题词包含概念 t_1 及一组属性 $t_{1a} = \{t_{11}, t_{12}, \cdots, t_{1n}\}$，主题词 TP_2 包含了概念 $t_2 = \{t_{2a}, t_{2b}\}$，即主题词包含概念 t_2 及一组属性 $t_{2a} = \{t_{21}, t_{22}, \cdots, t_{2n}\}$，则主题词 T_1 与主题词 T_2 的相似度由主题词的名称相似度与概念名称集合相似度共同决定：

$$\text{sim}(\text{TP}_1, \text{TP}_2) = \alpha \text{sim}(t_{1a}, t_{2a}) + (1-\alpha)\text{sim}(t_{1b} + t_{2b}) \tag{7-4}$$

$$\text{sim}(t_{1a}, t_{2a}) = \frac{|t_{1a} \cap t_{2a}|}{|t_{1a}| + |t_{2a}| - |t_{1a} \cap t_{2a}|} \tag{7-5}$$

其中，α 反映了不同概念间相似度的权重，这里将权重设为 1/概念个数；$|t_i|$ 表示集合中满足条件元素的个数。

当 $\mathrm{sim}(\mathrm{TP}_1, \mathrm{TP}_2)$ 小于设定的阈值时，认为主题词 TP_1 与主题词 TP_2 间的相似度较小，应将对应的检索结果舍去，进行下一轮计算。

2) 基于信息量的语义相似度计算

信息量表示主题与主题之间或知识单元与知识单元之间的关系。由于关系反映了两个属性概念之间的某种关联，因此映射关系的相似度取决于关系类型的相似度以及通过该关系连接的属性之间的相似度[93]。

假设知识单元 ku_1 存在属性 a_{11}、a_{12}，两属性之间存在 p_{r1} 类型的关系 r_1，知识单元 ku_2 存在属性 a_{21}、a_{22}，两属性之间存在 p_{r2} 类型的关系 r_2，则对于映射关系的相似度，给出如下模型：

$$\begin{cases} \mathrm{sim}(r_1, r_2) = 0, \quad \mathrm{sim}(p_{r1}, p_{r2}) = 0 \\ \alpha\,\mathrm{sim}(p_{r1}, p_{r2}) + \beta\left[\mathrm{sim}(a_{11}, a_{12}) + \mathrm{sim}(a_{21}, a_{22})\right], \quad \mathrm{sim}(p_{r1}, p_{r2}) \neq 0 \end{cases} \tag{7-6}$$

$$\mathrm{sim}(p_{r1}, p_{r2}) = \begin{cases} 0, \quad p_{r1} = p_{r2} \\ 1, \quad p_{r1} \neq p_{r2} \end{cases} \tag{7-7}$$

$$\alpha + \beta = 1$$

其中，α 和 β 代表权重，α 表示对关系类型的关注度，β 表示对连接关系的属性的关注度。当知识单元中存在多个属性，即存在多个关系时，形成关系集合 R，则关系集合的相似度为集合内各个关系的相似度的算术平均值：

$$\mathrm{sim}(R_1, R_2) = \frac{\sum_i^n \mathrm{sim}(r_{1i}, r_{2i})}{n} \quad , i \geqslant 1 \tag{7-8}$$

3) 检索式与科技文献细粒度知识单元集的相似度算法

算法描述：该算法用于计算检索式 q 与科技文献细粒度知识单元集 ku_n 的综合相似度。

输入：检索式中的关键词集 $q_{k_i}(1 \leqslant i < N)$、扩展词集 $q_{\exp_j}(1 \leqslant j < N)$、语义信息 q_s、知识单元集中的主题词集 $t_m(1 \leqslant m < N)$、知识单元集 $\mathrm{ku}_n(1 \leqslant n < N)$、相似度阈值 v。

输出：知识单元集 ku_n。

步骤一：根据公式(7-4)计算 $\mathrm{sim}(q_{k_i}, t_m)$。若当前主题词与关键词的相似度大于阈值(阈值由主题词集与关键词的整体相似度决定)，则保留当前主题词的相似度。

步骤二：根据公式(7-4)计算 $\text{sim}(q_{\exp_j}, t_m)$。若当前主题词与扩展词的相似度大于阈值(阈值由主题词集与扩展词的整体相似度决定)，则保留当前主题词的相似度。

步骤三：根据公式(7-6)和公式(7-7)，如果 $\text{sim}(q_s, \text{ku}_n) > v$，则保留 ku_n；否则舍弃 ku_n，直到所有 ku_n 计算结束。

步骤四：返回保留下来的知识单元 ku_n。

7.3.2　细粒度知识检索与传统信息检索的区别

基于知识单元的细粒度知识检索可将检索过程进一步深入文献内容之中，实现更深层次的信息处理。与传统信息检索相比，基于知识单元的细粒度知识检索具有以下几点不同[313]：

(1) 两者所处理和反馈的对象层次不同。传统信息检索是对篇章级的文献进行处理与组织，其检索结果是文献集合。基于知识单元的细粒度知识检索是对文献中的知识单元进行处理，其检索结果是代表知识本身的知识单元及其关系的集合。

(2) 两者采用的信息组织技术不同。传统信息检索对文献进行组织时，通常采用对文献的分类标引、主题标引等组织技术。该技术及其衍生的信息组织技术并不适用于以知识单元为组织对象的细粒度知识检索。基于知识单元的细粒度知识检索在对知识单元进行组织时通常需要采用适合的知识单元抽取、标引、链接技术，为用户提供的检索结果也需要采用适当的知识单元聚合技术，以便于用户浏览和利用。

(3) 基于知识单元的细粒度知识检索解决用户信息需求的体验不同。传统信息检索将整篇文献呈现给用户，用户需要浏览文献的内容后经过知识遴选才可能够满足信息需求。而基于知识单元的细粒度知识检索反馈给用户的知识就可满足其信息需求，无须再次对检索结果进行甄别。

7.3.3　CNKI 的细粒度知识检索服务

当前，科技文献资源提供商依然面临信息检索服务升级的挑战。中国知网(CNKI)在细粒度知识检索方面也在积极探索和尝试。中国知网整合文献数据库、专业知识仓库和知识元库，并以知识元库和引文链接等方式组成知识网络系统。CNKI 在建成概念、原理、方法、图形图像、科学数据、社会经济统计数据和社会发展事件事实等知识元数据库的基础上，辅以涵盖各学科的概念关系词典，发布全球首个知识元搜索系统，探索学术资源深度聚合和细粒度知识检索[314]。

CNKI 主页中设有"知识元检索"栏目，该栏目包括知识问答、百科、词典、手册、工具书、图片、统计数据、指数、方法、概念等子栏目，如图 7-7 所示。知网工具书库收录了汉语词典、专科词典和百科全书等 8000 余部工具书，可供用户查找字、词、百科知识和图谱等各类知识；"方法库"打破了传统以文献为粒度的知识服务形式，通过句子、句群和段落的形式，为用户推送最新的知识元内容，力求为各行业的用户提供快速、精准的解决问题的方法；"概念知识元库"面向全学科领域，包含概念的内涵与外延，共收录术语词 101.1 万个，知识元 6173.2 万条[315]。

图 7-7　CNKI "知识元检索" 栏目

CNKI 的"知识元检索"就是要从创建的各特色库中查找满足用户需求的概念、数字、表格和图形等知识元信息，提供细粒度知识检索服务。例如，勾选"知识问答"选项卡，以"知识组织"为检索词，知识元检索结果如图 7-8 所示，共检索到 133 条结果，检索结果包括"知识组织"概念知识元、方法知识元，以及知网中收录的包含"知识组织"的文献片段。其中，概念知识元向用户呈现了"知识组织"这一概念的基本定义、特征、结构、分类、功能、方法、原理、起源以及发展等 9 项内容；方法知识元向用户呈现了"知识组织"这一方法的创造者、创造时间、方法定义、方法发展、方法原理、方法应用、方法分类、方法特点、方法步骤、方法作用、注意事项、适用条件等 12 项内容，如图 7-9 所示；知网文献片段部分向用户呈现了知网收录的文献中包含"知识组织"这一关键词的文献片段。从检索结果来看，"知识问答"这一子功能检索的数据源来自知识问答、百科、方法、概念等知识库，不是仅从"知识问答"知识库中检索的。与常规的文献检索结果相比，知识元检索服务将文献中的概念、数字、图片、图表等析出，进行详细标引，为用户的细粒度查询提供了便利。

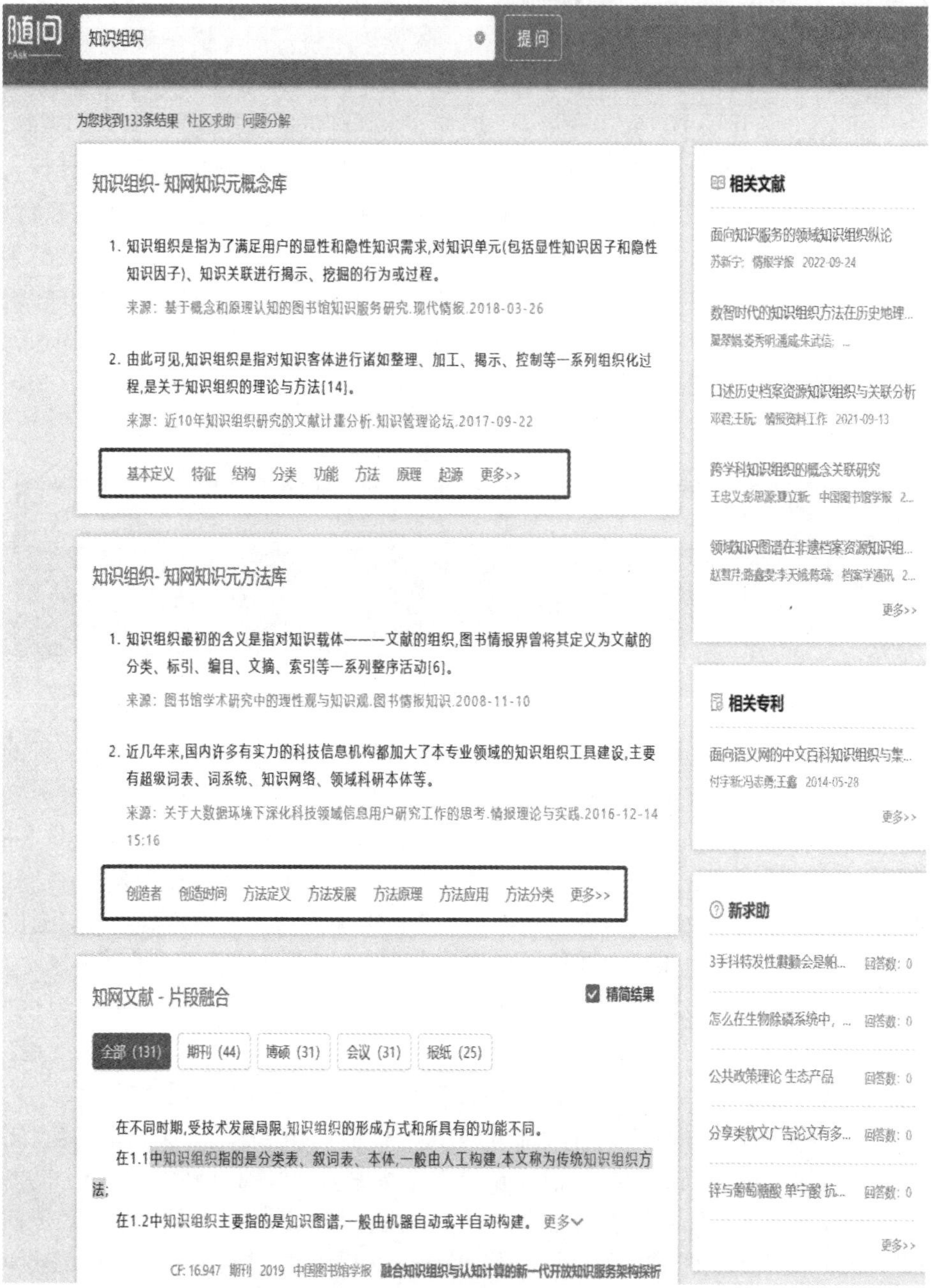

图 7-8 CNKI 知识元检索结果示例

图 7-9　CNKI 方法知识元检索结果示例

CNKI 的"知识元检索"栏目除了提供知识元检索功能,还提供"指数"分析功能,向用户展示某个领域或者某个主题的研究情况。例如,以"细粒度知识组织"为关键词进行"指数"检索,得到的检索结果如图 7-10 所示。从检索结果可以看到,该主题的"关注度"(学术关注度、媒体关注度、学术传播度、用户关注度)、"关注文献""学科分布""研究进展""机构分布"等内容,向用户展现了该领域的研究文献曲线(即该主题的生命周期)、研究从何时开始、研究何时达到高潮、重要文献、代表研究机构等内容,对用户掌握该领域的研究进展具有非常重要的意义。

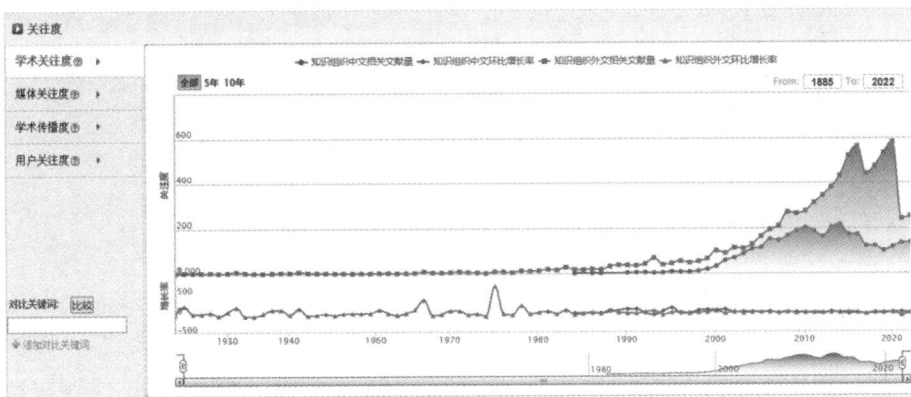

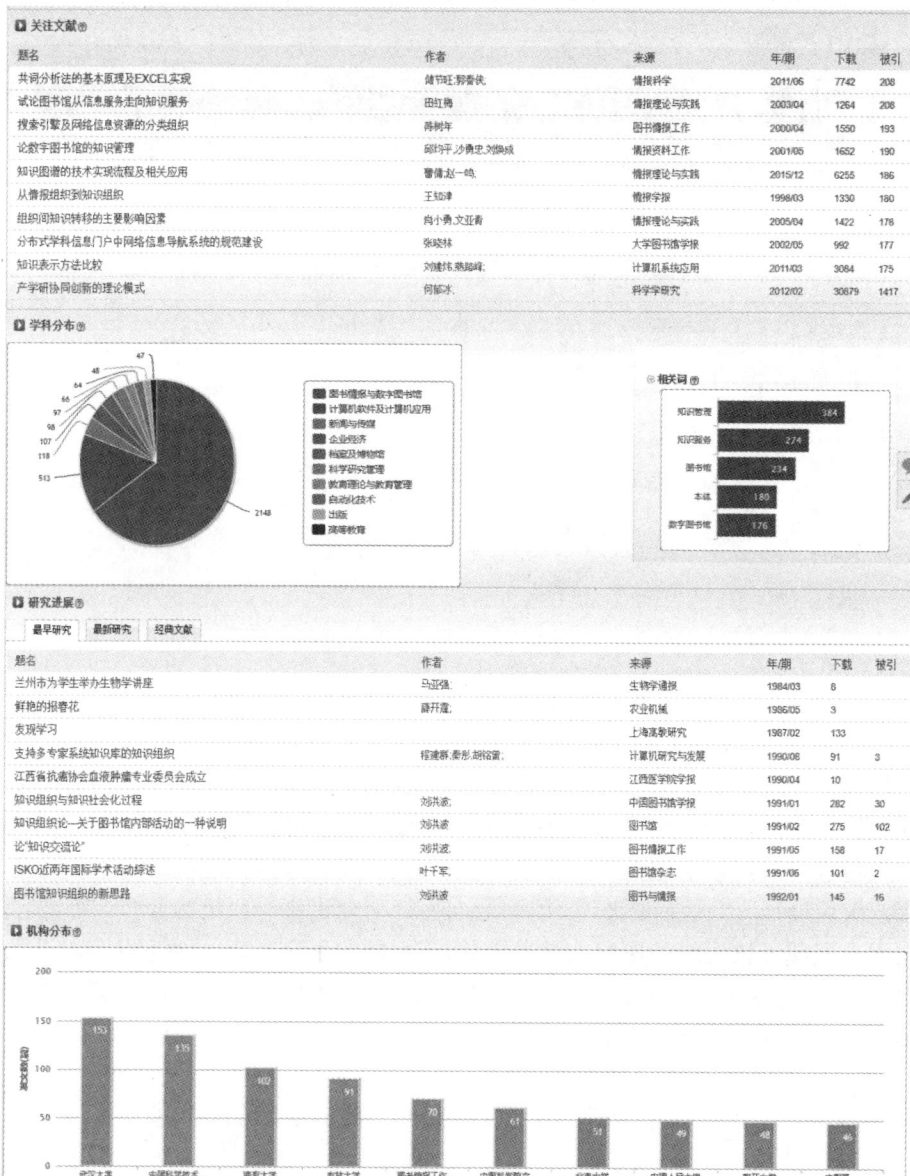

图 7-10　CNKI 知识元"指数"检索结果示例

7.3.4　中国科学院文献情报中心的细粒度知识检索服务

中国科学院文献情报中心开发的科技文献知识 AI 引擎(SciAIEngine)[316]是一款以科技文献知识为驱动的人工智能(AI)引擎。它利用科技文献大数据和深度学习的技术方法，从科技文献中自动学习、获取科技文本挖掘的重要知识，并基于这些知识构建起核心的人工智能组件，支撑科技文献的深入挖掘和利用，通过语步识别方法，自动识别科技文献摘要的研究目的、研究方法、研究结果、研究结论等重要句子，显性揭示科技文献的重要内容。该项目通过命名实体方法，自动识别科技文献中出现的命名实体，包括面向通用领域的人名、地名、机构名等以及面向专业领域的模型方法、仪器设备等。图 7-11 所示是该项目的中文摘要示例以及从该摘要进行实体识别的结果示例，示例从一段科技文献摘要中自动抽取出地点、数据资料、方法模型和研究问题，实现了基于检索关键词的领域研究画像。

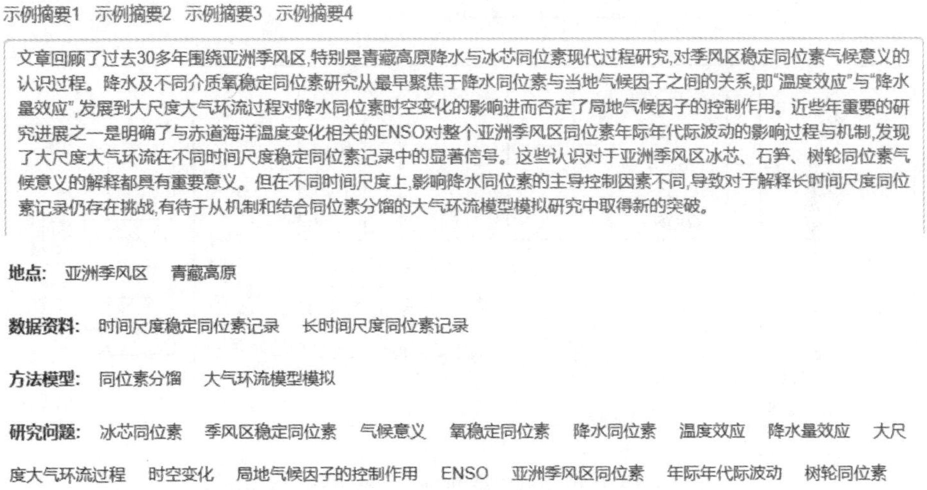

示例摘要1　示例摘要2　示例摘要3　示例摘要4

文章回顾了过去30多年围绕亚洲季风区,特别是青藏高原降水与冰芯同位素现代过程研究,对季风区稳定同位素气候意义的认识过程。降水及不同介质氧稳定同位素研究从最早聚焦于降水同位素与当地气候因子之间的关系,即"温度效应"与"降水量效应",发展到大尺度大气环流过程对降水同位素时空变化的影响进而否定了局地气候因子的控制作用。近些年重要的研究进展之一是明确了与赤道海洋温度变化相关的ENSO对整个亚洲季风区冰芯年际年代际波动的影响过程与机制,发现了大尺度大气环流在不同时间尺度稳定同位素记录中的显著信号。这些认识对于亚洲季风区冰芯、石笋、树轮同位素气候意义的解释都具有重要意义。但在不同时间尺度上,影响降水同位素的主导控制因素不同,导致对于解释长时间尺度同位素记录仍存在挑战,有待于从机制和结合同位素分馏的大气环流模型模拟研究中取得新的突破。

地点：　亚洲季风区　　青藏高原

数据资料：　时间尺度稳定同位素记录　　长时间尺度同位素记录

方法模型：　同位素分馏　　大气环流模型模拟

研究问题：　冰芯同位素　季风区稳定同位素　气候意义　氧稳定同位素　降水同位素　温度效应　降水量效应　大尺度大气环流过程　时空变化　局地气候因子的控制作用　ENSO　亚洲季风区同位素　年际年代际波动　树轮同位素

图 7-11　SciAIEngine 中的细粒度知识组织示例

7.4　细粒度知识问答服务

信息技术极大地推动了信息服务变革，人工智能技术催生了一种新颖的信息服务模式——问答式信息服务。计算机硬件性能的提升和云计算技术的发展提高了科技文献信息检索的速度，但传统信息检索系统的数据库难以支持非结构化数据，检索的对象还不能直接进入文献的内容，难以实现科技文献知识的快速问答和推荐服务功能[317]。采用基于细粒度知识组织和人工智能技术的问答式服务，在对科技文献知识单元挖掘的基础上，建立知识单元语义知识库，通过基于语义知识库的智能推理机的问题答案服务系统,能够实现省时、省力、高效的知识问答服务。

7.4.1　科技文献创新点智能问答服务

温有奎等[317]学者对基于科技文献大数据创新点成果的智能挖掘和知识服务展开了研究，利用人工智能的思想对科技文献进行了创新点成果挖掘，建立了创新点成果语义知识库，实现了基于语义知识库的智能推理机的问题答案服务系统。该科技文献成果创新点问答系统的架构如图 7-12 所示。其由六部分构成，其中有三方面的技术需要突破。

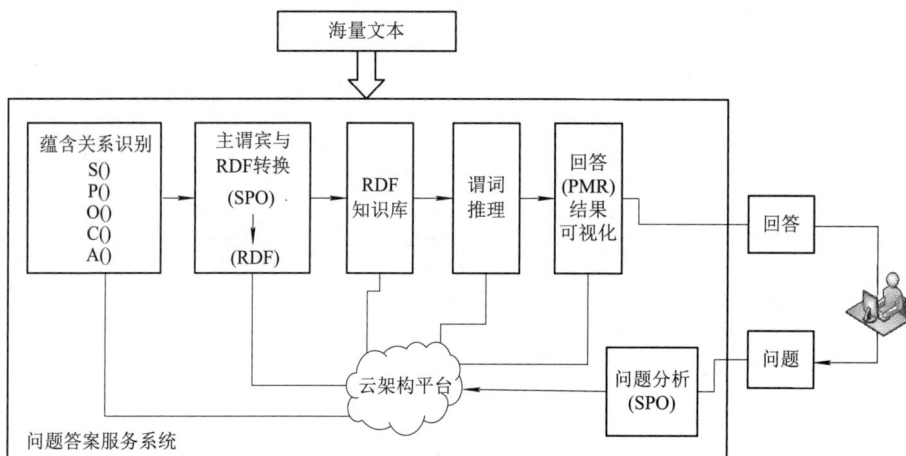

图 7-12　科技文献成果创新点问答系统的架构图

1. 文本蕴含关系的识别与提取

文本蕴含关系又称为文本间的推理关系(Textual Entailment)，是广泛分布于自然语言文本中的单向推理关系。有实验表明，应用文本蕴含关系能够把回答正确率提高 20%左右。因此，利用文本蕴含关系，研究从海量文本数据中进行有效的关系识别、知识获取和蕴含关系生成是问题答案推理取得突破性进展的一种新途径，是实现基于文本的推理引擎的关键点。

2. 自然语言句子到 RDF 知识结构之间的映射

人类可以理解的知识大多以自然语言的文本形式存在。这些以文本形式存在的数据，机器几乎无法理解。为了让机器理解数据并进行知识的抽取和推理，万维网的创始人 Tim Berners Lee 在 1998 年提出了用于知识表示和构造的 RDF(资源描述框架)等。但是，这些数据对于人类而言比较晦涩，难以理解。如果能够建立自然语言和机器可以理解的数据之间的映射关系，那么可以通过这种映射关系，让人类的自然语言文本数据被机器所理解，同时也需要让机器能够理解的数据成为人类可读的数据。

3. RDF 到谓词关系推理的语义最佳匹配

利用人工智能、云计算技术，自然语言处理技术，研究自然语言语义关系的模式识别技术，中文词性的机器标注技术，主谓宾补状特征的机器自动分类与提取技术，中文文本蕴含关系的机器自动推理技术，由主谓宾实体到 RDF 知识表示、谓词关系推理的自动化技术，以及问题答案的语义最佳匹配技术等，构建自然语言推理交互算法，为自然语言自动问答和高效交互提供支撑，是解决从海量大数据文本中生成问题答案的关键技术。

科技文献大数据创新点问答演示系统如图 7-13 所示。当用户选择"问题"按钮后，需要输入问题的关键词或自然语言提问。点击"检索"按钮，系统会给出关于问题的主谓宾语句；当用户选择生成的一条或几条问题后，点击"方法""结果"按钮，系统会给出关于该问题的解决方法和研究结果。由于问答系统中存在语义关系，系统还可以根据语义关系进行自动推理，因而系统除了能自动发现新的知识，还具有向用户提问自动推荐的功能。

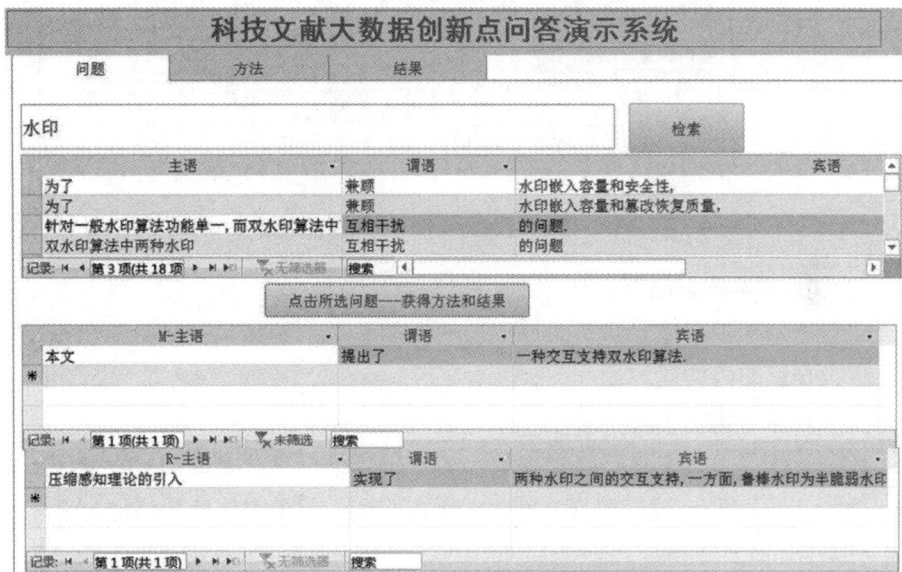

图 7-13　科技文献大数据创新点问答演示系统

7.4.2　政策文本关联问答服务

政策关联问答是指以政策关联为基础，基于关联政策进行领域问题理解与关联答案生成的过程。华斌等[318]学者从政策内涵出发，采用基于科学的知识表示方法对政策文本内容进行建模，在完成数据层政策内容细粒度解构的基础上，提供基于知识理解的政策关联问答。下面以该研究为例，说明如何实现政策文本的关联问答。华斌等学者提出的政策文本知识建模与关联问答服务主要由四部分组成：政策文本知识建模、问题文本分类、问题知识挖掘与答案质量评价。其框架架构如图 7-14 所示。

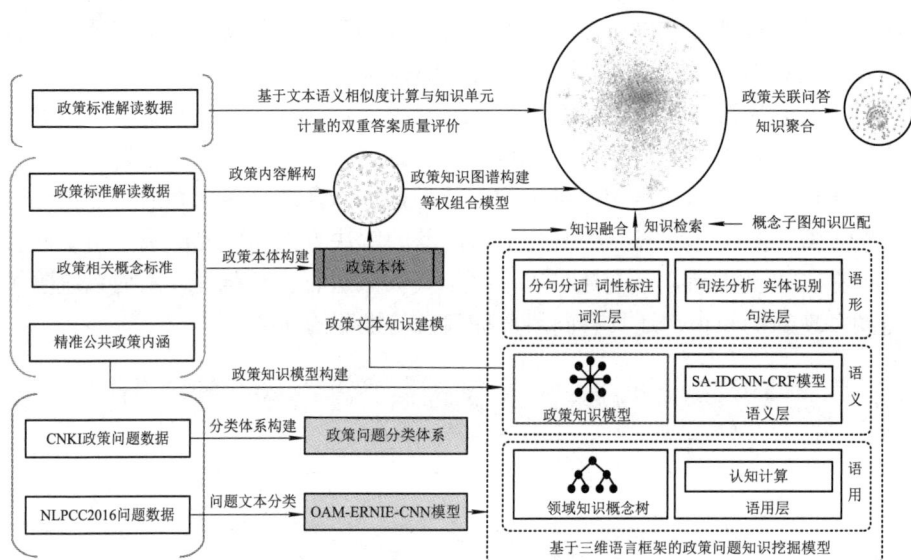

图 7-14　政策文本知识建模与关联问答服务的框架架构

1. 政策文本知识建模

政策文本知识建模是政策关联问答研究的基础，具体包括政策知识模型构建、政策知识图谱构建。

1) 政策知识模型构建

政策主体、政策客体、政策目标、政策工具是公共政策的四大要素，引入 ECA 规则可将这四个政策要素之间的关系定义为：政策主体使用(Apply)政策工具，针对(Aim)具体事件，满足(Meet)一定条件，影响(Effect)政策客体，执行 (Perform)相应动作，实现(Realize)政策目标。基于 ECA 规则，华斌等学者构建了政策知识模型，其构建过程如图 7-15 所示。该模型作为知识补充机制为政策内容与政策问题的语义知识获取提供支撑。

2) 政策知识图谱构建

政策知识图谱以实体-关系-实体或实体-属性-属性值的三元组形式构成政策知识网络，是一种结构化的政策语义知识库，其逻辑结构由模式层与实例层两部分构成。政策知识图谱的构建采用自顶向下的方式进行，具体工作包括模式层构建、实例层构建、知识融合与知识存储等。

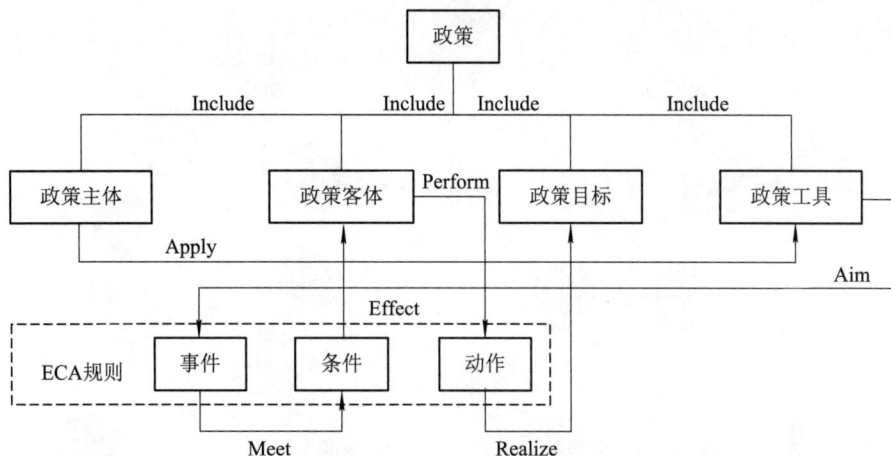

图 7-15 基于 ECA 的政策知识模型的构建

模式层构建主要是搭建知识图谱的骨架，利用政策概念标准与领域政策文本，结合政策知识模型构建领域政策本体。政策本体概念层包括政策主体与政策内容 2 个核心概念。其中，政策内容是政策的核心，包括政策客体、事件、动作 3 个子概念；政策主体指政策发布主体，建模政策主体可以实现对于政策的层次化管理，包括中央政府、地方政府与产业园区 3 个子概念，中央政府定义为国务院相关部门机构，地方政府定义为我国 34 个省级行政区域的相关政府部门，产业园区定义为经济技术开发区、高新技术产业开发区、出口加工区、自由贸易区、保税区、边境经济合作区等各类产业园区的主管部门(即园区管委会)。除上述 2 个核心概念之外，政策还应包括属性信息，并参考电子公文结构对其进行定义，主要包括政策标题、发文字号、发文日期这 3 个核心属性。

实例层构建是在模式层的基础上完成对政策客体、事件、动作三类实体的抽取，经过知识融合形成政策知识图谱。华斌等学者以天津市滨海高新区招商引资相关政策为例进行研究，其中天津市滨海高新区管委会、天津市人力资源和社会保障局、天津市科学技术局、天津市人民政府办公厅、天津市地方金融监督管理局、天津市工业和信息化局、天津市医疗保障局、天津市知识产权局，分别有 30、52、34、17、12、6、3、2 篇政策，共计 156 篇。利用上述方法构建政策知识图谱，将最终结果存储到 Neo4j 图数据库中，以支撑后续的问答研究。其中原始节点数量为 13 536 个、关系数量为 22 283 个，经知识融合处理后最终获得的有效节点数量为 12 392 个、有效关系数量为 21 964 个。其中，《天津滨海高新区高新技术企业引育专项政策》的单一政策知识图谱如图 7-16 所示。

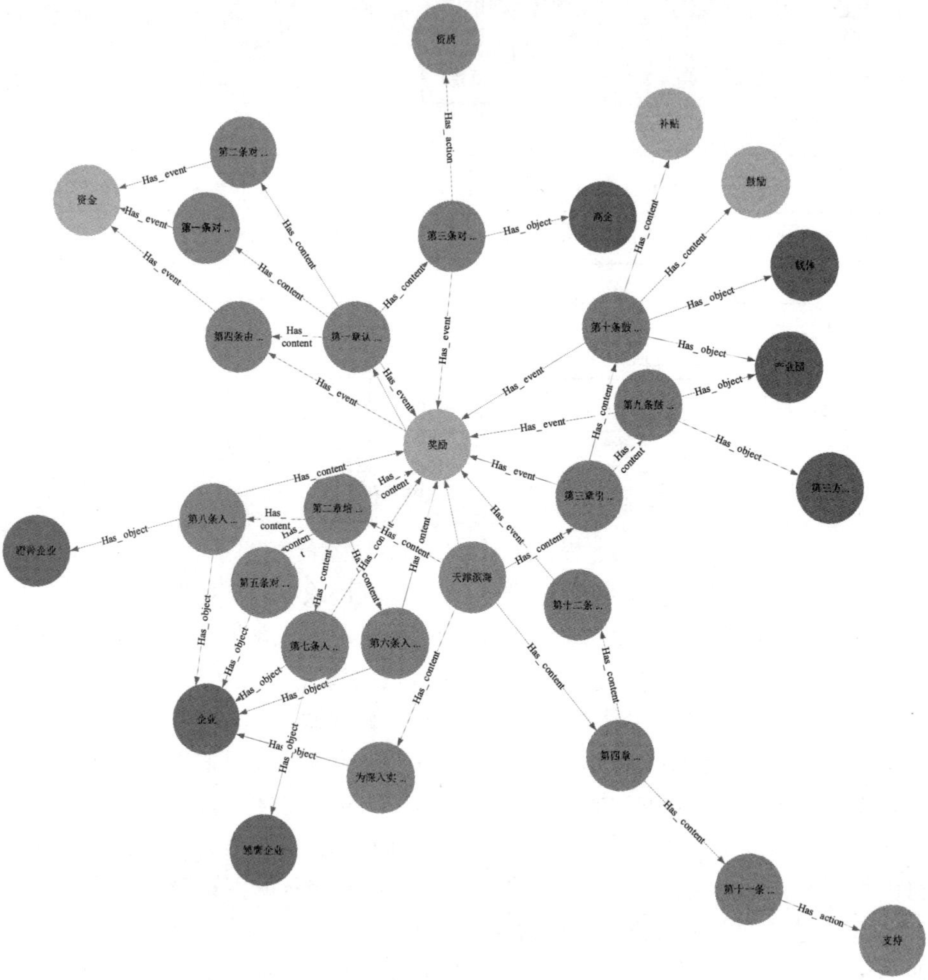

图 7-16　单一政策知识图谱

2. 问题文本分类

在分析 CNKI 近十年 239 篇政策问答论文数据的基础上，构建政策文本的问题分类体系，将政策领域常见的问题分为以下 7 类:事实类(用于回答"什么"问题)、方法类(用于回答"如何"问题)、原因类(用于回答"为什么"问题)、计数类(用于回答"多少"问题)、选择类(用于回答"选择性"问题)、判断类(用于回答"是否"问题)、列表类(用于回答"哪些"问题)。建立政策文本语义分析基础;提出 QAM-ERNIE-CNN(基于疑问词注意力机制的 ERNIE+CNN)模型，完成政策文本问题的分类，这 7 类问题的平均精确率为 91.82%，平均召回率为

80.34%，平均 F1 值为 84.04%，其具有一定的效果，可以满足实际的应用需求。

3. 问题知识挖掘

华斌等学者提出了一种基于语形、语义、语用三维语言框架的问题知识挖掘模型，其中语形维度挖掘包括词汇层(分句分词与词性标注)与句法层(句法分析与实体识别)的知识获取；在语义维度挖掘中，以政策知识模型为基础，利用基于深度学习的语义角色标注方法(SA-IDCNN-CER)对问题语义进行了识别；在语用维度挖掘中，以领域知识概念树为基础，引入了认知计算的方法完成对于问题语境的知识获取。

4. 答案质量评价

华斌等学者在实现基于知识聚合的关联答案获取与基于关联覆盖度的答案排序后，提出了一种基于文本语义相似度计算与知识单元计量的双重答案质量评价方法，从语义与认知两个层面完成了对问答结果的科学性检验。

7.5　细粒度知识挖掘与重组

以细粒度知识单元为对象，采用一定的知识组织方法，科技文献细粒度知识单元进行组织形成的科技知识库具有细粒度、数据化、可关联、可计算、可推理的特征。以该细粒度知识库为基础，除了可以开展前面阐述的知识发现服务之外，还有助于开展情报分析与新知识产品创造等活动，如科技文献自动综述、学术论文内容创新性智能评价、科技文献细粒度自助查新等知识挖掘与重组服务。

7.5.1　科技文献自动综述

学术研究是一个继承和创新不断更替往复向前的过程，它的继承性和开放性决定了科研人员需要不断掌握相关领域的研究进展，然而科研文献数量的急剧增长使得这项工作费时费力。科技人员迫切需要快速高效地从大量的科技文献中自动提取有价值的信息，实现文献综述生成过程自动化，以满足科研人员继承现有文献知识的需求。

文献综述生成任务要求生成的文本具有一定的结构性，即对研究的背景、目标、方法、结果及结论分别进行总结与讨论。本书阐述的基于知识单元的科技文献细粒度描述与组织方法对科技文献的研究背景、研究问题、研究目标、研究方法等知识单元进行了细粒度解构与关联，自动综述服务可以以此为基础，对细粒度知识单元库进行针对性的提取、整合和归纳。基于科技文献细粒度组织的自动综述可以简单地描述为获取一系列同一研究主题/研究问题的同类型细粒度知识单元的集合，按照一定的顺序和结构把同类型细粒度知识单元进行综合，输出具有明确结构的综述性文本。基于科技文献细粒度组织的自动综述总体上可以分为两个步骤：

1. 筛选相关主题的文献知识单元

科技文献知识单元作为细粒度组织的基本对象单位，具有颗粒小、语义独立、元数据属性丰富的特征。在筛选同一研究主题/研究问题的同类型细粒度知识单元时，可综合考虑采用知识单元的相关元数据属性(如名称、主题、分类、关系等属性)筛选相关知识单元。

2. 生成综述文本

科技文献细粒度知识单元本身是从科技文献中识别抽取后得到的句子合集。在综述文本的生成步骤中，以筛选出来的细粒度知识单元为输入，按设定的综述文本结构分段生成结构化的综述文本。

除了学术理论界的研究，中国知网(CNKI)已经在科技文献自动综述方面开展面向应用的实践。2021 年，中国知网在"随问"板块提供了科技文献自动综述服务。"随问知识文库"界面如图 7-17 所示。

图 7-17   "随问知识文库"界面

该板块既为用户提供已有的综述文章，也为用户提供自行创建目录、自动生成综述内容等服务，即用户可以根据自身需求选择合适的模板新建文档，自动生成文献综述。无论是哪种方式，该板块的原理都是将原文拆分为若干知识元，重组构成新的章节，实现知识的细粒度重组服务。例如，以"知识图谱技术"主题为例，自动生成的文献综述如图 7-18 所示。该文献综述包括绪论、研究现状综述、知识图谱的理论概述、知识图谱应用、研究热点与难点、未来展望、参考文献等七部分内容。

图 7-18 CNKI 自动生成的关于"知识图谱技术"的文献综述

7.5.2 学术论文内容创新性智能评价

学术论文内容创新性主要在于新论点和新论据，新论点包括新问题、新理论、新结论，新论据包括新方法和新数据。学术论文成果应在研究问题、理论、方法、结论等微观方面体现其创新性。因此，将学术论文内容创新性评价划分为 4 个维度：研究问题创新、理论创新、方法创新及结论创新[319]。

研究问题创新(也称研究主题创新或研究选题创新)是指研究者提出一个新的研究问题/新的研究主题/新的观点/新的研究视角，从研究问题可以初步判断研究的价值和创新性；理论创新是指研究者在社会实践活动中对出现的问题作出新的理性分析和解答，对认识对象或实践对象的本质、规律和发展变化的趋势作新的揭示和预见，对人类历史经验和现实经验作理性升华，是对原有理论体系或框架的新突破，对原有理论的新修正、新发展，对未知领域的新探索；方法创新是指对已有的研究对象提出新的方法，或对现有的方法进行改进，或者利用现有的方法解决应用领域中存在的问题；结论创新伴随着研究问题创新、理论创新和方法创新，指在以上创新的基础上，获得与原有成果不同的结果或结论。

学术论文内容创新性智能评价是在学术论文知识单元库构建的基础上，通过对抽取的论文知识单元与现有的学术论文知识单元进行比较，获取论文创新性评价的基本数据，提出论文研究问题创新性、理论创新性、方法创新性、结论创新性评价的基本方法[319]。具体步骤如图 7-19 所示。

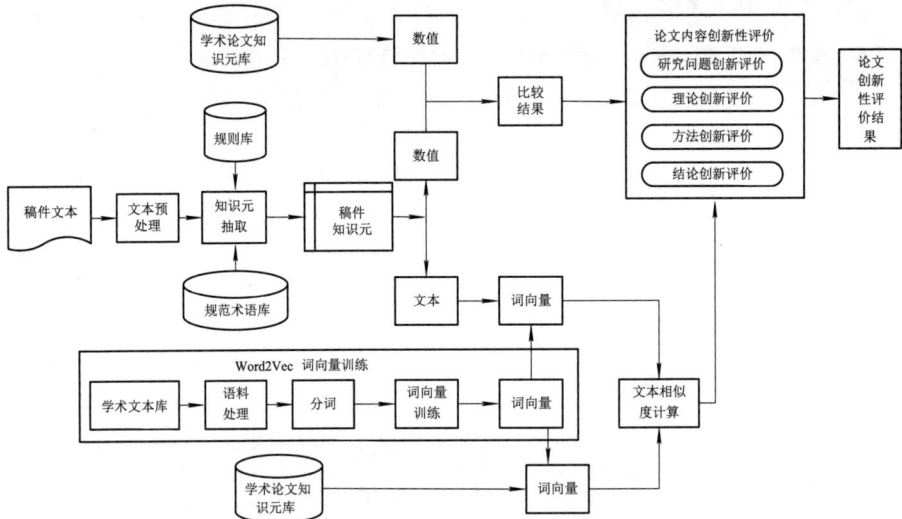

图 7-19   学术论文内容创新性智能评价过程

1. 学术论文知识单元抽取

该步骤主要对文本进行预处理，滤除不需要的字符，在基于规则的知识单元识别过程中结合规范术语库的数据，获得学术论文知识单元。

2. 知识单元数值比较

学术论文知识单元包含数值和文本。数值知识单元主要包含方法知识单元(如调查问卷的数量、问卷的信度和效度等，主要涉及论文的科学性问题)和结论知识单元(如查准率、查全率，涉及论文结论的创新性评价)。

3. 文本相似度计算

知识单元的类型是文本时，可以采用词向量判断文本的相似度。Word2Vec是产生词向量的模型，使用该模型将使每个词语都获得一个相对应的词向量，通过计算词向量的余弦值即可获得两个词的相似度值。引入词向量之后，可以识别两个字形不同但是相关或疑似相近的词语，能够弥补传统文本相似度算法的不足。

4. 目标学术论文创新性评价

该步骤主要是依据文本相似度和数值比较结果计算论文创新性结果。首先，计算研究问题创新评价结果；其次，对理论创新进行评价； 再次，评价方法创新；最后，对结论创新成果进行评价。

7.5.3　科技文献细粒度自助查新

传统的科技文献查新工作通常将文献作为查新对象，采用关键词进行文献检索，获得较大数量的相关文献，再由查新工作人员和相关技术人员针对相关文献与查新项目的技术要点进行对比分析，从而确定项目的创新点。传统科技文献查新的查询范围比较模糊，人工工作量大，查新周期较长。

细粒度知识查新将创新点作为知识查新的对象，深入文献核心内容的知识单元层次。基于知识单元的科技文献细粒度组织是提供细粒度知识查新服务的基础和关键。细粒度知识查新需要建立用户查新语义模式识别接口，对用户输入的查新内容进行语义分析，提取问题、方法、结果及其语义关联；细粒度知识查新采用细粒度语义关联图为用户提供查新点的扩展和创新思路。参考温浩提出的基于创新点的查新理论[320]，将基于知识单元的科技文献查新服务过程归纳如下：

1. 获取创新点

科技文献是科研工作创新成果的表现，通常是一种非结构化的文本信息格式，需要采用语义模式识别技术进行知识挖掘。

2. 抽取创新点

经过语义模式识别技术处理的文摘，可以采用智能抽取技术实现创新点的自动抽取。

3. 建立创新点关联知识库平台

抽取的创新点实体形成关联知识库，知识库中保留着创新点的对象和语义关系。

4. 发现与推荐创新点

创新点的发现依赖于语义关系的关联推理。

5. 识别用户查新模式与获取查新点

用户可以是科研工作者，也可以是查新工作者。用户的输入方式是用自然语言提问。该过程对用户以自然语言的提问进行识别并提取查新的问题、方法、结果等技术术语和语义关系。

6. 自动生成查新报告要点

用户在基于创新点知识库的云服务平台上进行交互查新，根据用户的满意度，系统给出查新数据并生成查新报告。

细粒度知识查新有以下三点优势：

(1) 科研工作者从知识单元角度描述研究的问题、采用的方法以及研究的结果，可以减少与查新工作人员之间专业概念沟通上的困难，提高查新效率。

(2) 细粒度科技文献查新系统能够支持科研工作者的自助查新，研究者能及时认识到自己成果的创新价值，并且在此基础上发现新的创新点，从而开拓新方向的研究。

(3) 对知识进行细粒度描述和关联，提高创新点发现的智能化程度，能促进科研创新发展。

7.6 本 章 小 结

随着用户知识服务需求的嬗变和信息技术的快速发展，基于科技文献细粒度组织的知识服务模式不断付诸研究与实践，科技文献服务正从传统的文献服务、信息服务迈向更快、更准、更好的细粒度知识服务。本章在对科技文献服务发展历程简单回顾的基础之上，从科技文献细粒度知识导航与浏览、科技文献细粒度知识检索、科技文献细粒度知识问答服务和科技文献细粒度知识挖掘与重组四个角度，对每种知识服务的基本概念、服务模式、原理、关键技术和典型实践等内容进行了较为系统的总结和探讨。

参 考 文 献

[1]　韩松涛. 基于学术单元的知识组织新框架：多维度标签构建研究[M]. 杭州：浙江大学出版社，2017.

[2]　王子舟，王碧滢. 知识的基本组分：文献单元和知识单元[J]. 中国图书馆学报，2003(1)：4-10.

[3]　徐荣生. 知识单元初论[J]. 图书馆杂志，2001(7)：2-5.

[4]　宋艳辉，王小平. 从文献单元、信息单元向知识单元的嬗变[J]. 科研管理，2015，36(S1)：459-464.

[5]　文庭孝，罗贤春，刘晓英，等. 知识单元研究述评[J]. 中国图书馆学报，2011，37(5)：75-78.

[6]　马费成，陈锐，袁红. 科学信息离散分布规律的研究：从文献单元到内容单元的实证分析(I)：总体研究框架[J]. 情报学报，1999，18(1)：79-84.

[7]　邱均平. 信息计量学(一)：信息计量学的兴起和发展[J]. 情报理论与实践，2000(1)：75-78.

[8]　李明鑫. 基于知识链接的数字资源整合研究[M]. 长春：东北师范大学出版社，2015.

[9]　波普尔. 客观知识：一个进化论的研究[M]. 舒炜光，卓如飞，周柏乔，等译. 上海：上海译文出版社，2015.

[10]　理查德·道金斯. 自私的基因[M]. 卢允中，张岱云，等译. 吉林：吉林人民出版社，1998.

[11]　SEN S K. A note on the idea gene and its relevance to information science[J]. Annals of Library Science and Documentation，1981，28(1-4)：97-102.

[12]　刘植惠. 知识基因理论初探[J]. 知识工程，1990(4)：1-6.

[13]　温有奎. 知识元挖掘[M]. 西安：西安电子科技大学出版社，2004.

[14]　温有奎，徐国华. 知识元链接理论[J]. 情报学报，2003，22(6)：665-670.

[15]　温有奎. 基于"知识元"的知识组织与检索[J]. 计算机工程与应用，2005(01)：55-57，91.

[16]　赵蓉英. 知识网络及其应用研究[D]. 武汉：武汉大学，2006.

[17]　赵红州. 初论"潜科学"[J]. 潜科学，1980(1)：25-28.

[18]　张德芳. 激发和活化凝固在文献中的知识：论图书馆改革[J]. 四川图书馆学报，1988(6)：1-7.

[19]　马费成. 知识组织系统的演进与评价[J]. 知识工程，1989(2)：5.

[20]　左秀英. 开发文献知识信息单元的方法和途径[J]. 江苏图书馆学报，1995(3)：47-48.

[21]　文庭孝. 知识单元的演变及其评价研究[J]. 图书情报工作，2007，51(10)：72-76.

[22]　曾媚. 文献组织、信息组织和知识组织的比较研究[J]. 图书馆论丛，2003(2)：6-10.

[23]　李印结. 信息组织与知识组织比较研究[J]. 图书情报工作，2012，56(S1)：278-281.

[24]　刘爱云. 图书馆的文献管理与知识管理[J]. 国家图书馆学刊，2005(02)：41-45.

[25]　赵国忠. 文献资源建设的理论与实践研究[M]. 兰州：甘肃民族出版社，2005.

[26]　周宁. 信息组织学教程[M]. 北京：科学出版社，2007.

[27]　王延凤，贾翠玲. 图书资料信息组织的球型模型构建[J]. 图书馆学刊，2005(5)：77-78.

[28]　贾君枝. 面向数据网络的信息组织演变发展[J]. 中国图书馆学报，2019，45(243)：51-60.

[29]　赖璨，陈雅. 我国近十年知识组织技术研究进展分析[J]. 数字图书馆论坛，2020(12)：9-16.

[30]　张海涛，张连峰，王丹，等. 基于自组织神经网络的图书馆关联知识聚合研究[J]. 情报理论与实践，2015，38(9)：73-78.

[31]　马晓悦. 考虑观点多样性的社会化语义网知识组织模式探究[J]. 情报科学，2016，34(7)：25-30.

[32]　马创新，陈小荷. 基于学科本体的训诂学知识组织体系初步构建[J]. 图书情报工作，2013，57(12)：118-122.

[33]　何琳. 基于知识组织资源仓库的领域本体构建研究[J]. 图书馆杂志，2011，30(12)：59-62，112.

[34]　毕强，鲍玉来. 数字图书馆知识组织体系构建的发展路径：概念格与本体的互补融合[J]. 华中师范大学学报(人文社会科学版)，2011，50(5)：130-136.

[35]　RUSU D，FORTUNA B，MLADENIC D. Automatically annotating text with linked open data[J/OL]. LDOW，2011，813[2022-06-02]. https：//www. researchgate.net/ publication/ 265929816_Automatically_Annotating_Text_with_ Linked_Open_Data.

[36]　余利娜，盛小平. 利用智能主题图开展网络知识组织研究[J]. 图书情报工作，2011，55(20)：115-120.

[37]　刘春江，胡正银，方曙，等. 基于科技知识组织体系的标引框架研究与应用[J]. 图书馆理论与实践，2018，225(07)：61-64.

[38]　温有奎，焦玉英. 基于知识元的知识发现[M]. 西安：西安电子科技大学出版社，2011.

[39]　ZADEH L A. Towards a theory of fuzzy information granulation and its centrality in human reasoning and fuzzy logic [J]. Fuzzy Sets and Systems，1997，(19)：111-127.

[40]　PEDRYCZ W，RUSSO B，SUCCI G. Knowledge transfer in system modeling and its realization through an optimal allocation of information granularity[J]. Applied Soft Computing，2012，12(8)：1985-1995.

[41]　张清华. 多粒度知识获取与不确定性度量[M]. 北京：科学出版社，2013.

[42] 徐绪堪，房道伟，蒋勋，等. 知识组织中知识粒度化表示和规范化研究[J]. 图书情报知识，2014(06)：101-106，90.

[43] 陈燕方. 基于多粒度的图书馆知识服务创新[J]. 数字图书馆论坛，2018 (3)：25-30.

[44] 刘勇. 基于粒度计算的知识发现研究及其应用[D]. 杭州：浙江大学，2006.

[45] 冯儒佳，王忠义，王艳凤，等. 科技论文的多粒度知识组织框架研究[J]. 情报科学，2016(12)：46-50.

[46] 蒋玲. 面向学科的知识元标引关键技术研究[D]. 武汉：华中师范大学，2011.

[47] 马俊，王光霞. 基于场景的不同类别不同粒度知识获取方法[J]. 测绘科学，2013，38(5)：19-21.

[48] 张锐. 面向期刊论文的多粒度语义标注方法研究[D]. 武汉：华中师范大学，2015.

[49] 徐绪堪，郑昌兴，蒋勋. 基于粒度原理的知识组织模型构建[J]. 图书与情报，2013(6)：8-12.

[50] 冯琴荣，苗夺谦，程昳，等. 知识的划分粒度表示法[J]. 模式识别与人工智能，2009，22(1)：64-69.

[51] 李迎迎. 基于知识地图的馆藏文物信息资源组织研究[D]. 武汉：华中师范大学，2017.

[52] 马翠嫦，司徒俊峰，曹树金. 网络学术文档细粒度关联与聚合的信息组织机制研究[J]. 现代情报，2019，039(12)：37-45，54.

[53] 曹树金，李洁娜，王志红. 面向网络信息资源聚合搜索的细粒度聚合单元元数据研究[J]. 中国图书馆学报，2017，43(4)：74-92.

[54] 何冬玲，章顺应. "开放科学" 的发展历程、趋势及其挑战[J]. 长沙理工大学学报(社会科学版)，2021，36(1)：62-69.

[55] https://www.elsevier.com/connect/trust-in-research.

[56] FISCHER G，STEVENS C. Information Access in Complex Poorly Strutted Information Spaces[C]. Proceedings of the CHI'91 Conference Proceedings，1991：63-70.

[57] 苏新宁，等. 面向知识服务的知识组织理论与方法[M]. 北京：科学出版社，2014.

[58] WANG Q，RONG L，YU K. A pushouts based knowledge merging method：knowledge reorganization in emergency decision-making support[C]//2008. 4th International Conference on Wireless Communications，Networking and Mobile Computing，Dalian，2008：1-4.

[59] 索传军，赖海媚. 学术论文问题知识元的类型与描述规则[J]. 中国图书馆学报，2021，47(2)：95-109.

[60] 曾刚，赵雪芹. 基于知识元的万里茶道数字资源知识抽取与组织研究[J]. 情报理论与实践，2021，44(10)：173-178，164.

[61] 赵红州,蒋国华. 知识单元与指数规律[J]. 科学与科学技术管理,1984(9):39-41.

[62] 索传军,盖双双. 知识元的内涵、结构与描述模型研究[J]. 中国图书馆学报,2018,44(4):54-72.

[63] 索传军,戎军涛. 知识元理论研究述评[J]. 图书情报工作,2021,65(11):133-142.

[64] 温有奎,温浩,徐端颐,等. 基于知识元的文本知识标引[J]. 情报学报,2006,25(3):282-288.

[65] 张静,刘延伸,卫金磊. 论中小学多媒体知识元库的建设[J]. 现代教育技术,2005(5):68-71.

[66] 原小玲. 基于知识元的知识标引[J]. 图书馆学研究,2007(6):45-47.

[67] 秦春秀,刘杰,刘怀亮,等. 基于知识元的科技文本内容描述框架研究[J]. 图书情报工作,2017,61(10):116-124.

[68] 廖开际,熊会会,叶东海. 基于知识元理论的应急文档结构化建模[J]. 计算机应用研究,2011,28(1):175-178.

[69] CHEN Z. Let documents talk to each other: a computer mod for connection of short documents[J]. Journal of documentation,1993,49(1):44-54.

[70] WEEBER M, KLEIN H, LOLKJE T W, et al. Using concepts in literature-based discovery: simulating Swanson's Raynaud-Fish oil and Migraine-Magnesium discoveries[J]. Journal of the American Society for Information Science and Technology,2001,52(7):548-557.

[71] 文庭孝,侯经川,龚蛟腾,等. 中文文本知识元的构建及其现实意义[J]. 中国图书馆学报,2007(6):91-95.

[72] 郑彦宁,化柏林. 句子级知识抽取在情报学中的应用分析[J]. 情报理论与实践,2011,34(12):1-4.

[73] 郑梦悦,秦春秀,马续补. 面向中文科技文献非结构化摘要的知识元表示与抽取研究:基于知识元本体理论[J]. 情报理论与实践,2020,43(2):157-163.

[74] 温有奎,焦玉英. 知识元语义链接模型研究[J]. 图书情报工作,2010,54(12):27-31.

[75] 白如江,周彦廷,王效岳,等. 科学事件知识图谱构建研究[J]. 情报理论与实践,2020,43(9):107-114,124.

[76] 郑征. 相容粒度空间模型及其应用研究[D]. 北京:中国科学院研究生院(计算技术研究所),2006.

[77] ZADEH L A. Toward a theory of fuzzy information granulation and its centrality in human reasoning and fuzzy logic[J]. Fuzzy sets and systems,1997,90(2):111-127.

[78] HOBBS J R. Granularity[M]. Readings in qualitative reasoning about physical systems,1990:542-545.

[79]　ZADEH L A. Some reflections on soft computing，granular computing and their roles in the conception，design and utilization of information/intelligent systems[J]. Soft computing，1998，2(1)：23-25.

[80]　石晓敬，韩燮. 基于商空间粒度理论的三维网格分割方法[J]. 计算机应用研究，2010，(4)：1598-1600.

[81]　贾秀芳. 基于粒计算模型的知识推理理论与方法[D]. 合肥：中国科学技术大学，2014.

[82]　周红炜. 学科视域下的网络信息粒度表达研究[J]. 惠州学院学报，2017，37(01)：101-105.

[83]　梁吉业，钱宇华. 信息系统中的信息粒与熵理论[J]. 中国科学(E 辑：信息科学)，2008(12)：2048-2065.

[84]　程伟，石扬，张燕平. 粒度计算的三种主要方法[J]. 计算机技术与发展，2007(03)：91-94.

[85]　傅琛. 基于粒计算的数据分类算法研究[D]. 大连：大连理工大学，2021.

[86]　陈颖. 不完备多粒度信息系统的知识获取的粗糙集方法[D]. 舟山：浙江海洋大学，2016.

[87]　陈文成. 基于因子分析的区域经济不平衡发展研究[J]. 数理统计与管理，2010，(3)：490-501.

[88]　王寿彪，李新明，刘东，等. 面向人工智能的装备体系广义复杂信息系统观点与研究结构[J]. 中国电子科学研究院学报，2015，10(5)：533-540.

[89]　明均仁，李爱明，曹鹏，等. 信息检索[M]. 北京：人民邮电出版社，2014.08.

[90]　戴维民. 信息组织[M]. 北京：高等教育出版社，2009.05.

[91]　陈志新. 分类法研究的十五个问题：我国 2009 至 2016 年分类法研究综述[J]. 情报科学，2018，36(06)：149-155.

[92]　李育嫦. 传统知识组织系统的重构及其在网络环境下的应用[J]. 情报杂志，2011，(7)：114-118.

[93]　王军，张丽. 网络知识组织系统的研究现状和发展趋势[J]. 中国图书馆学报，2008(1)：65-69.

[94]　张智雄，赵旸，刘欢. 构建面向实际应用的科技文献自动分类引擎[J]. 中国图书馆学报，2022，48(4)：104-115.

[95]　王昊，叶鹏，邓三鸿. 机器学习在中文期刊论文自动分类研究中的应用[J]. 现代图书情报技术，2014(3)：80-87.

[96]　刘高军，陈强强. 基于极限学习机和混合特征的中文书目自动分类模型研究[J]. 北方工业大学学报，2018，30(5)：99-104.

[97]　冉亚鑫，韩红旗，张运良，等. 基于 Stacking 集成学习的大规模文本层次分类方法[J]. 情报理论与实践，2020，43(10)：171-176+182.

[98]　张燕飞，傅晓燕. 近五年来国内主题法研究综述[J]. 高校图书馆工作，2008，28(2)：22-26.

[99] 熊霞，胡秀梅，杨江丽. 网络信息检索中传统叙词表的分析与改进[J]. 四川图书馆学报，2012(03)：24-26.

[100] 贾利扬. 如何利用主题语言在网络环境下进行信息检索[J]. 情报探索，2004(2)：59-61.

[101] 肖雯，李鑫. 大数据时代数字资源的主题标引研究[J]. 图书馆理论与实践，2016(11)：67-70.

[102] 孟旭阳，白海燕，梁冰，等. 基于语义感知的英文文献自动标引概念遴选方法[J]. 情报杂志，2021，40(3)：125-131，7.

[103] 钱庆，胡铁军，李丹亚，等. 中国生物医学文献主题标引系统的研究[J]. 医学情报工作，2002(2)：84-86.

[104] 梁红兵，杨铭魁，赵伟华. 基于反馈规则学习的医学文献主题自动标引系统[J]. 计算机工程与应用，2003(19)：209-211.

[105] 孙海霞，李军莲，李丹亚，等. MTI 副主题词自动组配标引机制解析[J]. 医学信息学杂志，2011，32(05)：74-77，90.

[106] 李军莲，李丹亚，孙海霞，等. 中文生物医学文献主题标引中副主题词自动组配机制探讨[J]. 现代图书情报技术，2012(6)：17-21.

[107] 李军莲，夏光辉，王序文，等. 基于英文超级科技词表的文献主题标引系统设计与实现[J]. 数字图书馆论坛，2014，127(12)：2-8.

[108] 盖春彦. 谈分类法与主题法的比较研究[J]. 黑龙江史志，2012(15)：84-86.

[109] 高凡，李景. Ontology 及其与分类法、主题法的关系[J]. 图书馆理论与实践，2005(02)：44-46.

[110] 张雪梅，黄微. 我国图书馆学研究主题分类表构建思路与初步框架[J]. 图书情报工作，2018，62(7)：111-118.

[111] 邱均平，段宇峰，岳亚. 论知识管理与信息管理[J]. 中国图书馆学报，1999(6)：12-18.

[112] 赵泉，等. 信息检索[M]. 北京：机械工业出版社，2008.

[113] 鞠英杰. 信息描述[M]. 合肥：合肥工业大学出版社，2010.

[114] 刘越男，梁凯，顾伟. 电子文件管理系统实施过程中元数据方案的设计[J]. 档案学研究，2012(2)：56-64.

[115] ZHUGE H. The Web Resource Space Model[M]. Springer，Science & Business Media，2007.

[116] 姜永常. 知识网络链接的理论基础与基本原则[J]. 图书馆，2012(02)：31-34.

[117] SUN Y C，BIE R F，YU X F，et al. Semantic Link Networks：Theory，Applications，and Future Trends[J]. Journal of Internet Technology，2013，14(3)：365-377.

[118] LUO X F，XU Z，YU J，et al. Building Association Link Network for Semantic Link on

Web Resources[J]. IEEE Transactions on Automation Science and Engineering，2011，8(3)：482-494.

[119] CHEN X，LUO X，ZHANG S，et al. Analysis and modeling of the semantically associated network on the Web[J]. Concurrency and Computation：Practice and Experience，2010，22(7)：767-787.

[120] 魏晓. 文本概念语义空间模型及其应用研究[D]. 上海：上海大学，2014.

[121] 游毅. 面向图书馆关联数据的语义链接构建研究：以 Silk 工具为例[J]. 图书馆论坛，2014(10)：24-30.

[122] LUO X，ZHENG X，JIE Y，et al. Discovery of associated topics for the intelligent browsing[C]// First IEEE International Conference on Ubi-media Computing. IEEE，2008.

[123] 马明，武夷山，DON R. Swanson 的情报学学术成就的方法论意义与启示[J]. 情报学报，2003，22(3)：259-266.

[124] 徐如镜. 开发知识资源发展知识产业服务知识经济[J]. 现代图书情报技术，2002(S1)：4-6.

[125] 温有奎，焦玉英. 构建语义 Web 环境下的知识服务科学框架[J]. 信息资源管理学报，2011(01)：99-104.

[126] 姜永常. 基于知识元语义链接的知识网络构建[J]. 情报理论与实践，2011，34(5)：50-53，45.

[127] 高劲松，马倩倩，周习曼，等. 文献知识元语义链接的图式存储研究[J]. 情报科学，2015，33(01)：126-131.

[128] 王佳琪，张均胜，乔晓东. 基于文献的科研事件表示与语义链接研究[J]. 数据分析与知识发现，2018，2(05)：32-39.

[129] SUN X，ZHUGE H. Summarization of Scientific Paper Through Reinforcement Ranking on Semantic Link Network [J]. IEEE Access，2018.

[130] BISHOP A P. Document structure and digital libraries：how researchers mobilize information in journal articles[J]. Information Processing & Management，1999，35(3)：255-279.

[131] SANDUSKY R J，TENOPIR C. Finding and using journal-article components：Impacts of disaggregation on teaching and research practice[J]. Journal of the American Society for Information Science and Technology，2008，59(6)：970-982.

[132] SWALES J. Genre analysis：English in academic and research settings[M]. 上海：上海外语教育出版社，2001.

[133] 陆伟，黄永，程齐凯. 学术文本的结构功能识别：功能框架及基于章节标题的识别[J].

情报学报，2014，33(09)：979-985.

[134] SWALES J M. Genre analysis：English in academic and research settings[M]. Shanghai：Shanghai Foreign Language Education Press，2001：127-137.

[135] 邓炼. 功能语法指导下英语语篇体裁分析的运用[J]. 当代教育理论与实践，2012(6)：117-119.

[136] 杨瑞英. 体裁分析的应用：应用语言学学术文章结构分析[J]. 外语与外语教学，2006(10)：29-34.

[137] KANOKSILAPATHAM B. R hetorical structure of biochemistry research articles[J]. English for specific purposes，2005，24(3)：269-292.

[138] ZHANG L. A study of functional units for information use of scholarly journal articles[D]. Vancouver：The university of British Columbia，2011.

[139] NWOGU K N. The medical research paper：structure and functions[J]. English for specific purposes，1997，16(2)：119-138.

[140] ZHANG L，KOPAK R，FREUND L，et al. Making functional units functional：The role of rhetorical structure in use of scholarly journal articles[J]. International journal of information management，2011，31(1)：21-29.

[141] 王晓光，李梦琳，宋宁远. 科学论文功能单元本体设计与标引应用实验[J]. 中国图书馆学报，2018，44(4)：73-88.

[142] 顾小清. 终身学习视野下的微型移动学习资源建设[M]. 上海：华东师范大学出版社，2011.

[143] BERKENKOTTER C，HUCKIN T N. Genre knowledge in disciplinary communication：Cognition/culture/power[M]. Routledge，2016.

[144] HOLMES R . Genre analysis　and the social sciences：An investigation of the structure of research article discussion sections in three disciplines[J]. English for Specific Purposes，1997，16(4)：321-337.

[145] MA C E，CAO S J. Identifying structural genre conventions across academic web documents for information use[J]. Proceedings of the Association for Information Science & Technology，2017，54.

[146] TEUFEL S，CARLETTA J，MOENS M. An annotation scheme for discourse-level argumentation in research articles[C]//Ninth Conference of the European Chapter of the Association for Computational Linguistics. 1999：110-117.

[147] TEUFEL S. The structure of scientific articles：applications to citation indexing and summarization[J]. Studies in Computational Linguistics，2010，38(2) ：443-445.

[148]　马翠嫦，曹树金. 网络学术文档细粒度聚合本体构建研究[J]. 图书情报工作，2019，637(24)：108-119.

[149]　邵作运，李秀霞. 引文分析法与内容分析法结合的文献知识发现方法综述[J]. 情报理论与实践，2020，43(3)：153-159.

[150]　肖泉，蔡淑琴，叶波. 基于超图结构的知识相似度计算模型研究[J]. 情报学报，2010，29(5)：805-812.

[151]　温有奎，徐国华，赖伯年. 知识元挖掘[M]. 西安：西安电子科技大学出版社，2005.

[152]　姜永常. 基于知识元的知识仓库构建[J]. 图书与情报，2005(6)：73-74，105.

[153]　付蕾. 知识元标引系统的设计与实现[D]. 武汉：华中师范大学，2009.

[154]　刘淼，王宇. 基于主题句的期刊文献知识元库构建[J]. 情报杂志，2012，31(11)：145-149.

[155]　贾生. 基于知识元的文献知识仓库构建研究[D]. 大连：大连理工大学，2012.

[156]　李珊珊，王宇. 基于 HNC 理论的期刊文献知识元检索[J]. 情报杂志，2013，32(9)：190-194.

[157]　许春漫. 泛在知识环境下知识元的构建与检索[J]. 情报理论与实践，2014，37(2)：107-111.

[158]　高国伟，王亚杰，李佳卉，等. 基于知识元的知识库架构模型研究[J]. 情报科学，2016，34(3)：37-41.

[159]　秦春秀，郑梦悦，马续补，等. 基于智能主题图的科技文献细粒度知识组织模型[J]. 情报杂志，2021，40(11)：169-175，135.

[160]　王山. 基于 OAVU 四元组的数值型知识元表示方法与实践[J]. 现代情报，2022，42(8)：20-27.

[161]　石湘，刘萍. 基于知识元语义描述模型的领域知识抽取与表示研究：以信息检索领域为例[J]. 数据分析与知识发现，2021，5(4)：123-133.

[162]　毕经元，顾新建，吕艳，等. 基于知识元链接的汽车零部件知识管理系统[J]. 浙江大学学报(工学版)，2009，43(12)：2208-2212.

[163]　王泰森，刘新. 学习型知识元数据库的系统构成方案[J]. 图书馆学研究，2009(9)：20-24.

[164]　毕崇武，王忠义，宋红文. 基于知识元的数字图书馆多粒度集成知识服务研究[J]. 图书情报工作，2017，61(4)：115-122.

[165]　谢庆球，秦春秀，杨智娟，等. 知识元层次结构表示方法研究[J]. 情报理论与实践，2017，40(4)：26-31.

[166]　王忠义，夏立新，李玉海. 基于知识内容的数字图书馆跨学科多粒度知识表示模型构建[J]. 中国图书馆学报，2019，45(6)：50-64.

[167]　戎军涛，吴鹏飞，李华. 面向知识发现的学术文献内容情景模型构建研究[J]. 情报理

论与实践，2019，42(3)：153-159.

[168] 赵雪芹，李天娥，曾刚. 面向数字人文图像资源的知识元本体构建及关联展示研究. [J] 情报理论与实践. 2022，45(9)：180-187.

[169] 谢庆球. 基于知识元的文本资源语义空间研究[D]. 西安：西安电子科技大学，2017.

[170] 张素芳，李书宁，李金波. 信息组织[M]. 北京：机械工业出版社，2006.

[171] 赵京胜，宋梦雪，高祥，等. 自然语言处理中的文本表示研究[J]. 软件学报，2022，33(1)：102-128.

[172] 孙坦，丁培，黄永文，等. 文本挖掘技术在农业知识服务中的应用述评[J]. 农业图书情报学报，2021，33(1)：4-16.

[173] ARMSTRONG R. WebWacher：a learning apprentice for the world wide web [C]//AAAI spring symposium on information gathering from heterogeneous，distributed environments，1995.

[174] KALOGERATOS A，LIKAS A. Text document clustering using global term context vectors[J]. Knowledgeand information systems，2012，31(3)：455-474.

[175] CAO Q，GUO Q，WANG Y ，et al. Text clustering using VSM with feature clusters[J]. Neural Computing and Applications，2015，26(4)：995-1003.

[176] 冒伟. 未来反恐态势预测研究[J]. 软件导刊，2019，18(07)：28-31.

[177] DEERWESTER S，DUMAIS S T，Furnas G W，et al. Indexing by latent semantic analysis[J]. Journal of the American society for information science，1990，41(6)：391-407.

[178] BLEI D M，NG A Y，JORDAN M I，et al. Latent Dirichlet Allocation[J]. Journal of Machine Learning Research，2003，3：993-1022.

[179] HOFMANN T. Unsupervised Learning by Probabilistic Latent Semantic Analysis[J]. Machine Learning，2001，42(1-2)：177-196.

[180] HOFMANN T. Probabilistic latent semantic analysis[J]. arXiv preprint arXiv：1301. 6705，2013.

[181] 王胜，张仰森，张雯，等. 基于 SL-LDA 的领域标签获取方法[J]. 计算机科学，2020，47(11)：95-100.

[182] BENGIO Y，DUCHARME R，VINCENT P，et al. A Neural Probabilistic Language Model[J]. Journal of Machine Learning Research，2003，3：1137-1155.

[183] MIKOLOV T，CHEN K，CORRADO G，et al. Efficient estimation of word representations in vector space[J].Computer Science，2013.DOI：10.48550 arXiv：1301. 3781，2013.

[184] LE Q ，MIKOLOV T. Distributed representations of sentences and documents [C]//International conference on machine learning. PMLR，2014：1188-1196.

[185]　JOULIN A，GRAVE E，BOJANOWSKI P，et al. Bag of tricks for efficient text classification. arXiv：1607. 01759，2016.

[186]　叶锡君，尹岩. 基于认知语言学的自然语言语义表示方法[J]. 计算机科学，2014，41(s1)：98-102.

[187]　化柏林. 基于 NLP 的知识抽取系统架构研究[J]. 现代图书情报技术，2007，2(10)：38-41.

[188]　徐晨飞，倪媛，钱智勇. 基于本体的"江海文化"文献知识组织体系构建研究[J]. 现代情报，2015，35(10)：62-71.

[189]　熊李艳，陈建军，钟茂生. 基于 E-A-V 结构的概念图匹配算法[J]. 计算机应用研究，2014，31(8)：2290-2293.

[190]　任海英，石彤. 科技论文微观概念地图的构建及研究思路的挖掘[J]. 图书情报工作，2016，60(4)：115-124.

[191]　尚福华，李想，巩淼. 基于模糊框架-产生式知识表示及推理研究[J]. 计算机技术与发展，2014，24(7)：38-42.

[192]　宋继华，李国玉，王宁.《说文解字》音义关系的产生式表达[J]. 中文信息学报，2006，20(2)：53-59.

[193]　GUARINO N. Formal Ontology in information systems. (FOIS)[C] //Proceedings of FOIS'98. Trento，Italy：IOS Press，1998. 3-15.

[194]　USCHOLDM M，GRUNINGERM M，USCHOLD M，et al. Ontologies：Principles，Methods and Applications. [J] Knowledge Engineering Review，1996，11(2)：93-136.

[195]　邱均平，许畅. 馆藏资源本体模型的语义相似度算法研究[J]. 图书馆研究，2015，3：1-7.

[196]　张娟. 基于本体的单元信息知识组织体系构建[J]. 图书馆工作与研究，2017(12)：62-65.

[197]　SARAWAGI S. Information extraction[J]. Foundations and Trends® in Databases，2008，1(3)：261-377.

[198]　宗成庆，夏睿，张家俊. 文本数据挖掘[M]. 北京：清华大学出版社，2019.

[199]　赵海霞，李磊，吴信东. 何进面向知识图谱的信息抽取[J]. 数据挖掘，2020，10(4)：282-302.

[200]　牛之贤，白鹏洲，段富. 基于框架语义标注的自由文本信息抽取研究[J]. 计算机工程与应用，2008(25)：143-145，151.

[201]　程显毅，朱倩，王进. 中文信息抽取原理及应用[M]. 北京：科学出版社，2010.

[202]　李向阳，苗壮. 自由文本信息抽取技术[J]. 情报科学，2004(7)：815-821，829.

[203]　QASEMIZADEH B，SCHUMANN A K. The ACL RD-TEC 2. 0：A language resource for

evaluating term extraction and entity recognition methods[C]//Proceedings of the Tenth International Conference on Language Resources and Evaluation. European Language Resources Association，Portorož，Slovenia，2016：1862-1868.

[204] 徐浩，朱学芳，章成志，等. 面向学术文献全文本的方法论知识抽取系统分析与设计[J]. 数据分析与知识发现，2019，3(10)：29-36.

[205] 朱玲，朱彦，杨峰. 基于中医疾病相关语义关系的正则表达式及知识抽取研究[J]. 世界科学技术：中医药现代化，2016，18(8)：1241-1250.

[206] 丁君军，郑彦宁，化柏林. 基于规则的学术概念属性抽取[J]. 情报理论与实践，2011，34(12)：10-14，33.

[207] 朱丽萍，李洪奇，杨中国，等. 一种面向科技文献引言的信息抽取方法[J]. 山东大学学报(理学版)，2015，50(07)：23-30，37.

[208] ALAM M，GANGEMI A，PRESUTTI V，et al. Semantic role labeling for knowledge graph extraction from text[J]. Progress in Artificial Intelligence，2021，10：309-320.

[209] 冷伏海，白如江，祝清松. 面向科技文献的混合语义信息抽取方法研究[J]. 图书情报工作，2013，57(11)：112-119.

[210] 化柏林. 基于句子匹配分析的知识抽取[M]. 北京：科学技术文献出版社，2014.

[211] 胡昌平，林鑫，陈果. 科技文献副主题词抽取及其在分面检索中的应用[J]. 情报学报，2014，33(08)：837-845.

[212] 王忠义，沈雪莹，黄京. 科技文献资源中方法知识元的抽取研究[J]. 情报科学，2021，39(1)：13-20.

[213] 中国中文信息学会. 中文信息处理发展报告(2016)[R]. (2023-10-16). http：//cips-upload. bj. bcebos. com/cips2016. pdf.

[214] WEI Q, ZHANG Y, AMITH M, et al. Recognizing software names in biomedical literature using machine learning[J]. Health informatics journal, 2020, 26(1): 21-33.

[215] LI P L，YUAN Z M，TU W N，et al. Medical Knowledge Extraction and Analysis from Electronic Medical Records Using Deep Learning[J]. Chinese Medical Sciences Journal，2019，34(2)：133-139.

[216] 余丽，钱力，付常雷，等. 基于深度学习的文本中细粒度知识元抽取方法研究[J]. 数据分析与知识发现，2019，3(1)：38-45.

[217] 柴庆凤，史霖炎，梅珊，等. 基于人工特征和机器特征融合的科技文献知识元抽取[J]. 数据分析与知识发现，2021，5(8)：132-143.

[218] MINSKY M. Semantic information processing[M]. Cambridge，MA，USA：MIT Press，1968，227-270.

[219]　谢彬. 基于语义网络的舆情信息分类方法[J]. 计算机工程，2018，44(3)：226-232.

[220]　陈烨，赵一鸣. 一种新的用户需求组织方式：需求语义网络[J]. 图书情报工作，2014，58(17)：125-130，91.

[221]　刘伟利，张海涛，李依霖，等. 基于语义网络的社会化问答社区答案聚合与排序研究[J]. 情报科学，2021，39(9)：94-100.

[222]　李祯静，秦春秀，赵捧未，等. 科技文献的资源语义空间：一种细粒度知识组织方法[J]. 情报杂志，2019，38(2)：158-165，180.

[223]　WEI X，LUO X F. Concept Extraction based on Association Linked Network[C]. In Proceedings of the Sixth International Conference on Semantics，Knowledge and Grids，2010，42-49.

[224]　李利群. 俄罗斯文学作品标题的功能与结构[J]. 外语学刊，2006(06)：54-57.

[225]　方龙，李信，黄永，等. 学术文本的结构功能识别：在关键词自动抽取中的应用[J]. 情报学报，2017，36(6)：599-605.

[226]　张羚，陆余良，杨国正. 基于词频类别相关的特征权重算法[J]. 计算机应用研究，2017，34(2)：386-391.

[227]　马费成，张勤. 国内外知识管理研究热点：基于词频的统计分析[J]. 情报学报，2006，25(2)：163-171.

[228]　HAO X，WANG J T L. Information extraction from the structured part of office documents[J]. Information Sciences，1996，91(3/4)：245-274.

[229]　王蒙，许鑫. 主题图技术在非物质文化遗产信息资源组织中的应用研究：以京剧、昆曲为例[J]. 图书情报工作，2015，59(14)：15-21.

[230]　PARK J，CHEYER A. Just for Me：Topic Maps and Ontologies[C]. //First International Workshop on Topic Maps Research and Applications Landscape (TMRA 2005)，2005：145-159.

[231]　JIANG L，LIU J，WU Z，et al. ETM Toolkit：A development tool based on Extended Topic Map[C]// International Conference on Computer Supported Cooperative Work in Design，2009.

[232]　LU H，FENG B，ZHAO Y，et al. A New Model for Distributed Knowledge Organization Management[C]// Seventh International Conference on Grid & Cooperative Computing. IEEE Computer Society，2008.

[233]　关鹏，王曰芬，傅柱. 不同语料下基于 IDA 主题模型的科学文献主题抽取效果分析[J]. 图书情报工作，2016，(2)：112-121.

[234]　LU H M, FENG B Q. Distributed Knowledge Integration Based on Intelligent Topic

Map[J]. Information Technology Journal，2010，9(1)：132-138.

[235] 张科. 基于《知网》义原空间的文本相似度计算研究与实现[D]. 重庆：重庆大学，2013.

[236] LEE B T. Linked data [EB/OL]. [2023-02-04]. http：//www. w3. org /DesignIssues /LinkedData.html.

[237] 刘炜，夏翠娟，张春景. 大数据与关联数据：正在到来的数据技术革命[J]. 现代图书情报技术，2013(4)：2-9.

[238] 陈涛，张永娟，单蓉蓉，等. 书目数据语义化知识模型构建与关联研究[J]. 图书馆杂志，2019，38(1)：65-73.

[239] 白林林，祝忠明. 基于 Drupal 的中文古籍书目关联数据发布研究[J]. 图书情报工作，2017，61(4)：123-129.

[240] 徐晨飞，包平，张惠敏，等. 基于关联数据的方志物产史料语义化知识组织研究[J]. 大学图书馆学报，2020，38(6)：78-88.

[241] 张志美，陈涛，钱智勇，等. 面向数字人文的辞书关联数据知识组织[J]. 图书馆论坛，2021，41(12)：124-134.

[242] 王晓光，侯西龙，程航航，等. 敦煌壁画叙词表构建与关联数据发布[J]. 中国图书馆学报，2020，46(4)：69-84.

[243] 程结晶，王心雨. 基于关联数据的敦煌遗书图像知识组织模式的构建[J]. 档案学研究，2021，(5)：52-59.

[244] 曾子明，周知，蒋琳. 基于关联数据的数字人文视觉资源知识组织研究[J]. 情报资料工作，2018(6)：6-12.

[245] 侯西龙，谈国新，庄文杰，等. 基于关联数据的非物质文化遗产知识管理研究[J]. 中国图书馆学报，2019，45(2)：88-108.

[246] 房小可. 基于关联数据的高校图书馆科学数据组织研究[J]. 图书馆建设，2013(10)：31-34.

[247] 庄倩，常颖聪，何琳，等. 基于关联数据的科学数据组织研究[J]. 情报理论与实践，2016，39(5)：22-26.

[248] 夏立新，李成龙. 基于关联数据的科技报告语义共享框架设计与实现[J]. 数字图书馆论坛，2015(9)：2-9.

[249] 段菲菲，杨元，张毅红. 基于 BIBFRAME 的科技成果信息资源多维度聚合研究[J]. 情报科学，2022，40(2)：18-27.

[250] 董坤. 基于关联数据的高校知识管理体系构建研究[J]. 科技情报开发与经济，2015，25(5)：118-120.

[251] 吕元智. 基于关联数据的电子政务信息资源语义组织研究[J]. 图书情报工作，2012，

56(21)：143-146，130.

[252]　高劲松，方晓印，刘思洋，等. 基于关联数据的馆藏文物资源知识关联与智能问答研究[J]. 情报科学，2021，39(5)：12-20.

[253]　傅柱. 语义标注研究综述[J]. 图书馆学研究，2016(4)：10-17.

[254]　孙建军，裴雷，蒋婷. 面向学科领域的学术文献语义标注框架研究[J]. 情报学报，2018，37(11)：1077-1086.

[255]　牛丽慧，欧石燕. 科学论文语义标注框架的设计与应用[J]. 情报理论与实践，2020，43(3)：124-130.

[256]　吕叶欣，张娟. 基于本体和关联数据的单元信息知识组织模式研究[J]. 现代情报，2019，39(5)：41-47，115.

[257]　马创新，陈小荷. 基于本体和 XML 的注疏文献的结构化知识表示[J]. 图书馆杂志，2017，36(8)：62-68.

[258]　陆素梅. 基于领域本体的数字图书馆知识聚合服务研究[J]. 山东图书馆学刊，2021(3)：71-75.

[259]　http://jena.Sourceforge.net/index.html.

[260]　BIZER C，HEATH T，BERNERS-LEE T. Linked Data-The Story So Far[J]. International Journal on Semantic Web and Information System，2009，5 (3)：1-22.

[261]　金燕，江闪闪. 基于四原则的关联数据发布方法研究[J]. 图书馆理论与实践，2013(5)：77-80.

[262]　董坤. 基于关联数据的高校知识资源语义化组织研究[J]. 情报理论与实践，2016，39(3)：91-95.

[263]　陈雅茜，邢雪枫. 基于本体建模的动态知识图谱构建技术研究[J]. 西南民族大学学报(自然科学版)，2021，47(3)：310-316.

[264]　赵一鸣. 知识图谱是一种知识组织系统吗?[J]. 图书情报知识，2017(5)：2.

[265]　Springer Nature. SN SciGraph [EB/OL]. [2022-08-18]. https：//www.springernature.com /gp/researchers/scigraph.

[266]　ALLEN B P. The Roll of Metadata in the Second Machine Age [EB/OL]. [2022-2-2]. https：//w. slideshare. net/bpa777/dc2016 -keynote- 20161013- 67164305.

[267]　TANG J，ZHANG J，YAO L M，et al. AMiner：Extraction and Mining of Academic Social Networks[C]// Proceedings of the 14th ACM SIGKDD International Conference on Knowledge Discovery and Data Mining (SIGKDD'2008). Las Vegas，Nevada，USA. New York，ACM，2008：990-998.

[268]　https://www.microsoft.com/en/research/project/open-academic-graph/，2021-1-10.

[269] DOU J，QIN J，JIN Z，et al. Knowledge graph based on domain ontology and natural language processing technology for Chinese intangible cultural heritage[J]. Journal of Visual Languages & Computing，2018，48(OCT.)：19-28.

[270] 赵雪芹，路鑫雯，李天娥，等. 领域知识图谱在非遗档案资源知识组织中的应用探索[J]. 档案学通讯，2021(3)：55-62.

[271] 卢恒，张向先，尚丽维，等. 基于知识图谱的网络社区学术资源深度聚合框架研究[J]. 情报理论与实践，2021，44(1)：180-187.

[272] 娄国哲，王兰成. 基于知识图谱的网络舆情知识组织方法研究[J]. 情报理论与实践，2019，42(1)：58-64.

[273] 袁荣亮，姬忠田. 基于深度学习的网络信息资源知识图谱研究[J]. 情报理论与实践，2021，44(5)：173-179.

[274] 熊建英，涂敏. 基于知识图谱的社交媒体内容可信审查研究[J]. 图书情报导刊，2020，5(10)：35-40.

[275] 李艳茹，周子力，倪睿康，等. 基于知识图谱的学科知识构建[J]. 计算机时代，2021(4)：65-68.

[276] 李艳燕，张香玲，李新，等. 面向智慧教育的学科知识图谱构建与创新应用[J]. 电化教育研究，2019，40(8)：60-69.

[277] 瞿龙. 高中物理学科知识图谱的构建与应用研究[D]. 北京：中央民族大学，2020.

[278] 李光明. 初中化学学科知识图谱的构建与可视化查询系统的实现[D]. 北京：上海师范大学，2020.

[279] 张云中，祝蕊. 面向知识问答系统的图情学术领域知识图谱构建：多源数据整合视角[J]. 情报科学，2021，39(5)：115-123.

[280] 胡芳槐. 基于多种数据源的中文知识图谱构建方法研究[D]. 上海：华东理工大学，2015.

[281] SUGIMOTO C R，MCCAIN K W. Visualizing changes over time：A history of information retrieval through the lens of descriptor tri-occurrence mapping[J]. Journal of Information Science，2010，36(4)：481-493.

[282] 庞弘燊. 基于科技文献多特征项共现的图谱可视化方法研究[J]. 中国科技资源导刊，2017，49(1)：90-101.

[283] 熊回香，景紫薇，杨梦婷. 在线学术资源中知识图谱的应用研究综述[J]. 情报资料工作，2020，41(3)：61-68.

[284] 田玲，张谨川，张晋豪，等. 知识图谱综述：表示、构建、推理与知识超图理论[J]. 计算机应用，2021，41(8)：2161-2186.

[285] TRAVERSO-RIBÓN I，PALMA G，FLORES A，et al. Considering semantics on the discovery of relations in knowledge graphs[C]. European Knowledge Acquisition Workshop. Springer，Cham，2016：666-680.

[286] 任红娟，张志强. 基于文献计量的科学知识图谱发展研究[J]. 情报杂志，2009，28(12)：86-90.

[287] 秦玥. 面向创业领域科技论文的知识图谱构建与应用研究[D]. 长春：吉林大学，2018.

[288] 徐菁. 面向中文知识图谱的开放式文本信息抽取关键技术研究[D]. 长沙：国防科学技术大学. 2018.

[289] 杨波，杨美芳. 知识图谱研究综述及其在风险管理领域应用[J]. 小型微型计算机系统，2021，42(8)：1610-1618.

[290] 陈贵龙. 基于深度学习的实体链接方法与系统[D]. 北京：中国科学院大学，2020.

[291] REN F. Learning time-sensitive domain ontology from scientific papers with a hybrid learning method[J]. Journal of Information Science，2014，40(3)：329-345.

[292] ZHU H，ZENG Y，YANG Y. Research topics variation analysis and prediction based on FARO and neural networks[C]. 2016 IEEE International Conference on Systems，Man，and Cybernetics (SMC). IEEE，2016：000910-000915.

[293] WANG C，DANILEVSKY M，DESAI N，et al. A phrase mining framework for recursive construction of a topical hierarchy[C]//Proceedings of the 19th ACM SIGKDD international conference on Knowledge discovery and data mining. 2013：437-445.

[294] 官赛萍，靳小龙，贾岩涛，等. 面向知识图谱的知识推理研究进展[J]. 软件学报，2018，29(10)：2966-2994.

[295] 聂卉. 结合逻辑推理与内容计算实现面向学术网络的智能检索[J]. 现代图书情报技术，2013(1)：22-29.

[296] 晏归来，安新颖，范少萍，等. 面向医学科技评价的本体模型构建研究[J]. 中华医学图书情报杂志，2018，27(10)：1-7.

[297] 钱玲飞，张吉玉，汪荣，等. 基于领域知识的学术创新力测度本体构建研究[J]. 现代情报，2019，39(5)：30-37.

[298] FADER A，SODERLAND S，ETZIONI O. Identifying relations for open information extraction[C]. Proceedings of the Conference on Empirical Methods in Natural Language Processing. Association for Computational Linguistics，2011：1535-1545.

[299] 王余蓝. 图形数据库 NEO4J 与关系据库的比较研究[J]. 现代电子技术，2012(20)：77-79.

[300] 左丽华，肖仙桃. 知识图谱可视化工具 VOSViewer 和 NWB Tool 的比较研究[J]. 情报

科学，2015，33(2)：95-99.

[301] 汪雅喜. 基于共词网络的学科主题结构与演化研究[D]. 杭州：浙江理工大学，2013.

[302] 姜永常，杨宏岩，张丽波. 基于知识元的知识组织及其系统服务功能研究[J]. 情报理论与实践，2007，30(1)：37-40.

[303] 赵宁. 基于主题图的网络课程知识导航策略研究[D]. 武汉：华中师范大学，2013.

[304] PEPPER S. Navigating haystacks and discovering needles[J]. Markup Languages：Theory and Practice. 1999，1(4)：41-68.

[305] 马建霞. 主题图技术在数字化知识组织中的应用研究[J]. 现代图书情报技术，2004(7)：11-16.

[306] 李洁，毕强. 数字图书馆资源知识聚合可视化模型构建研究[J]. 情报学报，2016，35(12)：1273-1284.

[307] https://topic.wanfangdata.com.cn/find.html.

[308] 郑梦悦. 基于智能主题图的科技文献细粒度知识组织与检索方法研究[D].西安：西安电子科技大学，2021.

[309] 张仁胜. 基于语义分析的文献检索技术研究[D]. 长春：吉林大学，2018.

[310] 王仁武，陈川宝，孟现茹. 基于词向量扩展的学术资源语义检索技术[J]. 图书情报工作，2018，62(19)：111-119.

[311] 张莉. 基于词向量扩展的语义检索模型研究[D]. 成都：电子科技大学，2020.

[312] 刘佳琪. 基于知识单元的应急案例表示与相似度算法研究[D]. 辽宁：大连理工大学，2018.

[313] 李伟. 基于知识元细粒度信息检索研究[J]. 农业图书情报学刊，2017，29(2)：12-15.

[314] 涂佳琪，杨新涯，王彦力. 中国知网 CNKI 历史与发展研究[J]. 图书馆论坛，2019，39(9)：1-11.

[315] https://concept.cnki.net.

[316] http://sciengine.las.ac.cn.

[317] 温有奎，温浩，乔晓东. 让知识产生智慧：基于人工智能的文本挖掘与问答技术研究[J]. 情报学报，2019，38(7)：722-730.

[318] 华斌，康月，范林昊. 政策文本的知识建模与关联问答研究[J]. 数据分析与知识发现，2022，6(11)：79-92.

[319] 李贺，杜杏叶. 基于知识元的学术论文内容创新性智能化评价研究[J]. 图书情报工作，2020，64(1)：93-104.

[320] 温浩. 基于创新点关联的自助查新模式研究[J]. 情报科学，2018，36(11)：78-82.